병영문화와 군 특수상담

심윤기 · 정구철 · 정성진 · 박효진 · 손정미 · 차보연

창지사

머리말

한반도에서 전쟁의 총성이 멎은 지도 어언 70년이라는 시간이 흘러가고 있다. 그동안 우리는 전쟁의 참혹함과 고통 속에서도 이에 굴하지 않고 온 힘을 다해 전력질주하여 왔으며, 그 결과 세계 역사에서 유래를 찾아보기 힘들 만큼 빠른 성장과 발전을 이루었다. 우리 국민의 안위와 국토를 수호하는 軍도 최후의 보루를 굳건히 지키기 위해 어려운 환경과 여건을 잘 극복하고 강군 육성에 온 힘을 경주하여 왔다. 그래서 지금은 평화유지군의 이름으로 국제평화유지의 임무까지 수행하고 있다.

본서는 2005년부터 군에서 시행하고 있는 전문심리상담의 기초를 다지고 적용의 다양성을 확장하기 위한 지침서로 작성되었다. 2016년부터 삼육대학교 상담심리학과에 몸담고 있는 교수진과 상담심리학 박사과정에 있는 대학원생이 모여, 학계의 의견과 軍 현장의 목소리를 반영하여 분야별 상담지침서를 발간하고 있다. 2016년에는 『군 상담학의 이해와 적용』이라는 총서를 펴내 분야별 군 상담 발전의 초석을 마련하였다. 2017년에는 군 캠프뿐만 아니라 일반부대에서도 집단상담이 적극적으로 활용될 수 있도록 『군 집단상담의 기초』를 펴내었다. 2018년에는 『외상 후 스트레스 장애와 심리치료』를 발간하였으며, 2020년에는 『군 위기상담의 실제』, 2021년에는 본서인 『병영문화와 군 특수상담』을 펴내게 되었다.

본서는 모두 2부로 구성되었다. 제1부는 병영문화와 군 특수상담을 이해하는데 필요한 개념과 방법론 위주로 작성되었으며, 제2부는 프로그램 위주로 구성되었다.

제1장에서는 군 조직과 문화를 다룬다.
제2장에서는 군 상담의 특징을 다룬다.
제3장에서는 군 개인상담을 다룬다.

제4장에서는 군 집단상담을 다룬다.

제5장에서는 군 다문화상담을 다룬다.

제6장에서는 군 가족상담을 다룬다.

제7장에서는 군 진로상담을 다룬다.

제8장에서는 군 심리검사를 다룬다.

제2부에서는 부대나 캠프에서 적용할 수 있는 집단프로그램을 소개하고 있다.

그동안 본서를 만들고자 노력하는 과정에서 많은 분들의 도움이 있었다. 집필 기간 내내 본서 발간의 의미와 가치를 잊지 않도록 상기시키고, 어려운 고비마다 힘을 실어 준 많은 분들께 감사드린다. 무엇보다 심윤기, 정구철, 정성진 교수님과 삼육대학교 상담심리학 박사과정에 있는 박효진, 손정미, 차보연 대학원생의 노고가 컸다. 집필과정에 참여한 많은 분들과 함께 본서 발간의 기쁜 마음과 고마움을 나눈다.

본서를 통해 군 전문상담관과 군 성고충 전문상담관, 군 상담심리학을 전공하는 대학원생, 군사학과 및 부사관학과에 재학 중인 대학생, 각 군 사관학교 생도들에게 여러모로 많은 도움이 되길 기대한다.

마지막으로, 군 상담에 특별한 관심과 애정을 갖고 분야별 軍 상담 저서가 매년 출간되도록 배려해 주신 창지사 사장님과 관계자분들께 깊은 감사를 드린다.

2021년 6월

저자 일동

차례

PART 2. 군 집단상담 프로그램

PART 1

병영문화와 군 특수상담의 이해

C·H·A·P·T·E·R 1

군 조직과 문화

1 군 조직의 구조

군 집단은 계급과 직책을 바탕으로 전쟁과 국지전을 대비하는 조직이다. 유사시 국가와 국민을 위해 생명을 바쳐야 하는 조직이며, 어떠한 악조건 상황이라고 하더라도 스스로 문제를 해결해야 하는 국가방위의 최후 보루이자 방패이다. 국가의 영토와 국민의 안위 그리고 주권을 수호하는 데 있어 어떠한 빈틈과 허점도 용납되지 않는 조직이며, 상관의 명령에 절대복종이 필요한 특수한 조직이다.

1) 군 조직의 특수성

군이 존재하는 목적은 외부의 군사적 위협과 침략으로부터 국가를 방위하는 것이다. 사회조직과 달리 군은 국가로부터 부여받은 임무와 사명을 완수하기 위해 명령이나 지시에 절대적인 복종이 필요한 조직이다. 전쟁의 불확실성과 극한 상황에서 일사불란한 지휘체계를 위해 명령에 대한 복종과 희생정신, 전우애와 단결심이 요구되는 조직이기도 하다. 그래서 군 조직은 국민의 군대로서 국가를 방위하고 자유민주주의를 수호할 뿐만 아니라, 조국통일에 이바지함을 그 이념으로 하며, 국가의 안전보장과 국토방위의 의무수행을 신성한 사명으로 삼는다(심윤기 등, 2020).

(1) 기능적 특징

군 조직의 기능적 특징은 국가보위의 기능을 최우선으로 한다. 외부의 적으로부터 대한민국 국토를 방위하고 국민의 생명과 재산을 보호하는 조직일 뿐만 아니라, 국제평화유지에 기여하는 조직이다. 군 집단은 궁극적으로 전쟁에서 승리하기 위해 존재하지만 더 중요한 의의는 막강한 전투력을 유지함으로써 어떠한 세력도 우리의 안전보장을 위태롭게 하지 못하도록 사전에 도발을 억제하고 예방하는 기능을 하는 데 있다.

특히, 군 조직의 기능적 특징 중 하나는 국민교육 및 민주시민 사회화의 역할도 수행한다는 점이다. 군은 전쟁이 없는 평시에는 건전한 민주시민사회를 육성하는 데 기여될 수 있도록 국민교육도장의 기능을 수행한다. 가정이나 학교와 달리 비교적 사회문화적 배경이 다른 젊은이들이 병영생활을 함께하며 전우애를 익히고 군대규율과 질서를 배운다. 강한 교육훈련 속에서 체험적 경험과 인내를 통해 정신적 · 육체적 성숙함도 함께 학습한다.

(2) 구조적 특징

군 조직의 구조적 특징은 다음과 같이 설명한다(육군본부, 2007).

첫째, 임무완수의 절대성인데, 이는 군의 모든 활동이 국가를 방위하는 데 집중되어 있다는 의미이다. 국가방위의 임무달성이 실패했을 때는 바로 국가의 존립 자체가 사라지기 때문에 군의 임무완수는 절대적일 수밖에 없다. 군의 임무완수를 위해서는 강제적 권한행사가 필요하며, 조직구성원은 그것을 당연히 수용해야 하는 특수성이 존재한다. 우리나라는 다른 나라와 다르게 언제 국가 비상사태가 발생할지 모르는 준 전시상황에 놓여 있다. 그러므로 개인의 행동을 통제하고 엄격한 명령계통을 확립하는 것은 군의 임무완수에 절대적으로 필요한 요소다.

둘째, 군은 강제성과 규범성을 지니고 있다. 군은 개인의 기분에 따라 계급구조를 조정하거나 그 조직에서 탈퇴 또는 독립할 수 없다. 사회조직은 자유롭게 탈퇴가 가능하고 출입의 자유를 갖지만, 군은 일반인보다 강력한 규율과 통제 속에서 집단목표를 중시해야 되므로 개인의 사적인 문제는 관심사가 될 수 없다. 그렇기에 통제된 생활 속에서 장병들의 불평불만이 발생할 수 있고, 일부 장병은 복무부적응이 나타나기도 하는데 이러한 이유에서 군의 전문상담제도가 운영되고 있다.

셋째, 위계적 특성이다. 군은 강력하고도 철저한 상하서열의 명령체계를 가지며, 계급과 직책에 따라 권한과 책임이 부여되고, 그 역할이 명확하게 부여되는 조직이다. 군에서 부여된 계급은 복종의 권력 관계를 가늠하는 규범과 질서를 의미한다. 직책은 직무수행의 범위를 확정 지어 주는 지위의 단계를 의미하며, 권위는 이러한 계급과 직책으로 형성된 개인적 위상 또는 특성을 뜻한다.

계급은 같으나 맡은 바 임무가 달라서 지위가 다를 수 있으며, 자기가 위치한 곳이나 직책에 따라 권위가 달라질 수 있다. 계급과 관련된 위계적 개념은 절대적 권위 밑에 편성된 관료제적 규율과 조직체계를 말하는 것으로써, 군이 전투를 위한 집단임을 고려할 때 절대적으로 지켜져야 하는 요소이다.

넷째, 군은 집단성과 자족성의 특징이 있다. 군 조직구성원은 사회인과 달리 조직 일체감을 공유하는 집단적 특징을 지니고 있다. 이러한 집단의식은 병영생활과 교육훈련, 일상적인 활동 등을 통한 유대관계에서 형성되도록 구성원을 결속시키고 공동체 의식을 발휘토록 한다. 아울러 군 조직은 임무수행에 필요한 자족기능을 갖추고 독립적으로 운영된다. 자체적인 정책결정기관과 사법기관, 환자를 관리하는 의무기관 등을 독립적으로 조직하여 운영되고 있다.

(3) 환경적 특징

군의 환경적 특징은 다음과 같은 몇 가지 요인으로 설명이 가능하다.

첫째, 심리적 환경 특성이다. 군대는 유사시 생명의 위협을 무릅쓰고 전투를 수행하는 조직이다. 평시에는 실전과 같이 교육훈련하고, 전시에는 죽음과 희생, 고통을 감수하며 위기를 극복해야 한다. 이렇게 군 생활은 생명을 위협하는 요소가 많다. 미래를 예측하기 어려운 상황에 처할 수 있으므로 군 장병이 느끼는 불안과 긴장, 스트레스는 일반사회보다 훨씬 높은 수준이다.

입대 전 개인 중심적인 가치관과 행동에 익숙한 장병으로서는 군 생활의 엄격한 규율과 복종에 대한 절대성, 집단적 행동이 요구되어 심리적 구속감을 느낀다. 이러한 심리적 구속감이 적절히 해소되지 않을 경우, 군 적응을 어렵게 할 뿐만 아니라 각종 사고로 이어져 대군 불신이 초래되기도 한다.

특히, 군대는 개인의 목표보다 조직의 목표를 우선하여 개인의 행동은 조직목표에 지향되도록 통제한다. 그로 인해 입대 전 개인이 지녔던 가치관이나 생활태도는 억제될 수밖에 없다. 뿐만 아니라, 군 복무를 인생의 공백기간이나 퇴보기간으로 생각하는 피해의식이 나타나기도 한다.

둘째, 문화적 환경 특성이다. 병영문화는 국가관을 고취하고 계급과 권위를 존중하며, 희생정신과 전우애 등을 구축하는 긍정적인 측면이 있는 반면, 형식적이고 획일적이며, 폐쇄적인 특징도 동시에 지니고 있다. 이 같은 이유로 군은 현재 입대하는 장병들의 의식구조와 가치관을 넓게 포용할 수 있는 건전하고 합리적인 워라밸 병영문화를 육성하기 위해 지속적인 노력을 경주하고 있다.

평일도 외출이 가능한 제도, 병영 내에서 개인 휴대폰을 사용할 수 있는 제도 등과 같은 혁신은 장병을 지휘통솔하기 위한 합리성에 바탕을 눈 결과이며, 모든 장병이 사명감과 책임감을 갖고 자율적 · 창의적으로 복무한다는 가능성에 기반을 둔 조치가 아닐 수 없다.

셋째, 임무 및 업무환경의 특성이다. 군대는 임무수행을 위해 일정한 지역에 주둔하기 때문에 주거와 업무환경은 일반사회와 비교할 경우 많은 차이점이 있다.

사회생활과 차단되고 공동체의 환경 안에서 군이 요구하는 집단행동에 따라야 하며, 개인적인 사생활 보장이 어려워 갈등과 마찰이 발생하기도 한다.

군에서 수행되는 업무는 계급과 직책에 따라 다양하다. 전투준비와 교육훈련 그리고 일반적인 업무 등으로 이루어지는데, 이러한 업무는 어떠한 일이 있어도 반드시 정해진 시간에 끝내야 하는 신속성과 한 치의 오차도 허용되지 않는 정확성이 요구되는 특성을 지니고 있다.

2) 군 조직구성원의 특징

군 집단은 서로 다른 다양한 인격체들로 구성되어 있다. 입대 전 개인의 성장 배경, 성격, 종교, 경제적 수준과 사회적 지위, 가정교육과 생활습관 등에서 서로 다른 특성을 지닌 개인들이다. 입대 후 이들은 장교와 준사관, 부사관, 사병으로 구분되어 임무를 수행하며, 연령 및 학력과 무관하게 상하 관계가 계급으로 조직된다.

군 조직의 대부분을 차지하는 신세대 병사들은 20대 중심의 청소년으로 기성세대와 다른 독특한 특성을 지니고 있다. 높은 경제성장과 자유로운 사회생활의 영향을 받고 자랐으며, 사이버에 익숙하고 주위의 눈치를 보지 않을 뿐만 아니라, 자신의 의사를 분명히 제시하는 특징을 보인다(김의열, 2009).

신세대 장병은 개인주의적인 성향으로 집단적인 행동보다 개인적인 자유로운 행동을 선호한다. 자기만의 공간 속에 있는 것을 좋아하고 자기표현을 중시하기도 한다. 감각적이고 직선적인 표현을 사용하고 유머와 위트를 중시하기도 한다. 실용성보다는 외형과 분위기를 중시하는 경향도 있다. 뿐만 아니라, 미래를 위해 현재를 희생하며 일정한 틀에 얽매여 살아가는 기성세대의 사고를 거부하는 경향이 있다.

이러한 특징은 군 입대 전부터 타인의 통제나 지시보다는 자유로운 환경에서 성장한 이유와 자기만의 공간에서 컴퓨터와 휴대폰으로 자기만족의 삶을 살아온 원인이 있을 수 있다.

2 군 조직의 문화

1) 일반문화와 군대문화의 비교

군대문화는 그 하위에 병영문화, 가족문화, 운동문화, 성문화, 독서문화, 회식문화 등 다양한 형태의 문화들이 존재한다. 군대라는 하나의 특수한 사회적 관계 속에서 구성원들의 생활양식을 통해 여러 유형의 문화적 속성들이 형성되었기 때문이다. 군대문화는 장병들이 공유하는 가치관, 사고방식, 태도 및 신념체계 등의 총체로서 장병 개개인 또는 집단의 사유작용과 행동절차를 망라하여 군에서 이루어지는 제반 생활양식이라고 정의할 수 있다(조영갑, 1993).

군대문화는 '장병들이 군 조직 내에서 어떻게 행동해야 하는지 지침이 되는 행동양식이자, 군대의 가치와 전통 그리고 구성원의 특성이 결합되어 형성된 집단정신'이라고 말할 수 있다. 군대의 전통과 관습, 훈련, 병영생활 등에서 조직구성원에 의해 생성되고 발전되어 나온 하나의 상징체계이자 집단생활 그 자체이다.

군대문화는 두 가지의 개념을 내포하고 있다. 하나는 집단 전체의 가치와 태도로 구성되는 광의의 집단적 개념과 다른 하나는 각 구성원을 대상으로 하는 협의의 개념인 개인적 문화를 의미한다. 집단적 문화는 군대 전체의 일반적인 모습과 분위기를 설명하며, 개인적 개념의 문화는 각 구성원이 갖는 가치관, 신념체계, 사고방식 및 태도 등을 의미한다.

이러한 군대문화는 구성원들이 조직의 전통과 생활을 통해 학습되고 형성됨과 동시에 이를 함께 공유하는 신념체계로 작동한다. 뿐만 아니라, 구성원을 위한 공동의 가치와 행동, 규율, 협동, 충성, 헌신 등을 위한 기준을 만든다. 일반사회와는 다른 독특한 생활양식을 만들어 장병들의 활동을 지속시킬 뿐만 아니라, 새로 충원되는 조직구성원들에게도 지속적으로 이어지게 하는 문화적 영속성을 지닌다(심윤기, 2016).

여기서 중요한 것은 공유된 집단목표를 중심으로 한 집단적 문화는 군 구성원의 개인적 문화와 상호작용으로 생성되고 발전한다는 점이다. 이를 좀 더 쉽게 이해할 수 있도록 일반문화의 특징과 비교해서 설명하면 다음과 같다.

〈표 1-1〉 일반문화와 군대문화의 비교

일반문화		군대문화
개인주의 평등주의 실용주의 다양성 · 직업성 · 유연성	VS	집단주의 권위주의 명예주의 획일성 · 공공성 · 절대성

첫째, 개인주의 대 집단주의다. 일반문화는 개인주의를 추구하는 반면, 군대문화는 집단주의를 추구한다. 일반문화는 개인의 가치를 중요시하고 개인의 자유와 권리를 존중하는 반면, 군대의 집단문화는 개인의 가치와 존중을 무시하는 것은 아니지만 군대 내에서의 집단생활을 더욱 중시하며 개인의 의견을 집단의 의견에 귀속시킬 것을 요구한다.

둘째, 평등주의 대 권위주의다. 일반문화는 자유와 평등을 기본이념으로 하는 민주주의에 기초한다. 인격의 평등과 기회의 평등, 직업 선택의 평등 등 계급이나 신분과 같은 요소에 의한 평가를 반대하고 능력과 업적에 의한 평가를 원한다. 그러나 군대문화는 권위주의와 계급주의를 기반으로 한다. 계급적 권위가 절대적이며, 계급을 중심으로 엄격한 위계구조와 질서를 중요한 가치로 삼는다.

셋째, 실용주의 대 명예주의다. 일반문화는 실용성과 실리를 추구한다. 그러나 군대문화는 조직의 규율과 질서를 함양하기 위한 복장, 태도 등과 같은 형식과 의식을 중시한다. 군 조직은 명예를 중시하는데 명예를 추구하기 위한 동기유발 방법 중의 하나가 형식적 측면의 충족이다. 군인의 명예를 나타내는 외적 표현은 계급장, 훈장, 제복 등으로 나타나며, 엄숙한 예식과 화려한 주악 등은 군인의 형식적인 외적 측면을 추구하기 위한 하나의 방법으로 활용되는 것이다(조승옥, 1995).

넷째, 다양성 대 획일성이다. 일반문화는 구조 및 기능적으로 다양하게 분화되어 있다. 개인 각자의 개성에 따라 다양성을 추구하면서도 사회 전체 기능과 유기적인 관계를 맺고 있는 복잡성의 구조를 가진다. 반면, 군대문화는 위계적 계급체계에 의한 통일된 질서체계하에서 획일적인 생활양식을 특징으로 한다.

다섯째, 직업성 대 공공성이다. 일반문화는 직업적인 데 반해, 군대문화는 공공성을 지닌 조직이다. 직업적 문화는 구성원의 동기부여, 직무수행, 직업제도, 직업정책 등의 영역에서 자본주의 시장의 원리와 개념에 의해 정당화되는 가치와 규범을 중시한다. 그러나 공공 조직적인 군대문화는 공동목표를 달성하기 위해 개인의 이익을 초월하며, 공공의 가치와 규범 등을 정당화하는 조직과 제도, 원리 등을 보다 중요시한다.

여섯째, 유연성 대 절대성이다. 일반문화는 임무수행에 있어 유연성이 있는 반면, 군대문화는 임무를 수행함에 있어서 2등이 존재할 수 없다는 절대적 완전주의를 추구한다. 일반문화는 실수를 성장의 기회로 여기는 등 유연하게 받아들이지만, 군대문화는 작은 실수도 용납지 않으며, 오직 1등 한 사람만이 살아남을 수 있다는 절대성을 지닌다.

2) 군대문화의 주요 특징

군대문화는 앞서 설명한 바와 같이 일반 사회문화와 다른 특징을 지니고 있다. 군대문화는 구성원에게 조직의 일체감을 조성하고 집단행동을 이끌며, 자신보다 더 큰 시스템인 조직에 집단적 몰입을 촉진시킬 뿐만 아니라, 조직구성원의 안정성을 증진시키는 도구로 작용한다(국방부, 2013).

군에 입대한 장병들은 군대문화를 새롭게 접하면서 군 구성원으로서의 일체감과 집단응집력 등 특정한 요구를 받게 되는데, 이러한 요구가 개인에 따라서는 군 부적응으로 이어지기도 한다. 이러한 이유로 군 전문상담관은 군대문화에 대한 정확한 개념과 군대문화의 특징에 대한 다양한 식견을 지니고 있어야 부적응으로 힘들어하는 장병에게 효율적인 조력과 도움을 제공할 수 있다. 군대문화의 특징은 대체로 다음과 같이 설명할 수 있다.

첫째, 권위주의 특징을 가진다. 군대는 다른 어떤 조직보다도 강한 관료적 성향의 권위주의 문화가 필요한 조직이다. 권위주의는 다른 사람의 의견에 관용적이고 수용적인 태도보다는 지배하는 태도를 취하며, 부하에게는 복종의 태도를 기대하는 특성이 있다.

군 조직은 임무 특성상 계급의 권위와 엄격한 규율로 유지되어야 하는 조직이다. 그러나 권위주의하에서는 부하의 의견이나 자율성, 창의성, 책임감과 같은 조직발전을 위한 요소들이 위축되고 제한받을 위험성이 크다. 군 전문상담관은 이러한 점을 고려하여 군의 권위주의 문화를 존중하되 개인의 특성을 고려한 균형감 있는 상담과정을 유지할 필요가 있다.

[그림 1-1] 군대문화의 특징

출처: 심윤기(2016).

둘째, 군대문화는 명예주의에 가치를 둔다. 군 조직은 규범에 의해 그 형식과 절차가 규정되고, 이에 대한 가치평가도 규범적인 문화 척도에 따라 평가된다. 특히, 명예와 용기, 덕성 등의 정신적 가치에 역점을 두는데, 이러한 특징은 군 고유의 임무와 관련하여 죽음을 초월한 정의로운 군인의 삶을 살도록 이끌어 주는 데 기여한다.

필자가 사관학교 생도생활을 시작할 때부터 사관생도 명예신조를 학교연병장에서 전 학년이 함께 제창하곤 하였는데, 이 제도 역시 사관생도의 명예가 중요하였기 때문이다. 이처럼 군인은 국가방위의 최후 보루로써 막중한 임무를 수행하고 있다는 사명감과 명예를 먹고 사는 존재이다.

셋째, 집단주의 특성이다. 군 조직은 근본적으로 개인보다 집단을 중시하는 집단적 성격을 유지해야 하는 특수한 조직이다. 집단주의는 집단의 목표와 이념을 개인보다 우선하고 개인의 인격이나 인권 또는 권리 등을 집단에 예속시킨다.

국가방위라고 하는 목표의 절대성과 명령에 대한 복종체계, 특수한 임무수행을 위해서는 집단주의 정신이 필수적이다. 이러한 집단정신은 집단의 연대의식과 단체행동의 응집력을 강화시키며, 장병으로 하여금 공동체 의식을 공유하게 하는 장점이 있다. 뿐만 아니라, 개인의 이익에 우선하여 집단의 이익을 중시하며 때로는 집단을 위해 자기희생을 감수하는 데에도 기여한다.

넷째, 군대문화는 폐쇄성의 특징을 가진다. 폐쇄주의는 외부에 자기 내부 조직의 개방을 꺼리고 보안과 비밀을 중시한다. 전투에서 승리할 수 있는 조건은 아군의 작전의도가 적에게 알려지지 않고 작전을 수행하는 것이다. 만약, 아군의 작전계획이 적에게 노출된다면 그 작전은 실패했다고 해도 틀린 말이 아니다. 이렇게 군 조직은 군사정보에 대한 보안을 극도로 중시하는 것에서부터 출발하는 관계로 폐쇄성의 문화가 유지되는 특징이 있다.

군 조직은 장병들에게 군사보안의 중요성을 주기적으로 강조하고 교육하며, 군 장병 역시 부대 훈련을 포함한 여러 가지 부대 상황과 정보를 외부에 노출하지 않으려고 노력한다. 군 전문상담관은 이러한 군대문화의 폐쇄적인 특징으로 말미암아 상담 장면에서 자기개방을 꺼리는 장병이 발생하지 않도록 주의할 필요가 있다.

다섯째, 완전주의 문화다. 군은 전쟁 가능성을 염두에 두고 1%의 오차도 허용하지 않는 완전무결한 준비를 강조한다. 직무와 관련한 책임에 대해서도 매우 엄격한 잣대의 기준을 제시한다. 이 같은 완전주의는 군 조직의 목표달성을 위해 구성원들을 전력질주하게 하는 데 기여하며, 특히, 예측되는 대규모의 전쟁이나 소규모의 국지전에서 반드시 승리하기 위해 치밀하고 계획성 있는 업무추진에 기여한다.

반면, 이러한 완전주의는 장병들이 업무를 기피하고, 보직변경을 요구하는 사례로 이어지기도 하며, 부적응 정도가 심할 경우에는 군무이탈과 자살시도에 영향을 미치기도 한다. 군 전문상담관은 이러한 점을 고려하여 완전주의 문화로 부적응을 호소하는 장병이 상담실을 찾아오면 보다 적극적인 상담개입을 통해 보직변경을 지휘관에게 건의할 필요가 있으며, 이와 더불어 완전주의의 군대문화를 이해시킬 수 있어야 한다.

여섯째, 획일주의 특징을 지닌다. 획일주의는 개인의 사고, 정서, 행동 등을 일정한 구조적인 틀에 인위적으로 규격화하는 것을 말한다. 군 조직은 획일성과 통일성이 요구되는 조직이다. 군이 추구해야 할 목표와 가치, 싸워야 할 적이 누구인지에 대한 명확한 통일성이 필요하다.

지휘관 중심의 한 방향 한목소리를 내야 하는 단일체계와 일사불란한 업무처리를 위한 통제성의 용이 차원에서도 획일주의는 필요하다. 그러나 획일주의는 다양한 의견 수렴을 어렵게 하여 이해 상충에 영향을 미치며, 가치관의 갈등을 수용하기 어려운 단점도 지니고 있다는 점을 군 전문상담관은 유의해야 한다.

일곱째, 실적주의 문화를 필요로 한다. 실적주의는 업무수행의 과정이나 절차보다는 결과와 형식을 더 중시하는 특징이 있다. 최종 기한의 엄수를 명예로 생각하고, 단기간 내 임무완수를 자랑스럽게 여긴다. 이러한 실적주의는 가시적인 분명한 목표를 제공하고 강력한 추진력이 발현되도록 하는 원동력으로 작용한다.

반면, 결과를 중시하기 때문에 정상적인 방법으로 일하는 것이 아니라 편법이나 요령이 동원될 위험성이 있다. 기필코 혹은 반드시 적을 이기도록 강조하다 보니 내용과 과정 및 절차 등을 간과할 우려도 있다. 다시 말해, 절차적 정당성과 공정성을 훼손할 위험성을 내포하고 있다.

군대는 아차 하는 순간 생명을 앗아갈 수 있는 급박한 상황들이 많다. 그래서 상급자의 명령과 지시에 절대적으로 복종하는 것은 조직구성원 전체의 생명과 안전을 위해 지극히 필요하다. 하지만 하급자의 인격과 기본권을 무시하고 계급과 권위의 정당성만을 강조하는 것은 오히려 전투력을 약화시킬 수 있다. 왜곡되고 변질된 구태의연한 군대문화는 국민들로 하여금 군에 대한 불신을 초래할 뿐만 아니라, 가고 싶지 않은 곳이자 내 자식만은 결코 보내고 싶지 않은 곳으로 인식시킬 수 있다.

3 새로운 병영문화 육성

새로운 병영문화는 무형전력의 기반인 동시에 전투력 강화를 위해 생명력을 불어넣는 요소로 작용한다. 평시에는 조직의 효과성을 제고하는 데 기여하고, 전시에는 싸워 이기는 데 필요한 사회복지적인 기능을 충실히 수행한다.

1) 새로운 병영의 모습

21세기 군 병영은 개인과 군 조직이 조화롭게 운영되는 인간 중심의 병영으로 재 조형되어야 한다. 그동안 군은 집단 중심의 병영을 강조함으로써 개인의 인격적인 측면과 권리, 잠재력 실현의 과제는 상대적으로 덜 중요하게 인식하였던 것이 사실이다. 하지만 이제는 조직의 집단발전을 추구하면서 동시에 개인의 존중과 자기실현이 보장되는 병영으로 발전하고 있다.

군 장병 개개인의 인권을 존중하고 개인 강점과 잠재력 개발, 창의력 등을 촉진하여 개인의 성과가 조직의 성과로 이어지도록 하는 병영 환경이 정착되어야 한다. 뿐만 아니라, 군 조직은 목표를 달성하기 위해 개인 · 집단 · 조직 등 단위별 고유 역량이 최대한 활용될 수 있도록 통합성의 병영문화가 유지되어야 한다. 이러한 통합성이 병영이 구석구석에 정착되도록 하기 위해서는 병영의 제반 환경과 문화가 재설정될 필요가 있다. 장병 개개인의 가치관과 인격, 특성을 존중하고 동료 간 상호 신뢰와 협력 및 공동체 정신 등을 중시하는 방향으로 발전되어야 한다.

선진병영을 달성하기 위해 가장 기본이 되는 개방성을 견지한 병영으로 변화되어야 한다. 전투에서 싸워 이길 수 있는 군대의 특수성이 반영된 병영이 되어야 하며, 군 조직의 이익만을 우선하는 폐쇄성도 변화되어야 한다. 군 조직의 위계질서와 보안유지, 명예 등을 중시하는 고유의 문화적 속성들도 군 장병의 의식과 군 내외적 환경변화에 적절하게 조화되고 개방되어 유연해질 필요가 있다.

군은 무엇을 어떻게 해야 하는지에 대해 독단적으로 판단하지 말고 국민과 함께 공감하며 호흡을 같이 할 수 있도록 문화적 개방성을 추구하는 노력도 부단히 전개되어야 한다. 인간의 존엄성과 평등, 인권 등이 존중되는 국가의 기본이념과 질서가 군 병영에 적절한 수준으로 용해되어 우리 사회의 문화적 정향에 부합된 병영이 되어야 군의 미래는 희망적일 수 있다.

2) 워라밸(work-life balance) 병영문화 혁신

새로운 군 병영문화는 과거의 불합리한 요소를 쇄신한 새로운 형태를 말한다. 시대에 부합된 병영은 장병들의 복무의욕을 높이고 군 생활 만족감을 증진할 뿐만 아니라, 부대 전투력을 향상시키는 주요 요인으로 작용한다.

필자는 1982년부터 군 생활을 시작해 전역하기까지 33년 가까운 군 생활을 경험하였다. 시대의 흐름에 따른 병영의 변화를 몸소 야전에서 체험하였는데, 이러한 경험을 토대로 21세기에 부합된 새로운 병영문화 혁신과제를 제시해 본다.

〈표 1-2〉 21세기 병영문화 혁신과제

① 서로 존중하고 배려하는 병영

② 악습과 구습이 척결된 병영

③ 권위주의적인 태도가 사라진 병영

④ 잠재력과 창의력이 발휘되는 병영

첫째, 21세기의 병영은 장병 간 서로 존중하고 배려하는 병영을 육성하는 것이 무엇보다 중요하다. 사람이라면 누구나 인정받고 존중받기를 원한다. 신세대 장병 역시 국방의 임무를 묵묵히 수행하는 자신의 존재 가치를 높이 인정해 주기를 바란다. 우리 사회가 시간이 흐를수록 인간에 대한 존중과 배려, 권리를 중요하게 여기는 민주화 사회로 발전되어 가고 있는 것처럼 군 병영문화도 지속적인 혁신의 노력이 필요하다.

인권이 보장되고 자유로운 환경에서 영향을 받고 자란 장병은 인격을 존중하는 군대가 되기를 원하고, 서로 배려하는 병영이 되기를 기대하는 마음이 크다. 가치 추구의 중심을 본인 자신에게 맞추고, 개인이 지닌 다양한 특성이 존중되는 병영이 되기를 바라고 있다. 이들이 요구하는 이 같은 인간존중과 배려문화의 정착은 부대화합과 단결을 강화하여 전투력이 향상되는 효과를 가져온다.

반면, 기성세대는 개인의 가치를 추구하기보다 자신이 몸담고 있는 가족이나 회사, 국가의 목표를 더 중시하는 경향성을 지니고 있다. 집단적 목표를 달성하기 위해 개인의 욕구와 가치는 기꺼이 희생되어도 좋다는 의식이 지배적이다. 자신을 독립적인 존재로 인식하기보다는 집단의 한 일원으로 생각하며, 다른 사람과의 조화를 중시할 뿐만 아니라, 사회적 규범의 틀이 허용하는 범위에서 자신의 위치를 찾고자 노력한다.

둘째, 악습과 구습이 척결된 병영을 만드는 것이다. 군 병영은 성격, 연령, 학력, 가정환경 등 다양한 요소를 가진 서로 다른 장병들이 입대하여 집단적으로 생활하는 조직이기에 병영 내 갈등이 발생할 수 있는 여지가 많다. 병영 내에서 발생하는 구타와 가혹행위는 피해자가 자신의 잘못을 인정한다 해도 조직에 대한 불신과 증오, 분노와 저항심을 불러일으키고, 진정한 복종과 화합을 저해하여 급기야는 총기난사와 같은 상상을 초월하는 내영 악성사고를 발생시키는 요인으로 작용되기도 한다. 따라서 이런 점을 고려해 볼 때 장병 상호 간 갈등 구조를 근원적으로 해소하기 위한 노력을 지속적으로 기울일 필요가 있다.

셋째, 군림하는 권위주의 태도가 사라진 병영을 육성하는 일이다. 내 부하니까 내 마음대로 해도 된다는 생각과 군에서 일어나는 일은 숨겨도 괜찮다는 생각, 지휘관이니까 규정과 방침을 어겨도 된다는 생각 등은 빨리 없어져야 할 권위주의적인 산물이 아닐 수 없다. 자기주장의 정당성만을 고집스럽게 강조하고, 부하들의 의견을 듣기보다는 자신의 경험만을 강조하는 비합리적 의사결정과정을 타파하고 절차적 정당성과 공정성이 보장된 병영이 육성될 필요가 있다.

부하들을 인격적으로 대우하지 않고 사사건건 무시하는 일, 어렵고 고된 훈련을 성공적으로 잘 끝냈음에도 불구하고 제대로 된 포상 한번 주지 않는 행위, 시키는 대로만 하면 되는데 그것도 못 한다며, 인간의 존엄성을 훼손하는 행위 등은 빨리 사라져야 할 구시대적 산물이다.

넷째, 잠재력과 창의력이 발휘되는 병영이 되어야 한다. 전투력은 병사의 창끝에서 창출된다는 말이 있다. 이 말의 의미는 병사들의 잠재력 발휘가 전투력의 주요 요인이며, 부대목표를 달성하는 데 크게 기여한다는 뜻이다. 군에 입대하면 군의 특수성과 명령에 대한 복종의 필요성을 자주 교육하는데, 이 과정에서 절대복종만이 군인의 최고 가치와 덕목인 양 왜곡하여 교육하는 일은 지양되어야 한다.

21세기 새로운 병영은 장병 개개인의 강점과 창의성, 잠재력 등이 전역할 때까지 발현될 수 있어야 하며, 이때 군은 강한 군대가 될 수 있다.

4 군 장병의 특성

1) 장병의 세계관

신세대 장병이 지닌 가치관은 개인의 행위와 태도를 결정하고 군 생활의 의미와 보람을 찾는 데 크게 영향을 미친다. 뿐만 아니라, 공동체 생활과 보람된 군 생활을 하는 데 기여하는 원동력으로 작용하는 등 중요한 역할을 한다.

신세대 장병이 지닌 국가관은 국가적 이상이나 목표에 크게 공감하지만 국가에 대한 봉사나 희생에는 다소 소극적인 면이 있다. 일부는 국가에 대한 충성이나 조국을 위한 헌신과 같은 단어를 낯설어하기도 한다. 대체로 권력지향적인 것을 거부하고, 권위주의적인 것에 저항하며 도전적인 모습을 보이지만 인류공동체 의식은 비교적 강한 편이다.

통일에 대한 생각도 기성세대와 다른 모습을 보이고 있다. 그들은 개인의 희생이 수반되는 통일은 원하지 않는 경향을 보인다. 2017년 개최된 평창 동계올림픽에서 여자 아이스하키 남북단일팀 구성을 반대하는 모습에서 감상주의적인 통일지상주의는 그들에게 설득력이 없다는 것을 잘 보여 주고 있다.

특히, 신세대 젊은이들은 사회 전반의 문제에 깊이 인식하고 고민하기보다는 진보적 성향의 시각을 바탕으로 모험적인 변화가 이루어지기를 기대하는 모습을 보이며, 대체로 감성적으로 사회문제를 대하는 편이다. 젠더 갈등의 문제와 소수자의 문제, 난민의 문제 등이 사회적 이슈로 대두되는 현상 속에서 이들은 개인에게 희망을 주는 사회와 더불어 자신과 잘 소통되는 사회가 되기를 기대한다.

이들의 인생관은 미래보다 현실을 중시하는 편이다. 서구화된 사고방식을 바탕으로 자기중심적이며 현실주의적인 측면이 있다고 보는 시각도 있다. 대면적인 인간관계보다 다양한 미디어를 통해 이루어지는 관계를 선호하기도 하며, 개성을 존중하는 감각주의적인 성향보다 감정을 선호하는 특성을 보이기도 한다. 충효예의 중요성에 대해서는 대체로 인정하지만 일방적인 강요는 적극적으로 거부하는 모습을 보이고 있다.

이러한 특성을 지닌 신세대 병사들은 군 조직의 과도한 권위주의적인 요소와 비인권적인 행동을 적극적으로 배격하며, 구태의연한 병영문화에 대한 변화요구에 있어서도 당당한 목소리를 낸다. 주위의 눈치를 보지 않고 자신의 의사표현을 분명히 하며, 독립적인 개인행동과 자기만의 공간에 있는 것을 선호한다. 미래를 위해 현재를 희생하며 살아가는 기성세대와는 달리 일정한 틀에 얽매여 사는 것을 싫어하는 특징을 보이고 있다.

〈표 1-3〉 신세대 장병의 특징

① 사고방식과 행동양식이 독립적이며 자기중심적이다. ② 이성적이기보다는 감성적으로 행동하는 경향이 있다. ③ 권위적이고 위계적이며 지시적인 것을 좋아하지 않는다. ④ 비합리적인 지시를 거부하고 자유로운 분위기를 선호한다. ⑤ 실용적이기보다는 외형적인 것을 중시하는 경향이 있다. ⑥ 자기 권리를 적극적으로 표현하며 불공정한 처우개선을 당당히 요구한다.

출처: 해군본부(2009).

2) 장병이 바라는 기대

21세기에 부합된 새로운 병영문화 육성에 대해 장병들이 바라는 기대는 매우 크다. 일과 휴식이 조화된 워라밸 병영이 정착되기를 바라고, 합리적인 리더십에 대한 기대뿐만 아니라, 자신이 의사결정과정에 참여하기를 기대한다(심윤기 등, 2020).

(1) 일과 휴식이 조화된 워라밸 병영문화

군 장병은 자기발전과 자아실현을 위해 노력하는 생산성 있는 군 복무가 되기를 원하고, 일과 휴식의 적절한 조화를 기대한다. 행복한 워라밸(work & life balance) 병영이 되기를 바라는 욕구가 강한 편이다. 이 같은 장병의 기대는 우리나라 경제적 여건이 풍족해지고, 개인의 욕구가 다양화 · 고급화되면서 삶의 수준과 질이 높아졌기 때문으로 분석된다.

그동안 군은 장병 복지 향상을 위해 체육시설을 확충하고, 독서 카페를 설치하는 등 기본적인 병영문화시설을 확충하기 위해 많은 노력을 기울여 온 것이 사실이다. 하지만 장병의 눈높이와 기대수준에 맞는 여가 콘텐츠의 다양성은 많이 부족한 실정이다. 그로 인해 그들의 특성에 적합한 문화 활동에 대한 보장은 기대에 못 미치고 있다.

신세대 장병은 사회적 통념이나 인습에 얽매이지 않으려 하고, 자기 자신을 소중히 여기는 특징을 지니고 있다. 당당한 자기주장과 솔직한 자기표현을 좋아하고, 주체적이고 독립된 자기만의 개성 있는 삶을 영위하고 싶어 한다. 병영 내에서 개인의 권리가 존중되고, 계급에 따른 차별 대우가 사라지기를 바란다. 그래서 이들은 2019년부터 시행되고 있는 평일의 개인외출과 자유 시간에 대한 합리적인 통제가 이루어지기를 기대하고 있다.

(2) 합리적이고 인권친화적인 리더십문화

신세대 병사들은 합리적이고 인권친화적인 리더십과 간부의 솔선수범적인 행동을 기대한다. 구태의연한 관습과 구습, 관행에서 탈피한 새로운 병영을 위해 간부들의 솔선수범을 기대하며, 경직된 형식으로부터 탈피한 자유로운 병영분위기 속에서 간부의 언행일치된 모습이 보여지기를 바라고 있다.

어렵고 위험한 위기상황일수록 간부의 능동적이고 적극적인 솔선수범은 매우 중요한데, 간부의 솔선수범적인 행동을 바탕으로 부대 전투력과 화합, 단결심이 상승되기 때문이다. 자신에게는 늘 엄격하게 대하되 부하에게는 항상 관대한 행동을 보이고, 병사의 입장에서 생각하는 간부가 되어 주기를 원한다. 뿐만 아니라, 간부 자신의 잘못을 여러 가지 이유를 들어 변명하거나 합리화하지 않고, 솔직하게 인정하는 의연한 모습과 잠재역량이 발휘되는 병영생활이 보장되도록 적극적으로 노력하는 간부가 되어 주기를 기대한다.

신세대는 자신의 의견이 옳다고 생각하면 소신을 가지고 서슴없이 말하는 경향이 있다. 그렇다고 타인으로 하여금 자신의 의견을 따르라고 강요하지는 않는다. 자신의 잠재력과 가능성을 발견하려는 의지가 강하며, 미디어 정보에 대한 관심이 지대하다. 새로운 것에 대한 탐구 욕구가 높을 뿐만 아니라, 긍정적인 가능성과 자신감으로 모험에 도전하는 특징이 있다(육군본부, 2013).

이러한 특성을 지닌 장병은 군 복무기간이 자기발전을 정지시키고 잠재능력개발의 기회를 박탈하는 시간이 되지 않기를 간절히 바란다. 군에 입대해서도 자신이 성장하고 발전할 수 있는 의미 있고 가치 있는 시간이 되기를 기대한다. 이러한 측면에서 2019년부터 부대 내에서 병사들의 휴대폰 사용이 개방된 것은 잠재능력개발 측면에서 매우 잘된 일이 아닐 수 없다.

(3) 의사결정과정에 참여

장병들의 학력 수준은 대체로 높은 편이다. 군에 입대하기 전 합리적인 의사결정과정에 참여한 경험들이 많다. 이러한 장병의 특성을 부대임무수행의 의사결정과정에 참여시키면 큰 성과를 낼 수 있다. 특히, 합리적인 병영육성을 위해서는 이들을 의사결정과정에 참여시키는 수준을 넘어 의사결정권한까지 위임할 필요가 있다고 여겨진다.

이들이 바라는 합리적인 병영의 최종 모습은 평소부터 병영생활과 직결되는 의사결정과정에 자신이 참여하고, 필요에 따라서는 이와 관련된 권한까지 위임해 주기를 바란다. 예를 들어, 사고예방을 위한 병영의 제반 활동과 병영문화 개선과 같은 일이다. 소소하고 작은 일을 일일이 자신에게 지시하지 않아도 의사결정과정과 권한을 적절히 부여하면 조직이 원하는 방향으로 행동하여 부대목표를 효율적으로 달성할 수 있다고 이들은 당당하게 말한다.

3) 장병의 특성이 군에 미치는 영향

군 조직의 목표를 달성하기 위해서는 개인의 의견과 욕구는 당연히 제한될 필요가 있는데, 그 이유는 국방의 임무를 완수하기 위해서는 개인의 의견이나 주장보다는 집단적 노력과 화합이 필요하기 때문이다. 장병들이 지닌 다양한 특성은 다음과 같이 군 전투력에 많은 영향을 미친다(심윤기, 2016).

첫째, 신세대 장병은 비합리적이고 강압적인 상명하복의 체계보다 누구나 납득할 수 있는 합리적인 명령체계를 기대한다. 이러한 그들의 바람은 군 내 새로운 리더십의 창출과 병영문화혁신을 추진하는 동력으로 작용하며, 국가관 정립에도 기여한다. 그러나 권위주의에 대한 비판의식과 부정적인 생각은 군의 명령체계를 이행하는 데 부정적인 영향을 미치기도 한다. 군 조직의 강한 통일성과 일관성을 요구하는 조직체계를 부정하고, 나아가 이념적 갈등으로 이어져 전투력의 약화가 초래되는 위험성을 내포하기도 한다.

둘째, 신세대 장병이 지닌 강한 도전정신과 통찰력, 낙관성 등은 한 단계 격상된 전투력을 창출하는 힘으로 작용한다. 흥미를 느끼는 일에 대한 집념과 열정은 군 본연의 임무를 완벽히 수행하는 데 필요한 추진력이 되기도 한다. 그러나 공동체의 삶보다 개인의 사생활을 선호하고, 인내심과 경쟁심이 부족한 측면은 군의 사기를 높이고 단결심을 배양하는 데 부정적인 영향을 미친다.

셋째, 신세대 장병은 자신에게 주어진 임무를 완벽하게 수행할 수 있다는 자신감과 의욕이 강하다. 이는 무에서 유를 창조해내야 하는 절박한 전투상황이나 위기상황에서 흔들리지 않고 슬기롭게 대처하는 데 크게 기여한다. 그러나 과도한 자기중심적인 행동은 오히려 상명하복의 군인정신과 상하 계급의 원활한 의사소통을 어렵게 하는 등 화합과 단결력의 약화를 초래한다.

넷째, 신세대 장병은 자신의 의견을 소신 있게 말한다. 자신에 대한 처우와 대우가 불공정하고 불합리하다고 판단되면 시정해 줄 것을 적극적으로 요구한다. 군 생활 속에서의 비합리적이거나 불공평한 요소에 대해 강력히 이의를 제기하는 주장은 병영생활에서 발생할 수 있는 여러 가지 갈등 요인을 사전에 예방하는 긍정적인 요인으로 작용한다. 하지만 군 집단생활의 위계성에 대한 강한 주장과 이의제기는 상하 계급 간 원활한 의사소통과 화목한 병영생활을 유지하는 데 부정적으로 작용한다.

다섯째, 신세대 장병은 변화에 대한 긍정적인 수용 자세와 객관적이고 합리적인 조치에 순응하는 성향이 강하다. 이 같은 상병의 특성이 병영생활에 긍정적으로 영향을 미칠 때에는 그들의 강한 열정과 자신감이 결합하여 끈끈한 전우애로 이어진다. 하지만 공동체적 삶보다 개인생활을 선호하고, 수평적인 대인관계 욕구가 과도하게 표출되는 경우에는 비합리적인 현실 부정과 함께 화합과 단결이 약화되기도 한다.

여섯째, 신세대 장병의 탈권위주의적인 성향은 개방적이고 화목한 병영생활을 유지하는 데 긍정적으로 기여한다. 과거의 관습에 얽매이지 않는 자유분방한 특성은 새로운 병영문화 육성을 위한 창의성 발현에 긍정적으로 작용하며, 다양한 잠재력은 군의 과학화 · 첨단화 발전에 기여한다. 특히, 합리성에 기반을 둔 도전적인 가치 추구는 위기상황에서 위기극복의 촉매제 역할을 제공한다. 반면, 무분별한 탈권위주의적인 주장과 정제되지 않은 과도한 개인욕구의 추구는 병영생활 내 대인관계 갈등을 일으키고, 군 기강의 약화로 이어지게 하는 위험성이 내포되어 있다.

C·H·A·P·T·E·R 2

군 상담의 개관

1 군 상담의 개념

1) 개요

군에서 상담이라는 용어를 사용한 것은 그리 오래되지 않았다. 군에서는 면담과 지휘통솔, 리더십이라는 용어를 주로 사용하였으나, 2005년 이후부터 상담의 중요성이 인식되면서 상담이라는 용어를 사용하기 시작하였다. 육군본부(2004)에서는 군 상담관이 적응의 문제가 있는 장병을 대상으로 촉진적인 의사소통을 통해 장병 스스로 문제를 해결할 수 있는 힘과 능력을 갖도록 도와주는 과정을 군 상담으로 정의하고 있다.

다양한 문화적 환경에서 자유롭게 생활하다 군에 입대한 장병 중에는 상명하복의 군대문화, 개인의 가정사정, 성격특성 등으로 심리적 갈등이나 어려움을 경험하기도 한다. 이러한 부적응문제의 핵심을 파악하여 해결방안을 찾도록 도와주고 조력하는 과정을 군 상담이라고 설명하고 있다.

이렇게 군 상담은 장병 개인이 지닌 심리적 문제를 해결하여 군 조직이 제 기능을 발휘하도록 조력하는 데 목표를 둔다. 개인이 호소하는 현재의 심리 · 신체적 문제와 향후 예상되는 적응의 문제까지 정확하게 진단하고 해결하여 군의 무형전력을 보다 강하게 유지하는 데 초점을 둔다.

군 상담의 대상은 「국군조직법」, 「군 인사법」, 「군인 복지기본법」에 적용되는 모든 구성원을 포함한다. 따라서 병사와 간부, 군무원, 군인가족, 동료 등 장병과 직접 영향이 있고 관련이 있는 모든 자를 말한다. 군 상담의 방법은 주로 대면상담과 전화상담으로 이루어진다. 군 상담의 분야는 개인상담과 집단상담, 가족상담, 위기상담, 다문화상담, 성상담, PTSD 상담, 중독상담, 진로상담 등을 포함한다. 하지만 실제 현장에서는 개인상담과 성상담 위주로 군 상담이 이루어지고 있다.

2) 군 상담의 필요성

군 상담은 왜 필요할까? 그 이유에 대한 설명은 다음과 같이 몇 가지로 정리해 볼 수 있다. 첫째, 임무수행을 위해서다. 군 상담은 부여받은 임무를 목표 수준 이하로 수행하는 장병과 그 원인을 파악하여 이를 조치하거나 예방한다. 부대의 임무수행 과정에서 나타나는 장병의 문제점을 정확하게 파악한 후, 이에 대한 적절한 조치를 마련한다. 예를 들어, 직책이나 주특기가 적성에 맞지 않을 경우에는 보직이나 주특기 조정을 통해 문제해결을 도울 수 있고, 휴가와 외출, 휴식 등과 같은 사회복지적인 조치를 통해 부대임무를 수행하는 데 기여한다.

둘째, 병영문화 개선에 필요하다. 군대가 존재하는 목적은 전쟁에서 승리하기 위해서다. 이 때문에 군은 일반 사회조직과 다른 특수한 문화를 가지고 임무를 수행한다. 명령에 대한 절대복종과 완전주의, 권위주의, 집단주의, 명예주의 등과 같은 군대문화는 군의 특수한 임무수행을 위해 필요하다. 그러나 이를 경험해 보지 못한 장병들에게는 복무부적응을 일으키는 원인으로 작용하여 사건사고로 이어지기도 한다. 군 상담은 이러한 문제를 해결하는 좋은 대안으로 활용된다. 군 조직의 특수성에 대해 충분히 이해하고 수용하도록 장병을 조력할 수 있으며, 구태의연한 모습의 병영문화를 혁신하고 개선하는 데에도 기여한다.

셋째, 군 상담은 개인의 고민을 해결하는 데 필요하다. 장병이 경험하는 심리적 어려움은 개인의 가정사와 경제문제, 진로문제 등을 포함하여 이성관계, 대인관계 갈등 등 다양하다. 군 상담은 이러한 문제를 다양한 경로를 통해 파악하고 인지할 수 있으며, 적절한 방법으로 조력하여 복무적응에 도움을 준다. 뿐만 아니라, 복무 중 발생한 장병의 고민이 무엇인가를 정확히 식별하고, 이를 해결하여 전투력이 약화되는 것을 방지할 수 있다.

넷째, 부대 전투력 향상을 위해 필요하다. 군 상담은 장병의 비전 제시와 개개인의 정신전력을 내면화하여 최고의 전투력으로 승화시킬 수 있는 장점이 있다. 개인의 장래문제나 진로문제 등을 파악하고 해결방안을 함께 찾아봄으로써 복무의욕을 고취시킬 수 있다. 뿐만 아니라, 장병 개인의 잠재력을 개발하는 데에도 도움을 준다. 이렇게 군 상담은 개인의 자아성장과 잠재력 개발, 군 생활 만족감을 증진시키며, 군 조직 기능을 강화하고 전투력을 향상시키는 데 기여한다.

3) 군 상담의 특징

군 상담은 몇 가지 특징적인 요소를 지니는데, 심윤기(2016)는 다음과 같이 설명한다.

첫째, 비자발적인 상담으로 이루어진다는 점이다. 일반사회에서 진행되는 상담은 스스로 상담의 필요성을 인식하고 이루어지는 반면, 군 상담은 스스로 원해서라기보다 간부의 지시나 의뢰로 실시되는 비자발적인 경우가 대부분이다. 장병 내담자 스스로 상담의 필요성을 인식하여 상담을 요청하기보다는 자신의 의지와는 상관없이 지휘계통에 있는 간부가 상담의 필요성을 인식해 요청되는 경우가 훨씬 많다. 이러한 경우 장병 내담자는 상담 참여 동기가 부족하고, 자신의 심리적인 문제가 상담을 통해 해결될지에 대한 의구심을 품는 경우도 발생한다.

둘째, 군 상담은 상담의 이중관계가 형성된다. 이중관계는 부하를 지휘하고 관리하는 상관의 리더십 역할과 개인의 고민해결을 조력하는 상담관의 역할 등 두 가지 일을 모두 수행하는 데서 오는 관계를 의미한다. 군 상담은 상관인 상급자와 부하인 장병 사이에서 이루어지기 때문에 수평관계가 아닌 수직관계로 이루어지는 특징이 있다. 이러한 관계로 하급자인 장병은 상담 중 간부의 계급과 권위를 의식하지 않을 수 없으며, 자신의 마음을 솔직하게 털어놓기가 쉽지 않다. 그러나 평소 상하 신뢰관계가 잘 형성되어 있으면 오히려 문제해결과정이 촉진적으로 이루어지기도 한다.

셋째, 군 상담의 상담대상은 주로 신세대 장병들이다. 일반사회에서 이루어지는 상담은 그 대상자가 성별이나 연령의 구분 없이 다양하다. 그러나 군 상담은 주로 젊은 신세대 장병들을 대상으로 이루어진다. 장병들은 대부분 20대 초반의 청년으로 구성되어 있는데, 발달적 측면에서 이들은 사춘기를 지난 지 얼마 되지 않았거나 사춘기 후기에 해당한다. 이들은 육체적으로 혈기 왕성하여 성숙한 것처럼 보이지만 정신적으로나 인격적으로는 청소년기와 성인기의 중간단계에 놓여 있다.

넷째, 문제해결에 한계가 존재한다. 군대는 군 조직의 유지와 전투력 향상을 위해 엄격한 규율로 통제되며, 구성원의 개인생활에 대한 규제가 필수적이다. 이러한 이유로 장병 내담자를 위한 효율적인 심리적 해결방법을 적용하기 곤란한 경우가 발생한다. 만약, 장병 내담자가 여자 친구와의 이성적인 문제가 발생하여 청원휴가를 조치해 준다면 장병 개인의 고민은 해결될 수 있을지 모르지만 휴가로 인해 중요한 훈련에서 열외될 수 있으므로 임무수행 측면에서는 부정적인 영향을 미친다. 특히, 간부가 아닌 군 전문상담관은 휴가에 대한 인사행정권이 없어 장병의 소속 부대장에게 휴가를 협조 요청해야 하는 등 문제해결에 한계가 있다.

다섯째, 부정왜곡 사례가 발생하는 특징이 있다. 우리나라 군 복무 형태는 징집으로 이루어진다. 부대 전속과 전출, 파견, 보직 등에 있어서도 군 방침과 규정에 따라 정해진다. 부대의 통제범위를 벗어날 수 있는 외출, 외박, 휴가 등은 장병들에게 가장 큰 희망사항이지만 기대와 달리 자유롭게 허용되지 않는다. 이 같은 군 복무의 어려움으로 인해 좀 더 편한 부대나 보직으로 옮기고 싶은 기대와 욕구로 상담을 거짓으로 요청하는가 하면, 이를 충족시키기 위해 실체가 없는 허상의 문제를 만들어 조치를 취해 줄 것을 요청하기도 한다.

여섯째, 위기 및 단기상담으로 이루어진다. 군 상담은 문제를 인지한 즉시 개입되어야 하고, 단기간 집중적으로 이루어져야 사고로 이어지는 것을 예방할 수 있다. 뿐만 아니라, 장병들이 경험하는 복무부적응은 병리적인 증상이 원인이기보다는 보직, 주특기 교체와 같은 사회복지적인 측면의 조치를 요구하는 것이 대부분이라서 통상 단기상담으로 이루어지는 특징이 있다.

4) 일반상담과 비교

군 간부가 상담관이 되는 경우에는 부하인 장병 내담자를 관리하고 평가하는 위치에 있어 장병 내담자가 자신의 심리적 어려움과 애로사항을 솔직하게 털어놓기 어려운 단점이 있다. 특히, 군에서는 보고체계를 매우 중시하기 때문에 상담내용에 대한 비밀을 보장하는 것도 제한이 된다(심윤기, 2016). 이러한 군 상담의 특징을 일반상담과 비교하여 살펴보면 다음과 같다.

〈표 2-1〉 군 상담과 일반상담의 비교

구분	군 상담	일반 상담
상담대상	장병	일반인
상담관계	수직적	수평적
상담환경	동일한 집단생활	자유로운 개인생활
상담목표	조직	개인
상담기간	단기	장기
비밀보장	제한	가능
문제해결 범위	제한	제한 없음
내담자 유형	비자발적 내담자(다수)	자발적 내담자
부정왜곡 호소	발생	미발생
상담적인 대화	촉진적 대화의 어려움	촉진적 대화 가능
상담의 기대	불이익에 대한 걱정	상담계약에 의한 신뢰

군 상담의 효과는 개인 및 조직이라는 두 가지 측면에서 동시에 나타난다. 개인 차원에 나타나는 효과는 상담을 통해 개인적인 문제와 갈등이 해결된다. 심적 어려움이 해소되어 군 생활 만족감을 가지며, 주위의 장병과 원만한 대인관계를 형성할 수 있다. 뿐만 아니라, 군 생활에 잘 적응하고 안정적인 군 복무를 영위하는 데 기여한다.

조직 차원에 나타나는 상담효과는 부대의 전투력과 목표달성을 극대화할 수 있다. 사기가 고양되어 부대 단결과 업무능률을 향상시킬 수 있으며, 리더십 발휘가 용이하고 부대를 효율적으로 관리할 수 있으며, 사고예방에도 기여한다.

2 군 상담의 분야

1) 군 상담의 영역

군 상담은 주로 개인상담과 집단상담이 이루어지고 있다. 그러나 이에 대한 학문적인 연구는 활발히 이루어지지 않고 있는 실정이다. 군 집단상담은 병영캠프인 힐링캠프와 그린캠프에서 많이 다루어지고 있으며, 일부 야전부대에서 부대 여건에 따라 외부 전문상담관 주관으로 시행되는 실정이다(심윤기 등, 2017). 군 상담의 분야는 일반사회에서 이루어지는 분야와 별반 다르지 않다. 이 같은 점을 고려하면 일반사회에서 다루어지고 있는 다양한 상담 분야가 군에서도 동일하게 적용할 필요가 있다. 다만 일반사회와 다른 특수한 환경과 문화가 있기 때문에 일반사회에서 다루어지는 상담 방법론은 군 상황에 맞게 수정, 적용되어야 한다. 군 상담의 분야를 제시하면 [그림 2-1]과 같다.

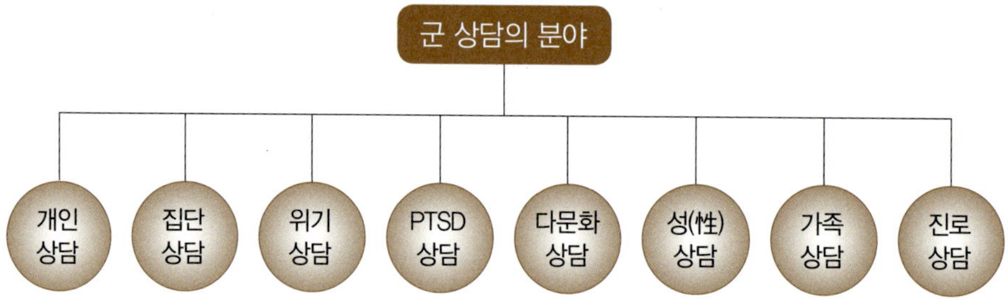

[그림 2-1] 군 상담의 분야

출처: 심윤기(2016).

군 상담은 크게 전문가상담과 간부상담(리더)으로 구분한다. 간부상담은 도움이 필요한 부하를 대상으로 면담, 지휘조치의 한 방법으로 이루어진다. 부하의 사회복지적인 측면의 문제해결을 도와주는 과정으로 지휘관(자), 부지휘관(자), 행정보급관, 주임원사, 참모 간부 등이 주관한다.

전문가상담은 여러 가지 상담이론을 이해하고, 군 조직의 특수성을 고려한 과학적이고 전문적인 방법으로 상담을 진행하는 과정을 말한다. 이러한 전문가상담은 심리적 · 정신적 문제로 부적응을 보이는 장병을 조력하며, 전문상담관, 군종장교, 군의관 등이 주로 주관한다. 육군본부(2009)에서는 군 상담을 다음과 같이 간부(리더) 영역과 전문가 영역의 상담으로 구분하고 있다.

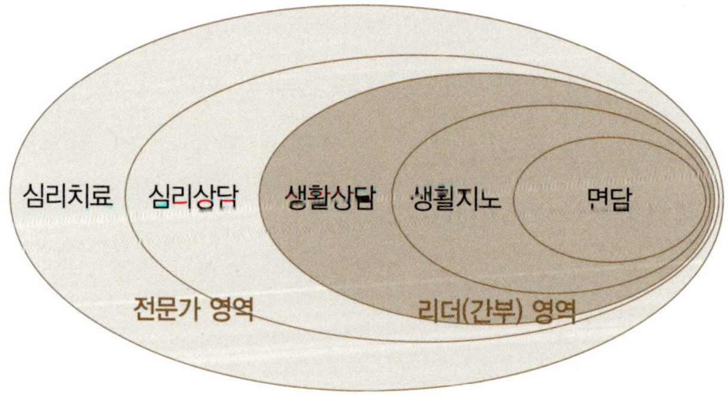

[그림 2-2] 군 상담의 영역

출처: 육군본부(2009).

2) 군 상담의 기능

리더십과 상담의 개념을 정립하는 것은 매우 중요하다. 리더십과 상담은 각각 별도의 독립된 영역이지만 서로 공통되고 중첩되는 부분과 유사한 부분이 동시에 존재한다. 리더십 발휘를 위해서는 상담역량이 요구되고, 상담을 위해서는 리더십 역량이 요구되기도 한다. 리더는 부하에게 그들 스스로 문제를 해결하고 자기 능력 이상으로 임무를 수행하도록 주기적으로 도움을 주고 지도한다. 부하의 개인적인 문제에 효과적인 상담으로 부하 자신과 부대에 미칠 수 있는 부정적인 영향을 제거하고, 부하의 행동을 교정하며, 잘한 일은 강화하여 지속적인 동기를 부여한다.

이렇게 상담과 리더십은 상호 보완적 관계에 있다. 리더 혼자 리더십을 발휘하기보다는 문제해결을 조직구성원 전체와 상호 공유하는 것이 중요하다. 리더십 측면에서 군 상담의 역할에 대해 권일남 등(2014)은 다음과 같이 설명하고 있다.

① 군 상담은 리더십 역량을 개발하기 위한 수단이다.
② 군 상담은 리더십 역량을 좀 더 효과적으로 발현하기 위한 기법이다.
③ 군 상담은 리더의 역량에서 매우 중요한 통합적 역량이다.

상담의 입장에서 보면 리더십은 상담에서 활용하는 의사소통과 대인관계, 심리검사, 공감능력 등을 부분적으로 분리하여 사용한다. [그림 2-3]에서 제시한 모형과 반대로 상담이라는 영역 안에 리더십 영역이 존재한다고 주장하기도 한다. 그러나 군에서 이루어지는 상담의 궁극적인 목적은 전투력을 향상시키고 부대목표를 달성하는 데 있다. 동시에 효율적인 부대관리와 병영문화 개선 등 군 조직발전을 위한 것임을 고려할 때, 권일남 등(2014)이 제시한 모형으로 이해하는 것이 바람직하다.

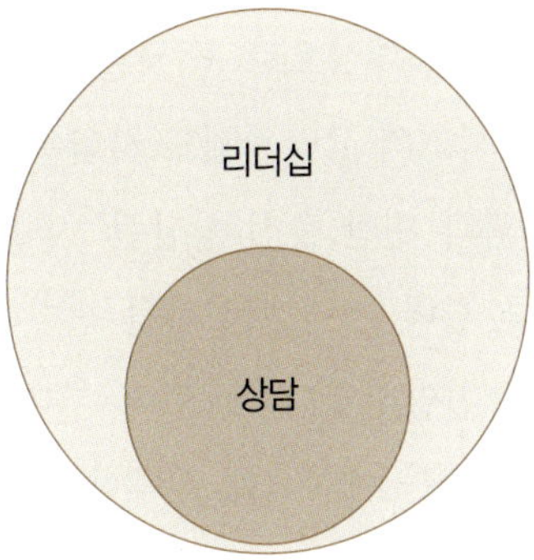

[그림 2-3] 리더십과 상담의 관계
출처: 권일남 등(2014).

3 군 전문상담관

1) 제도도입 과정

장병의 복무부적응과 사고예방, 인권보장, 복지 그리고 병영문화 개선은 전투력 향상과 밀접하게 관련되어 있다. 이러한 제반요소를 고려하여 군은 2005년부터 전문상담제도를 도입하여 운영 중이다. 군 상담제도가 도입된 배경은 2005년도에 발생한 논산훈련소 인분가혹행위 사건과 같은 해 6월에 발생한 ㅇㅇ사단 GP총기난사 사건이 단초가 되었다. 이 두 사건을 배경으로 도입된 전문상담제도는 민간 부문에서 제기한 병사의 전문적 정신상담청구권 보장과 장병의 심리적 고충처리 및 복무부적응 장병에 대한 상담기능을 강화하려는 목적에서 출발하였다.

상담제도가 도입된 첫해인 2005년에는 9명의 전문상담관(민간 출신 3명, 군 출신 6명)이 운용되었다. 2007년에는 14명, 2008년 24명, 2009년 65명, 2010년과 2011년에는 각각 36명이 선발되어 각 부대에 배치되었다. 이후 2016년에는 300여 명의 전문상담관이 각 부대에 배치되었으며, 2021년 현재는 600여 명의 상담관이 확충되어 운용 중이다.

육군에서는 신병교육대, 각 사단 및 연대, 군사령부의 병역심사대, 육군수사단의 생명의전화 상담관으로 운용되고 있으며, 해군과 해병대에서는 사령부와 함대사급 그리고 사단(여단)급에서 운용되고 있다. 공군에서는 각 사령부급(비행단) 장병을 대상으로 군 생활부적응과 위기상담을 담당하고 있다.

최초의 상담관제도 시험운용은 2005년 7월에 이루어졌다. 군 간부 출신 상담관 6명과 민간 출신 상담관 3명을 선발하여 시험운용되었다. 군 간부 출신 상담관은 군 경력 10년 이상자를 선발하였으며, 민간 출신 상담관은 순수 민간상담전문가를 선발하였다. 선발 후 부대배치는 육군의 1 · 3군 예하 전방에 있는 1개 사단과 2작전사 예하 1개 부대에 각각 배치되었으며, 해병대는 전방사단에 배치하여 시범적으로 운용되었다. 이후 2008년부터 전 군으로 확대 시행되었는데 연도별 운용인원은 다음과 같다.

〈표 2-1〉 연도별 운용인원

연도	'05~'08	'09~'12	'13	'14	'15	'20년 이후
인원	9~42여 명	140여 명	200여 명	260여 명	310여 명	660여 명

2) 군 상담관의 유형

육군은 2005년에 군 전문상담인력 확보계획을 국방부에 건의하였다. 국방부에서는 이를 근거로 관계자 토의를 거친 후, 기본권 전문상담관이라는 명칭을 사용하기 시작하였다. 이후 병영생활 전문상담관으로 명칭을 변경하여 현재까지 사용하고 있는데, 그 유형은 병영생활전문상담관, 생명의전화 상담관, 병역심사관리대 상담관, 성(性)고충 전문상담관 등 크게 4가지 형태로 운용되고 있다.

〈표 2-2〉 군 상담관의 유형

유형	주요 수행 업무
병영생활전문상담관	장병의 심리적 고충해결을 위한 현장 위주 상담
생명의전화 상담관	장병의 자살예방을 위한 전화상담
병역심사관리대 상담관	병역심사대 입소자 관찰 및 임상평가
성고충 상담관	성고충 신고접수 및 성상담, 성인지감수성 교육

전문상담관 응시자격기준은 연차적으로 변경되었다. 2010년부터는 자격요건에 제시되어 있는 상담자격증이 세분화되었으며, 2012년에는 민간인의 경우 상담경력이 구체화되었다. 2013년에는 학력에 따른 경력에 있어 심리상담 관련 석사학위 이상일 경우에는 2년 이상의 상담경력만 있으면 지원이 가능하도록 변경되었다. 국방부에서 제시한 2020년 군 전문상담관 자격기준은 다음과 같다.

〈표 2-3〉 2020년 전문상담관 응시 자격기준

구분	자격기준	
2020년도	• 5년 이상의 상담경험이 있는 사람 • 심리상담, 사회복지 분야 관련 학사학위 소지자로서 3년 이상의 상담경험이 있는 자 • 심리상담, 사회복지 분야와 관련된 석사 이상의 학위 소지자로서 2년 이상의 상담경험이 있는 사람 • 10년 이상 군 경력자(군종 장교 1년 이상)는 아래 중 하나를 충족하는 경우 응시 가능 ① 심리상담 또는 사회복지 분야와 관련된 자격증을 소지한 사람(위와 동일) ② 심리상담 또는 사회복지 분야와 관련된 학사 이상 학위를 소지한 사람	
	자격요건	• 국가자격증 임상심리사(한국산업인력공단), 직업상담사(한국산업인력공단), 사회복지사(보건복지부), 정신보건임상심리사(보건복지부), 정신보건사회복지사(보건복지부), 전문상담교사(교육부), 청소년상담사(여성가족부) • 민간자격 중 국방부장관이 인정하여 고시하는 자격증 임상심리전문가(한국임상심리학회), 상담심리사1,2급(한국상담심리학회), 수련감독전문상담사(한국상담학회), 전문상담사1, 2, 3급(한국상담학회), 한상담수련전문가(한상담학회), 한상담전문가1, 2급(한상담학회), 가족상담전문가-수련감독전문가(한국가족문화상담협회), 사티어가족상담전문가-지도감독(한국사티어가족상담교육원), 사티어가족상담전문가1급(한국사티어가족상담교육원), 기타

전문상담관의 면접기준은 2012년부터 구체화되었다. 면접시간 30분 전에 대기장소에 입장하여 진행절차에 대한 설명을 들은 후, 실제 군 병사를 대상으로 상담이 이루어진다. 면접 관련해서는 상담 20분 전에 내담자 관련 참고자료를 제공받는다. 면접관은 군장교 면접관 3명과 민간전문가 면접관 2명을 포함해 총 5명이 담당한다. 면접은 배부받은 가상사례를 20분간 숙지 후 면접관의 질의와 지원자의 답변으로 이루어진다.

3) 군 전문상담관의 임무

군 전문상담관의 임무는 상담과정을 통해 복무부적응을 해소하고 사고예방에 기여함은 물론 존중과 배려의 병영문화 육성, 자살사고예방에 중점을 둔다. 장기적으로 군 전문상담관의 운용인력이 확대되면 장병들의 자아성장이나 잠재력 개발 및 진로상담에도 관여할 것으로 전망된다. 국방부에서 제시한 군 전문상담관의 임무는 다음과 같다.

〈표 2-4〉 군 전문상담관의 임무

① 복무부적응 장병 식별, 관리 및 관련사항 지휘관 보좌
② 도움배려장병 현장 위주 상담 및 관리
③ 장병 기본권 제한사항 식별 및 시정 지휘조언
④ 간부 및 동료상담 병사의 상담능력향상 교육
⑤ 장병과 군인가족에 대한 사회복지 관련 상담
⑥ 다문화가족 구성원인 장병관리 및 고충처리 관련 지휘관 보좌
⑦ 사고우려장병 및 도움배려병사 등에 대한 현장 위주 상담관리
⑧ 장병 기본권 보장 관련 갈등관리 및 지휘 조언, 주기적인 상담결과 분석 및 분석결과 지휘참고자료 제공 등

〈표 2-5〉 군 전문상담관의 업무

업무 구분		세부업무 내용
개인상담	대상	• 병사, 간부, 군인가족
	방식	• 방문, 전화상담 등
	주제	• 개인문제: 부적응, 불안, 우울, 스트레스, 자살 등 • 대인관계문제: 선 · 후임 갈등, 간부와의 갈등 등 • 기타: 이성문제, 성문제 등
집단상담	대상	• 일반 장병
	방식 / 내용	• 계급별, 문제별 다양하게 운영 • 구조화 및 비구조화, 반구조화 집단상담 병행
위기장병 식별 및 파악	식별	• 신인성검사 결과 • 간부의 의뢰 • 개인 및 집단상담, 심리검사결과
	개입	• 개인상담
심리검사 및 평가	검사 실시 및 해석	• 부대별로 실시하는 심리검사 다양 • 병역심사대에서는 풀 배터리(full-battery) 심리검사 실시
	신인성검사 활용	• 위기장병 식별 및 개인상담에 활용 • 개인상담 후 부적응 정도에 대한 소견 제시
교육	대상	• 부대별로 다양, 일반적으로 교육대상은 계급별로 구분
	교육내용	• 자살예방교육, 상담기법교육
행정	사례관리 및 보고	• 개인상담 소견서 작성, 개인상담 결과기록
	업무보고	• 월간실적 보고

군 전문상담관의 기능은 상담관실 세부운영계획 수립과 시행으로 자살우려장병 및 도움배려장병 등에 대한 조력활동을 실시하는 것이다. 장병 기본권보장 및 갈등관리와 군 인성검사를 분석하고 이에 대한 후속조치를 조언한다. 집단상담프로그램을 시행하고 캠프운영을 지원하며, 각종 집체교육과정에서 상담교육 등을 실시한다. 군 전문상담관이 수행하는 공통적인 업무는 〈표 2-5〉와 같다.

4 군 병영캠프

1) 개요

육군은 2003년부터 복무부적응자의 조기적응 유도와 자살우려자의 전문치료를 목적으로 힐링캠프를 사단 단위로 운영하였다. 이러한 상황에서 육군본부에서는 자살사고 종합예방대책을 강구하였는데, 복무부적응 병사들을 관리하는 책임과 권한을 사 · 여단장에게 위임하여 대대장의 지휘부담을 경감시키고자 노력하였다.

이 제도가 시행되기 전 이루어진 병력관리의 주체는 대대장이었으나 자살사고 예방 종합시스템이 정립된 이후에는 부적응 병사에 대한 식별 책임만 대대장이 담당하였고, 사 · 여단장은 부적응 병사들을 전담 관리하는 시스템으로 변경되었다(심윤기, 2016).

2) 캠프운영체계

군 병영캠프는 최초 국방부 지침에 근거하여 시행된 것이 아니었다. 지금은 해체되어 없어진 육군 1군사령부에서 자체적으로 캠프제도를 만들어 시행한 것이 계기가 되어 모든 육군부대로 확산되었다. 최초의 캠프 이름은 비전캠프로 명명되었으며, 군 자체적으로 프로그램을 개발하여 활용하였으나 병사들의 성향과 병영 환경의 변화를 고려하여 5~6년 주기로 프로그램을 변경하여 사용하였다.

2007년부터는 기존에 운영되던 비전캠프와는 별도로 새로운 그린캠프가 사단에 추가로 만들어졌으며, 이에 2개의 캠프가 사단에서 운영되기도 하였다.

군단에는 그린캠프 교육대가 별도로 만들어져 운영되었다. 그러나 사단에 비전캠프와 그린캠프 등 두 캠프가 운영됨으로써 비전캠프 입소자가 대폭 감소하는 현상이 발생하였다. 비전캠프의 고유한 치료적 기능 대신 현역복무 부적합 처리 과정의 부속기관으로 인식하는 부작용도 발생하였다. 이에 따라 사단과 군단에서 각각 운영되던 캠프의 기능을 재검토하고, 캠프 고유의 독립적인 활동과 효율성을 높이려는 목적으로 T/F가 발족되어 캠프를 통합하는 방안이 검토되었다.

캠프운영에 대한 시스템 개선 토의는 2014년에 최초로 이루어졌다. 토의 결과 비전캠프와 그린캠프를 통폐합하기로 결론이 모아져 사단에서는 캠프 하나만 운영하되 캠프의 이름을 힐링캠프로 변경하여 사용하게 되었으며, 군단에서 운영하는 캠프는 그린캠프라는 명칭을 사용하는 것으로 최종 결정되었다.

군단의 그린캠프에서 운영되는 프로그램은 주로 다음과 같이 전개되었다.

〈표 2-6〉 그린캠프 프로그램

<table>
<tr><th>월</th><th>화</th><th>수</th><th>목</th><th>금</th></tr>
<tr><td rowspan="2">입소, 등록</td><td>상담, 시청각 교육</td><td>체육활동, 다과</td><td>○○병원 상담</td><td>상담, 시청각 교육</td></tr>
<tr><td>사물놀이 집단치료</td><td>동반목욕 행사</td><td>사물놀이 집단치료</td><td>군법교육</td></tr>
<tr><td rowspan="2">집단상담</td><td>미술치료</td><td>상담, 시청각 교육</td><td rowspan="2">미술치료</td><td rowspan="2">웃음치료</td></tr>
<tr><td>○○병원 상담</td><td>희망 그리기</td></tr>
<tr><th>월</th><th>화</th><th>수</th><th>목</th><th>금</th></tr>
<tr><td rowspan="2">음악치료</td><td>사물놀이 집단치료</td><td rowspan="4">감정 다스리기
(스트레스 관리,
의사소통)</td><td>다문화 요리체험</td><td rowspan="2">소감문 작성
퇴소준비, 대청소</td></tr>
<tr><td>의무대 통합진료</td><td rowspan="2">박물관, 문학관
견학</td></tr>
<tr><td>다도 집단치료</td><td>개인별 집중상담</td><td rowspan="2">퇴소, 자대복귀
잔류자 재편성</td></tr>
<tr><td>개인별 집중상담</td><td>극기력 배양</td><td>엄마손 요리체험</td></tr>
</table>

육군의 각 부대에서는 신인성검사 결과와 전문상담관 주관으로 이루어진 상담 결과, 간부에 의한 행동관찰을 통해 장병들의 복무부적응을 지속적으로 분석하고 판단하였다. 이때 복무부적응 증상을 보이는 장병은 일차적으로 사단 힐링캠프에 입소토록 하였다. 힐링캠프에서는 정해진 기간 동안 적응교육과 심층상담이 이루어지며, 증세가 완화되고 적응능력이 회복되면 자대에 복귀시키는 것으로 제도가 운영되었다.

반면, 적응력이 향상되지 않거나 오히려 악화된 장병은 이차적으로 군단 그린캠프에 입소시켜 적응력을 회복하도록 하였다. 그러나 그린캠프에 입소한 후에도 부적응 상태나 증상이 호전되지 않으면 군사령부의 병역심사대에서 전역 여부를 결정하였다. 힐링캠프와 그린캠프를 비교하면 다음과 같다.

〈표 2-7〉 캠프 프로그램의 비교

구분	힐링캠프(사단캠프)	그린캠프(군단캠프)
대상	복무부적응자, 사고우려자, 자살우려자	
횟수	월 1회	
기간	2주	
프로그램	• 마음문 열기, 나의 발견, 나의 이야기, 서로 통해요, 심층상담, 마음 다지기 등 • 정형화된 캠프 프로그램	• 자살예방교육, 전문상담, 군의관의 진료, 봉사활동 등 • 부대별 구성 프로그램

C·H·A·P·T·E·R 3

군 개인상담

1 군 개인상담의 개념

현대는 다원화된 사회구조와 복잡한 생활조건이 급속하게 변화하는 시대다. 이에 따라 개인의 정서나 행동상의 문제들이 계속해서 증가하는 실정이다. 군대도 예외는 아니다. 다양한 성격과 성향을 가진 장병들 중 일부는 사회와 다른 부대환경에 적응하지 못해 각종 사고를 일으키기도 한다. 이러한 현상은 장병의 적응력 향상에 도움을 줄 수 있는 군 상담의 중요성과 필요성이 더 부각되는 현상으로 작용하였다.

일반사회에서는 상담을 통한 문제해결에 있어 개인상담을 가장 많이 활용한다. 개인상담은 집단적 접근보다는 개인적 특성에 따라 좀 더 직접적이고 정확한 도움을 줄 수 있다는 장점을 지니고 있다.

군 개인상담은 준비과정이 매우 독특하다. 군은 부대활동 예정사항을 수록한 '부대운영계획'에 따라 움직인다. 상담계획도 부대일정과 사전 협조되고 조율되지 않으면 상담을 진행할 수 없어 불필요한 노력이 낭비될 수 있다. 일반적으로 군 개인상담은 실시하기 전 다음과 같은 사항을 준비한다.

〈표 3-1〉 군 개인상담 준비목록

• 부대일정과 통합된 상담일정 협조	• 상담에 필요한 개인신상에 관한 자료검토
• 복무부적응 증상 사전검토 및 숙지	• 상담 관련 정보검토 및 사례개념화 준비
• 온화하고 정숙한 상담분위기 조성	• 상담에 필요한 참고자료 및 필기도구 준비 등

군 개인상담은 부하를 직접 관리하고 지휘 · 감독하는 간부가 주도하는 상담과 전문상담관이 주도하는 상담 등 두 가지 형태로 이루어진다. 이 중 간부가 주도하는 개인상담은 반드시 부대일정에 맞추어 상담이 이루어지며, 전문상담관에 의한 상담 또한 부대계획과 조율되어 이루어진다.

군 상담의 또 다른 특징은 장병 내담자가 스스로 요청하여 이루어지는 경우도 있으나 대부분은 간부의 의뢰로 이루어진다는 점이다. 전문상담관 주도로 이루어지는 상담은 주로 의뢰된 상담이 대부분이다. 상담의 시기는 부대의 사고요인을 색출하고 예방하기 위해 지휘관(자)이 판단하여 그 대상과 시기를 결정한다. 간부가 주도하는 상담을 진행해야 하는 경우는 다음과 같다.

〈표 3-2〉 간부 주도의 상담시기

• 복무부적응 증상이 발생하였을 때	• 장병의 상담요청이 있을 때
• 어떤 사건과 관련되어 있을 때	• 전입 또는 전출, 파견, 휴가 복귀 시
• 전역이 얼마 남지 않았을 때	• 보직을 변경해야 될 때 등

전문상담관이 사용하는 상담실은 부대 내 구비되어 있어 상담을 하는 데 어려움이 없으나 중대장이나 주임원사, 대대장 등이 상담을 할 때는 별도의 상담실이 없어 집무실이나 개인사무실 등을 사용한다. 그러나 일반 간부는 개인사무실이

없어 별도의 상담 장소를 마련해야 하는데, 장병 내담자가 긴장하지 않을 만한 편안한 장소나 주의가 산만하지 않고 시끄럽지 않은 조용한 곳으로 선택하는 것이 좋다. 간부연구실이나 휴게실, 종교시설 등을 활용할 수도 있으나 그 시설을 이미 활용하고 있는 장병들에게 피해가 가지 않도록 사전 준비가 필요하다. 그러한 시설을 사용하게 된다면 상담에 방해되지 않도록 출입문에 상담이 진행되고 있음을 알리는 표시를 해 두는 것이 바람직하다.

군 상담은 시간사용 계획을 매우 중요하게 다룬다. 의지만 앞서는 장시간의 상담은 역효과를 가져올 수 있으며, 그렇다고 너무 짧은 상담은 상담관의 태도가 무성의하게 인식되어 긍정적인 상담효과가 반감된다. 통상 사회복지적인 측면의 문제해결을 포함한 단회적 성격의 군 상담은 대략 1시간을 넘지 않는 것이 일반적이다.

2 군 개인상담의 과정

군 상담관은 제한된 시간 내 장병 내담자로 하여금 상담목표가 성취될 수 있도록 상담단계의 특성에 따라 제 역할을 잘 숙지하고 효율적으로 적용하는 역량을 갖추고 있어야 한다. 군 개인상담은 대부분 상담에서 취급되어야 할 중요한 내용을 단계에 따라 체계적으로 구조화하여 단기상담으로 이루어지는 것이 특징인데, 대부분 초기단계와 중간단계, 종결 및 후속조치단계로 이루어진다(심윤기 등, 2020).

1) 초기단계

군 개인상담의 초기단계는 안정감 있고 편안하며 따뜻한 상담분위기를 조성하는 데 관심을 기울인다. 군 상담은 안정감과 신뢰감이 결여될 때 피상적으로 흘러가기 쉽고, 깊이 있는 자기개방과 진솔한 피드백이 어려워 상담효과가 반감되기도 한다. 이러한 점을 고려하여 군 상담관은 가장 먼저 상담분위기 조성과 장병 내담자의 문제증상 해소에 지장을 주는 것이 아니면, 장병 내담자가 하는 말과 행동을 수용하고 격려하는 태도를 보여 신뢰관계를 형성하는 것이 중요하다.

그다음은 상담구조화다. 군 상담의 구조화는 상담의 전 과정에서 이루어지지만 상담 초기 장병 내담자가 스스로 무엇을 해야 하는지 궁금해하고 불안해할 때 알려 주는 것이 효과적이다. 군 상담관은 장병 내담자의 특성을 고려하여 상담의 성격과 목적을 설명하고, 상담의 진행절차와 방법을 포함하여 내담자의 역할을 알려 주며, 상담과정에서 지켜야 할 규칙과 비밀보장, 상담목표 설정방법 등에 대해서도 알려 준다. 특히, 장병 내담자가 관심을 갖는 보직이나 휴가와 같은 사회복지적인 측면의 애로사항에 대해서도 자세히 알려 준다.

군 개인상담은 초기에 자기노출이 개방되면 상담은 촉진적으로 이루어진다. 의뢰된 장병 내담자의 경우에 저항을 잘 처리하면 오히려 신뢰관계가 높아지고 돈독해진다. 이때 군 상담관은 장병 내담자가 친밀감을 느끼도록 자기노출을 확장한다. 상담자의 자기노출은 내담자로 하여금 비슷한 수준의 자기노출을 촉진하고, 상담자에 대한 신뢰가 높아지도록 하는 기능을 한다(김계헌, 1992). 뿐만 아니라, 장병 내담자의 감정을 정화하고, 자기개념을 명료화하며, 군 생활에 대한 자신감을 갖게 한다.

예기불안 해소도 상담 초기단계에서 이루어진다. 장병 내담자는 상담내용에 대한 비밀보장과 문제해결 가능성에 대한 불안, 휴가와 같은 사회복지적인 측면의 애로사항 조치에 대해 초조해할 수 있다. 군 상담관은 이러한 장병 내담자의 예기불안과 긴장을 해소하기 위해 다양한 방법으로 안정된 상담분위기를 유지하는 것이 중요하다.

특히, 상담 초기에 구체적인 상담목표를 설정하는 것이 필요한데, 상담목표는 장병 내담자로 하여금 상담목적과 방향에 대한 이해를 촉진한다. 그렇지 않을 경우에는 장병 내담자의 심리적 무력감과 위축, 불안감이 더 크게 증가하여 나타날 수 있다.

상담목표 설정은 장병 내담자가 자신의 부적응에 대한 문제점을 찾고 스스로 상담목표를 설정할 수 있는 능력이 있는지 아니면 목표설정 능력이 부족해 상담관과 함께 목표를 선정해야 하는지 여부의 구분이 필요하다. 장병 내담자의 성격 특성이 소극적이고 피동적이며 의존도가 높아, 자신의 능력으로 도저히 상담목표 설정이 불가능하다고 판단되면, 군 상담관은 보다 주도적인 개입으로 상담목표를 함께 설정하는 것이 효과적이다.

2) 중간단계

군 개인상담 중간단계에서는 장병 내담자의 행동변화가 병영생활에서 가시적으로 나타날 수 있는 체계적인 학습을 진행한다. 장병 내담자가 역기능적인 행동패턴을 버리고, 대안적 행동을 학습하도록 조력하여 복무부적응을 해결하는 데 초점을 둔다. 그러나 이때 장병 내담자의 저항이 나타날 수 있다.

저항은 군 상담관이 부적응 해결의 책임을 장병 내담자에게 있음을 주지시킬 때, 이에 대한 불편한 심정과 불안이 여러 모습으로 나타나는 것을 의미한다. 스스로 상담의 필요성을 느껴 상담을 신청한 것이 아니라, 의뢰되어 실시하는 상담인 경우에는 침묵과 무성의한 답변, 피상적인 자기노출 등 다양한 모습의 저항이 나타난다. 이때 군 상담관은 이러한 내담자의 저항을 위계적인 방법으로 다루는 것은 결코 바람직하지 않으며, 군 개인상담 과정에서 나타나는 피할 수 없는 현상으로 받아들여야 한다.

군 개인상담 중간단계에서는 의존성을 보이는 장병 내담자도 발생한다. 의존성은 장병 내담자가 상담관에게 기대고 의지하려는 성향을 말하는데, 주로 이등병이 이에 해당한다. 군 생활 경험이 적은 장병은 상담관이 상담의 모든 과정을 이끌어 가고, 지시하고, 충고하고, 해결해 주기를 기대하며, 상담관으로부터 인정과 수용받기를 간절히 기대한다. 군 상담관은 이런 의존성을 보이는 장병 내담자에게 직접적이고 지시적인 반응을 보이는 것은 단기적으로 효과적일 수 있지만, 스스로 문제를 해결하려는 의지를 갖도록 진행하는 것이 더 효과적이다.

특히, 공감과 자기노출을 통해 장병 내담자의 마음속에 있는 감정의 응어리를 쏟아 내도록 돕는 동시에 그로 하여금 충분히 이해받고 수용되는 경험을 느끼도록 조력할 수 있어야 한다. 부정적 감정을 정화하는 것은 그 자체로서도 치료적일 뿐만 아니라, 시원함과 자유로운 느낌을 만끽하게 하는 효과를 가져온다. 부정적 감정이 계속 잔존하면 자신이나 타인 또는 환경에 대하여 객관적인 지각이나 통찰을 어렵게 만든다. 그러므로 군 상담관은 장병 내담자의 감정을 공감하고 경청, 반영, 명료화 등의 여러 가지 기술을 활용하여 마음속의 응어리를 노출하고 정화되도록 촉진한다.

복무부적응의 문제와 관련된 감정이 충분히 정화되어 장병 내담자가 심적으로 편안함과 안정감을 갖게 되면, 군 상담관은 피드백과 직면 등의 기법으로 문제 상황에서 벗어나지 못하는 부적응적인 행동 패턴이 변화되도록 조력한다. 간부나 동료와의 관계적인 측면에서 역기능적인 관계패턴이 존재한다면 이를 분명히 인식하도록 조력한다.

부적응의 패턴을 직면한 이후에 군 상담관은 장병 내담자와 함께 문제해결에 도움이 될 수 있는 바람직한 복무적응의 대안적 행동을 학습한다. 장병 내담자가 자유롭게 대안을 먼저 제시하도록 한 다음, 다양한 측면의 가능성을 논의한 후 바람직한 병영생활 패턴을 설정한다. 군 간부가 상담자일 경우에는 장병 내담자에게 이행과제를 부여하되 과제수행에 필요한 행동을 역할놀이 등을 통해 연습한 후, 그 실행 여부와 결과를 주기적으로 보고토록 하는 것이 효과적이다.

3) 종결단계

군 개인상담의 마지막 단계에서는 행동변화 실천에 대한 의지와 희망을 갖도록 조력하는 과정이 중점적으로 이루어진다. 상담 초기와 중간단계 과정에서 미처 다루지 못한 사항을 논의하고, 상담 후속조치사항을 포함해 전체적인 상담과정을 정리하고 마무리한다. 장병 내담자의 부적응문제 해결과 행동변화에 대한 최종상태는 장병 내담자가 원 소속부대로 복귀한 이후에 이루어진다. 그러므로 군 상담관은 상담을 마무리한 후 상담이 끝난 장병의 행동변화에 대한 후속조치가 잘 이루어지도록 소속부대 지휘관(자)과 긴밀한 협력관계를 유지할 수 있어야 한다.

〈표 3-3〉 군 개인상담 후속조치사항

- 상담내용에 대한 비밀을 보장한다.
- 장병 내담자와 약속한 사항은 반드시 이행한다.
- 문제해결을 위해 노력하는 과정을 관찰한다.
- 장병 내담자에 대한 관찰내용을 기록 유지한다.
- 약속한 사항의 조치과정을 점검하고 필요시 알려 준다.
- 장병 내담자에게 수시로 관심을 표명하고 지지를 보낸다.
- 작은 것이라도 긍정적인 행동변화가 있을 때 이를 지지하고 격려한다.

3 군 개인상담의 기술

군 상담은 주로 두 가지 경로로 이루어진다. 장병 내담자가 스스로 상담의 필요성을 느껴 상담을 요청하는 경우가 있고, 장병 내담자 이외의 사람이 상담의 필요성을 느껴 상담을 의뢰한 경우가 있다. 장병 내담자가 먼저 상담을 스스로 요청하는 자발적인 상담의 경우에는 그만큼 상담의 필요성과 문제를 해결하고자 하는 의지가 있을 뿐만 아니라, 상담관을 믿고 찾아온 것이기 때문에 상담과정이 비교적 순탄하게 이루어진다.

그러나 군 간부의 호출에 의한 상담이나 의뢰된 비자발적인 경우에는 상담의 필요성을 잘 느끼지 못해 상담을 시작하는 과정부터 어렵게 진행되는 경향이 있다(심윤기, 2016). 군 상담이 자발적이든 아니면 비자발적이든 상담이 이루어지는 과정에서 적용되는 기술은 동일하다. 상담 초기부터 종결단계에 이르기까지 주로 다뤄지는 기술을 살펴보겠다.

1) 초기단계

(1) 라포 형성

일반상담의 초기단계에서는 상담자와 내담자 간 신뢰감을 형성하는 것을 중요하게 다룬다. 신뢰감을 형성하기 위해서는 우선 내담자를 수용적이고 온화한 태도로 대하며 깊은 관심을 나타내는 것이 중요한데, 그 이유는 내담자가 상담자를 믿고 편안한 상태에서 이야기를 할 수 있기 때문이다(이장호, 1982). 군 상담의 초기단계도 신뢰감 형성을 위해 신중히 접근할 필요가 있다. 장병 내담자가 스스로 상담을 원해서 찾아왔을 경우에는 하고 싶은 이야기를 준비했을 가능성이 크다. 장병 내담자에게 무슨 문제로 왔는지 단도직입적으로 질문하기보다는 장병 내담자 스스로 편안한 상태에서 이야기할 수 있도록 차분히 기다려 주는 것이 필요하다.

군 간부에 의해 의뢰되어 상담실을 오게 된 장병 내담자의 경우에는 자기가 왜 여기에 불려 왔는지 의아해 할 수 있다. 뭔가 잘못한 일이 있어 호출된 것인지 혹은 상담으로 인해 앞으로의 군 생활이 더 잘못된 방향으로 가는 것은 아닌지 불안해할 수 있다. 이럴 때 군 상담관은 자상한 말과 온화한 태도로 상담을 하게 된 이유와 상담과정을 자세히 설명해 줌으로써 신뢰관계가 형성되도록 한다.

(2) 상담구조화

군 개인상담의 초기단계에서 상담관이 해야 할 또 다른 일은 상담을 구조화하는 것이다. 군 상담관이 장병 내담자를 도울 수 있는 영역과 한계를 설명하고, 동시에 장병 내담자가 상담과정에서 해야 할 역할을 알려 주며, 상담이 이루어지는 시간과 비밀보장에 대한 내용 등도 자세히 알려 준다.

군에서는 평소 적에게 포위되었을 시 도피 및 탈출을 하는 방법 등 악조건 상황을 스스로 극복하는 훈련을 한다. 아무리 힘들고 어려운 악조건 상황이라도 혼자 힘으로 해결하는 것이 군인정신임을 강조한다. 따라서 상담을 통해 도움을 받는다는 것은 나약한 사람들이 보이는 전형적인 모습으로 생각하여 상담에 대한 저항감을 갖고 있을 수 있어 상담의 구조화는 꼭 필요하다.

어떤 장병은 자신의 부적응문제에 마주하는 것이 두려워 상담을 기피하는 경우도 있다. 부적응의 문제와 상하 대인관계 갈등을 상담을 통해 해결하는 과정이 오히려 더 큰 고통으로 느껴져 차라리 문제를 그냥 덮고 지나가는 것이 나을 것이라고 생각하기 때문이다. 따라서 군 상담관은 개인상담의 초기단계에서 이러한 장병 내담자의 저항과 회피가 상담에 전혀 도움이 되지 않는다는 것을 자세히 설명할 수 있어야 한다.

(3) 자기노출

자기노출이란 상담자가 언어적으로 자신의 생각, 감정, 신념, 태도를 드러내는 것이다(Vogel & Wester, 2003). 상담자의 자기노출은 내담자에게 친근감이 전달될 수 있고, 보다 깊은 이해를 도우며 내담자에게 자기탐색의 모범을 보여 준다. 일반적으로 자기노출은 크게 자기관련 진술과 자기노출 진술로 나뉜다. 자기관련 진술은 내담자와의 관계에 대한 자신의 감정이나 지각을 내담자에게 이야기하는 것인 반면, 자기노출 진술은 내담자와 직접적으로 관련되지 않은 상담자 자신에 대한 것을 내담자에게 노출하는 것을 말한다(노안영, 2010).

군 상담에 있어 자기노출은 장병 내담자의 관심에 대해 상담관의 생각과 느낌을 솔직하게 말함으로써 장병 내담자 스스로 남들과 다른 특성을 지닌 인간임을 이해하도록 하는 것이 중요하다. 장병 내담자가 가진 느낌이나 생각과 유사한 내용으로 노출하되 좀 더 구체적으로 진술하는 것이 효과적이다. 이러한 자기노출은 장병 내담자로 하여금 상담관에 대한 신뢰와 친밀감을 느끼게 할 뿐만 아니라, 군 생활에 대한 자신의 부정정서를 정화하고, 자기개념을 보다 명료화하여 자신감을 갖게 한다.

(4) 부적응문제 탐색

군 상담이 시작되면 다양한 방법과 노력을 기울여 장병 내담자의 부적응문제를 탐색해 가는데 다음과 같은 사항에 유의한다.

- 친밀감이 형성되었을 때 탐색을 시작한다.
- 장병 내담자에게 따뜻하고 부드러운 태도를 지속적으로 보인다.
- 장병 내담자의 심중에 숨겨진 감정과 동기를 찾기 위해 노력한다.
- 장병 내담자가 이해할 수 있는 쉬운 말을 사용하되 충고하지 않는다.
- 상담의 목적에서 벗어난 과거를 탐색하는 일은 지양한다.
- 상담의 탐색과정은 서두르거나 지연되지 않도록 한다.
- 자의적 추론이나 판단 및 유도하는 질문은 피한다.
- 탐색이 진행되는 동안 불필요한 논쟁과 토론을 피한다.
- 사회복지적인 측면의 애로사항은 적극적으로 탐색한다.

(5) 경청

경청이란 내담자의 말과 행동에 상담자가 적극적으로 듣고 있다는 것을 전달하여 내담자가 마음속에 있는 것을 표현하도록 하는 기술이다. 상담자는 내담자의 말과 행동 하나하나를 그냥 흘려보내서는 안 되며, 그렇다고 내담자의 말과 행동에 모두 반응할 수도 없다. 상담자가 경청할 때의 관건은 상대적으로 더 비중을 두어야 할 말과 행동을 선택하여 그것에 주목하는 것이다(이장호, 2000).

선택적으로 주목한 것이 내담자 말의 흐름에 적합한 것이라면 더욱 유익할 수 있다. 경험이 많은 상담자는 "잘 들어주기만 해도 내담자의 문제가 해결된다."고 말하는데, 이것은 상담자가 적극적 경청을 잘한다는 것을 의미한다. 브렘스(Brems, 2001)가 주장한 적극적 경청의 방법은 다음과 같다.

- 내담자의 음조를 경청하라.
- 내담자의 표현된 방식과 내용을 경청하라.

- 내담자의 비언어적 의사소통에 주의하라.
- 내담자의 얘기 중에 끼어들지 마라.
- 내담자의 감정에 대한 단서를 경청하라.
- 내담자의 공통적인 감정과 내용의 주제를 경청하라.

군 상담과정에서 이루어지는 경청은 장병 내담자로 하여금 생각이나 감정을 자유롭게 표현하도록 촉진하고, 장병 내담자의 말을 적극적으로 듣고 수용하는 것이다. 군 상담관이 말을 많이 해서 상담을 주도하기보다는 장병 내담자에게 말할 기회를 많이 주고, 말의 흐름을 끊지 않는 것이 더 중요하다. 그 이유는 얼굴의 표정이나 몸짓, 어조와 억양 등이 모두 합쳐져 전달될 때 전체적인 메시지를 읽을 수 있기 때문이다(김태현 등, 2013). 특히, 군 상담관은 자신이 장병 내담자의 말을 집중하여 듣고 있다는 것을 인식하도록 조력할 필요가 있다.

예를 들어, 장병 내담자가 말을 할 때 진지한 관심이 있음을 나타내는 시선과 몸짓을 보냄으로써 그의 말에 적극적으로 경청하고 있음을 알도록 하는 것이다. 자연스럽고 친밀감 있는 자세를 취하며, 장병 내담자의 말을 가로막지 않아야 하며, 이야기하는 도중에 끼어들거나 질문하는 것은 바람직하지 않다. 장병 내담자의 말과 행동에 대한 적극적인 경청은 상담을 성공적으로 이끄는 주요 요인으로 작용한다.

2) 중간단계

군 개인상담의 중간단계는 장병 내담자가 호소하는 문제의 유형별로 개입하여 현재의 어려움이 해결되도록 실질적으로 조력하는 과정으로써 바람직한 대안행동을 학습하고 비효과적인 행동패턴을 다룬다. 이 과정에서 군 상담관은 장병 내담자에 모든 초점을 맞춰 자신을 노출하고, 장병 내담자의 감정을 반영하며, 때로는 직면과 해석의 기술 등을 적절히 활용한다.

(1) 공감

공감은 상담자가 마치 내담자인 것처럼 내담자가 지닌 내적준거의 틀로 지각하는 것을 말한다. 상담자가 마치 내담자의 눈으로 보는 것처럼 보고, 귀로 듣는 것처럼 듣고, 냄새 맡는 것처럼 맡고, 혀로 맛을 보는 것처럼 맛보고, 피부로 감각하는 것처럼 감각하는 것이다(박성희, 1994). 매 순간 장병 내담자의 내면에 흐르는 불안, 두려움, 분노, 갈등 등에 대한 민감성을 느끼는 지각세계에 들어가는 것을 의미한다.

장병 내담자는 군 상담관이 공감해 줄 때 자신의 말을 관심 있게 듣고 자신을 이해해 주고 있음을 느낀다. 이러한 공감은 기본수준과 심화수준으로 구분할 수 있다. 기본수준의 공감은 상대방에게 자신이 이해한 바를 말로 전달하는 수준으로, 상담관이 내담자의 말을 해석하지 않고 얕은 수준에서 그가 경험하는 바를 말해 주는 것이다. 그러나 심화수준의 공감은 내담자가 진술하고 표현한 것뿐만 아니라, 그의 말속에 암시된 것이나 말하지 않은 것까지도 반영하는 것을 포함한다(Egan, 1976).

(2) 반영

반영은 경청을 통해 파악한 내담자가 말한 진술의 핵심과 본질을 상담자가 적절한 말과 행동으로 되돌려 줌으로써 상담과정을 촉진하는 기술이다. 내담자의 말과 행동에서 표현된 기본적인 감정, 생각, 태도를 상담자가 다른 참신한 말로 되돌려 주는 것이다. 이것은 내담자로 하여금 자기이해를 도울 뿐만 아니라, 자기가 이해받고 있다는 것을 인식하게 한다(조현춘 등, 2013).

그러나 장병 내담자가 한 말을 그대로 반복하는 식이 반영은 자기 말이 혹시 잘못되지는 않았나 하고 생각하거나 상담관의 반복적인 말에 가식을 느낄 수 있다. 따라서 반영의 핵심은 경청을 통해 알게 된 장병 내담자가 한 말의 본질과 핵심을 살려 되돌려 주는 것이다. 장병 내담자가 바라는 것이 무엇인지를 말하는 것이며, 상담자가 받은 느낌을 정리하여 표현해 주는 것이다(김태현 등, 2013).

흔히 내담자의 감정은 '깊은 저류가 있는 바다'로 비유되기도 한다. 내담자의 감정은 바다 수면 위의 잔잔한 물결처럼 겉으로 보이는 표면적인 감정이 있고, 바닷속처럼 보이지는 않으나 깊은 내면적인 감정도 있다. 따라서 군 상담자는 수면 위의 잔물결만 볼 것이 아니라, 바닷속 깊은 저류의 내면적인 감정을 파악하여 참신한 말이나 메타포(metaphor)로 장병 내담자에게 전달해 주는 것이 중요하다. 이렇게 될 때 장병 내담자는 상담자가 자신에게 관심을 가지며, 자신을 이해하고자 노력한다는 것을 알게 되어 상담이 촉진적으로 이루어진다.

군 상담관이 반영할 장병 내담자의 내면적인 감정은 크게 세 가지로 구분할 수 있다. 긍정적인 감정과 부정적인 감정, 그리고 두 가지 감정이 동시에 공존하는 양가적 감정이 그것이다. 이 중 긍정적 감정은 잠재력을 발휘하는 데 기여하지만 부정적 감정은 자기파괴적이라 할 수 있다. 양가감정은 같은 시간과 대상에 대해 서로 상반되는 감정이 발현되는 특징이 있는데, 만약 장병 내담자에게서 서로 일치되지 않는 감정 혹은 불분명하고 모호한 감정을 발견하면 이를 반영할 수 있어야 한다(심윤기, 2018).

상담관이 반영할 때 주의할 점은 내담자의 말과 행동 중 어떤 것을 선택하여 어느 정도의 깊이로 반영해 줄 것이냐 하는 점이다. 이러한 선택의 기준은 내담자의 말과 행동에 담긴 감정 중 가장 의미가 있는 것이 어떤 것이냐에 따라 다를 수 있다. 또 하나는 내담자가 말한 수준 이상으로 반영하지 말아야 한다는 점이다. 그 이유는 내담자가 표현하지 않은 것을 되돌려 주는 것은 반영이 아니라 해석이 되기 때문이다(이장호, 1982).

언제 반영하는 것이 바람직한 것인가 하는 점도 중요하다. 일반적으로 군 간부가 주도하는 상담이나 채용된 지 얼마 지나지 않은 군 상담관은 장병 내담자의 말이 다 끝나기를 기다렸다가 반영하는 경우가 있는데 꼭 그렇게 할 필요가 없다. 의미 있는 감정을 반영하기 위해서는 가끔 장병 내담자의 말을 잠시 보류하게 하는 것도 가능하다.

(3) 명료화

명료화는 장병 내담자가 한 말에 내포되어 있는 뜻을 명확히 전달하는 것을 말한다. 내담자가 말하고자 하는 의미에 대해 상담자가 생각한 바를 내담자에게 다시 전해 준다는 의미에서 단순히 재진술의 개념은 아니다. 내담자의 반응에서 나타난 감정이나 생각 속에 암시된 내용 또는 내포된 의미를 보다 분명히 말해 주는 것이다. 이때 명료화의 내용은 어디까지나 내담자가 한 말의 범주 내에서 이루어지는 것이 바람직하다.

내담자 자신이 알지 못하는 의미나 관계와 같은 것의 명료화는 상담을 효과적으로 이끌어 준다. 내담자가 애매하게 느끼던 내용이나 불분명하게 이해한 것을 정리해 준다는 점에서 상담의 촉매 역할을 한다. 내담자로 하여금 상담과정에 적극적으로 참여토록 하며, 미처 생각하지 못했던 측면을 다시 생각하도록 자극제의 역할을 제공한다(김계현, 2001).

(4) 직면

직면은 적극적인 상담개입의 한 방법이다. 내담자가 모르고 있거나 인정하기를 거부하는 생각과 느낌에 대해 주목하도록 하는 상담자의 적극적인 언급일 뿐만 아니라, 내담자가 자기 자신의 문제점과 생각, 감정, 행동에 대해 더 자각할 수 있도록 안내하는 과정이다(김환 등, 2006). 이러한 직면은 군 상담 과정에서도 장병 내담자의 변화와 성장을 촉진하는 기술로 활용한다. 그러나 심리적인 위협과 상처를 안겨 줄 수 있어 군 상담관은 직면을 사용할 때 장병 내담자가 그것을 받아들일 준비가 되어 있는지를 먼저 탐색하는 것이 중요하다.

직면은 언어의 불일치가 있을 때, 말과 행동의 불일치가 있을 때, 두 감정 사이의 불일치가 있을 때, 가치관과 행동 사이의 불일치가 있을 때, 장병 내담자의 견해에 상담관이 동의하지 않을 때 사용한다. 군 상담 과정에서 직면을 할 때는 주로 장병 내담자가 동료의 의견이나 생각, 느낌 등을 받아들이거나 수용하지 않고 자신의 주장만을 고집할 때, 장병 내담자의 잠재력과 심리적 자원을 지적하여 이를 깨닫도록 할 때 주로 사용한다.

직면할 때의 주의사항은 단순히 장병 내담자의 부정적인 측면에 초점을 맞추거나 여러 불일치를 깨닫도록 하는 것이 전부가 아니라는 점이다. 직면은 장병 내담자를 배려하는 상호 신뢰의 맥락에서 행해져야지 상담관의 좋지 않은 감정을 표현하는 수단으로 사용되는 것은 결코 바람직하지 않다. 장병 내담자의 긍정적인 변화를 배려하는 분위기에서 하는 직면이 바람직하다. 상담 동기가 부족한 장병 내담자에게 직면을 사용할 경우에는 상담과정에 저항하고 회피할 가능성이 있다.

(5) 해석

해석은 어떤 사건이나 현상이 주는 의미를 객관적인 관점에서 전달하고자 하는 언급이다. 내담자로 하여금 과거의 생각과 다른 각도에서 자기의 행동과 내면세계를 돌아보도록 하기 위해 시도하는 것으로서, 자신의 문제를 새로운 각도에서 이해하도록 그의 생활경험과 행동의 의미를 설명하는 것이다(김환 등, 2006).

그러나 이러한 해석의 범위는 상담전문가에 따라 다르게 설명하기도 한다. 정신분석가는 주로 저항의 본질에 직면하는 언급을 해석으로 간주하는 반면, 인본주의 상담자는 주로 감정의 명료화나 반영을 해석한다. 이들은 해석이 저항을 조장할 수 있으며, 상담자에게 너무 많은 치료적 책임을 지게 한다고 주장하기도 한다.

군 상담 초기에는 장병 내담자가 미처 자각하지 못하는 것을 자세하게 해석해 주는 것이 적절하지만, 상담의 중간과정에서는 장병 내담자의 부적응적인 태도를 주로 해석한다. 이때의 해석은 장병 내담자 자신을 좀 더 이해하고 앞으로 어떤 노력이 필요한지에 대한 영역을 제시하는 데 중점을 둔다. 이후 상담이 계속 진행됨에 따라 방어기제나 부적응문제에 대한 생각, 위계적 대인관계에서의 행동양식 등 해석의 범위를 넓혀 간다. 상담 후반부에는 장병 내담자 스스로 해석할 수 있도록 군 상담관의 해석 횟수를 줄여 나가는 것이 바람직하다.

해석을 하는 데 있어서 가장 중요한 것은 적절한 타이밍을 찾는 것이다. 해석은 앞서 설명한 직면과 같이 장병 내담자가 받아들일 준비가 되어 있다고 판단될 때 하는 것이 효과적이다. 장병 내담자가 깨닫고는 있으나 확실하게 개념화하지 못하고 있을 때 한다. 장병 내담자가 받아들일 준비가 되어 있지 않을 때 해석하면 내담자는 몹시 불안해한다. 장병 내담자의 현재 인식 수준과 동떨어진 해석은 지양되어야 하며, 내담자의 성격특성을 정확히 파악하지 못했거나 해석의 확실한 근거가 부족할 때에도 해석하지 않는 것이 좋다.

3) 종결단계

군 상담관은 상담이 종결되기에 앞서 상담과정에서 주고받은 내용을 개관하고 지금까지 이루어진 상담내용을 종합하며 평가한다. 휴가와 같은 사회복지적인 측면의 애로사항에 대한 해결방안을 장병 내담자와 함께 의견을 나눈 후 상담을 종결한다. 상담이 종결된 후, 심리적 어려움이 다시 찾아올 때는 지극히 자연스러운 현상이라는 점을 인식하도록 조력하여 당황하지 않게 하며, 자신에 대한 탐색과 통찰을 계속할 것을 강조한다.

군 상담은 주로 단기상담으로 이루어는 관계로 장병 내담자가 먼저 상담종결을 제안하는 경우는 극히 드물다. 장병 내담자가 먼저 상담종결을 원하는 경우는 주로 상담관을 불신해서 나타날 수 있는데, 상담으로 인해 오히려 군 생활이 더 어려운 상황으로 전개될까 봐 두려운 마음에서 상담종결을 원하기도 한다.

최근 부대에 전입된 신병이나 군 경험이 부족한 이등병, 소심한 성격의 장병 내담자는 오히려 상담이 지속되기를 원하기도 한다. 이들이 상담종결을 두려워하는 이유는 상담과정에서 느낀 안정감과 편안함, 보호받는 느낌이 사라지는 것을 두려워하기 때문이다. 이러한 경우에는 장병 내담자의 두려움을 전폭적으로 수용하면서 동시에 군 복무를 회피하지 않고 스스로 적응하도록 다양한 공감적 직면을 구사하는 것이 필요하다.

4 군 개인상담의 전략

문제유형별 군 상담의 전략은 장병들의 여러 가지 심리적 문제로 발생하는 사고를 고려하여 선정하였다. 육군교육사령부(2008) 리더십센터에서 교재로 활용되고 있는 『군 복무적응을 위한 현장대처 매뉴얼』과 필자의 『지휘성공사례 최우수 지휘관상을 획득한 경험사례』(국방부, 2004), 『군 상담학의 이해와 적용』(심윤기, 2016), 『외상 후 스트레스 장애와 심리치료』(심윤기, 2018), 『군 위기상담의 실제』(심윤기 등, 2020) 등을 참조하였다.

1) 개인특성 관련 상담

군에서 발생하는 여러 가지 사고와 관련된 실제적인 문제를 다루는 상담은 결코 쉽지 않다. 입대 후 정서적으로 적응하지 못하는 장병, 가정적인 문제와 대인관계 갈등을 겪고 있는 장병을 조기에 발견하고 상담하는 것은 매우 어려운 일이다. 다음에서 군 장병의 개인특성 관련 상담전략을 살펴보겠다.

(1) 성격문제 상담

① 특징과 징후

- 부대 일에 부정적이고 자기비하가 심함
- 자신에 대한 비판에 민감하고 피해의식을 가지며 불안한 모습을 자주 보임
- 혼자 있기를 좋아하고 의존적이고 소극적인 태도를 보임
- 감정기복이 심하고 동료와 자주 말다툼을 함
- 힘든 일은 열외하려고 하고 자주 몸이 아프다는 호소를 함

※ 이러한 성격적인 문제는 군무이탈과 자살 등의 사고로 이어지는 경향이 있음

② 원인

- 부모의 무관심이나 애정결핍 등으로 자존감 결여
- 부모의 과잉통제나 학대로 적개심과 반항심 내재
- 부모의 과대평가나 과잉보호로 타인에 대한 배려와 독립심 부족
- 어릴 때 충격적인 외상경험으로 도전정신과 자신감 부족

③ 상담자

병영생활 전문상담관, 외부 전문상담자

④ 상담방법

성격적인 문제와 관련된 상담을 좀 더 효과적으로 실시하기 위해서는 다음과 같은 몇 가지 유의할 사항이 있다.

첫째, 상담관과 장병 내담자가 서로 신뢰하는 상담관계를 유지하는 것이 중요하다. 부하의 현재 입장과 처지, 심리상태에 대한 충분한 공감과 수용, 위로와 격려를 아끼지 않는다.

둘째, 상담실 환경과 분위기를 편안하고 따뜻하게 조성하여 장병 내담자의 긴장과 불안 수준을 낮춘다.

셋째, 자신에 대한 무가치감과 절망감 등의 비합리적 신념을 논박해 합리적이고 바람직한 사고를 갖도록 조력한다.

넷째, 장병 내담자 스스로 과거의 충격적인 외상경험을 노출하여 부정적인 사고에서 긍정적인 사고를 갖도록 조력한다.

다섯째, 자신의 현재 심리를 직시한다. 정신적인 스트레스와 책임 회피를 위한 신체증상 호소에는 대체로 무관심한 모습을 보여 주도록 하며, 심리적 원인에 대해서는 통찰할 수 있도록 돕는다.

여섯째, 장병 내담자의 성격문제에 대한 해결방법을 같이 협력하여 모색한다.

⑤ 상담 후 조치

- 성격문제는 지속적인 상담이 필요하므로 인내심을 갖고 상담한다.

- 성격문제가 심각한 경우에는 캠프에 입소토록 조치한다.
- 외부 상담전문가나 정신과 의사의 조력을 받는다.

(2) 성(性)문제 상담

① 특징과 징후

- 심한 모욕감과 수치심으로 혼자 괴로워함
- 분노, 스트레스로 인해 불안정한 모습을 보임

※ 성과 관련한 문제는 자살, 군무이탈, 성추행 가해자에 대한 공격행위로 이어지기도 함

② 원인

- 성폭력 또는 성추행을 가하거나 당한 경우
- 동성애로 고민하는 경우
- 성적 정체감의 혼란이 있는 경우

③ 상담자

성고충 전문상담관, 병영생활 전문상담관, 외부 전문상담자, 군의관 등

④ 상담방법

성문제로 고민하는 장병을 대상으로 한 상담은 군 성고충 전문상담관이나 병영생활전문상담관, 군의관 등이 적합하다. 그 이유는 성(性)과 관련한 전문지식을 갖고 있어 직접적인 문제해결을 도와줄 수 있기 때문이다. 장병 내담자는 주변에 있는 가까운 사람에게 성(性)과 관련된 문제를 알리고 싶어 하지 않는 특성이 있어 다음과 같은 상담조치가 필요하다.

첫째, 군 상담관은 성적인 문제에 대한 선입견이나 편견 없이 개방적인 자세로 장병 내담자의 성문제를 수용하고 공감할 수 있어야 한다.

둘째, 수치심과 분노, 죄책감 등의 감정을 상담과정에서 표출하도록 촉진하되, 감정이 심하게 고조되어 있는 경우에는 안정감을 유지토록 조력한다.

셋째, 장병 내담자 자신의 행동에 대한 반성적 사고와 통찰을 통해 잘못된 점을 깨닫도록 하고, 이에 따라 적절한 해결방안을 찾아 조력한다.

넷째, 전문가에 의한 성교육을 지속적으로 실시하고, 지휘관은 성군기 문란행위 및 처벌규정에 관해 교육한다.

⑤ 상담 후 조치

- 부대원에 대한 성교육과 성 군기문란행위 및 처벌규정에 대해 수시로 교육한다.
- 성폭력 가해자에 대해서는 군의관과 법무장교의 조언을 받아 처리한다.
- 동성애의 경우 동의를 얻어 검사와 정신과 진료를 받도록 조치한다.

(3) 자살 관련 상담

① 특징과 징후

- 주위 동료들에게 죽고 싶다는 표현을 자주 함
- 수첩이나 노트에 삶을 비관하며 죽음을 동경하는 내용을 기록함
- 매사에 의욕이 없고 의기소침하며 우울한 모습을 보임
- 잠을 이루지 못하고 뒤척이거나 자다 일어나 깊은 생각에 잠긴 모습을 보임
- 자신이 아끼던 물건이나 돈과 같은 물건을 동료에게 나눠 줌
- 평소보다 말을 많이 하거나 또는 말이 없어지고 대인기피증을 보임

※ 즉각적인 보호 조치가 이루어지지 않을 경우 자해 및 자살시도로 이어지기도 함

② 원인

- 충격적인 사건이나 외상을 경험한 경우
- 전입 후 병영생활에 적응하지 못하는 경우
- 과도한 스트레스, 집단따돌림, 애인 변심, 가정경제 사정 악화 등이 있을 경우

③ 상담자

병영생활 전문상담관, 외부 전문상담자

④ 상담방법

자살문제로 고민하는 장병을 대상으로 한 상담은 군 전문상담관이나 군종장교 등이 하는 것이 적절한데, 그 이유는 전문성이 요구되기 때문이다. 군 상담관은 무엇보다 먼저 자살하고 싶은 심정을 무조건적으로 수용하고 공감할 수 있어야 한다. 추가적으로 다음과 같은 사항에 주의하여 조력한다.

첫째, 자살방법을 구체적으로 생각해 봤는지 탐색하고, 내담자가 자살하게 되면 자신을 사랑하고 아끼는 사람들의 반응이 어떨지에 대해 생각해 보도록 한다.

둘째, 현재의 상황과 자신의 문제에 대해 제3자의 입장에서 자주 생각해 보도록 한다. 자신의 문제를 객관화하여 자살하려는 마음에 내포된 비합리적 사고(나 같은 놈은 살 가치가 없다)와 부정적 사고(모두 내 잘못이고 잘 되기는 불가능하다)의 논박을 통해 합리적이고 긍정적인 사고를 갖도록 조력한다.

셋째, 자살 징후가 농후하면 자살금지서약서를 자필로 작성하게 한다. 자살을 고민하는 사람이 서약서를 작성하면 자살을 예방하는 효과가 나타난다.

넷째, 자살우려 장병과 절친한 동료에게 행동관찰 임무를 부여하여 자살우려 장병을 혼자 있게 두지 않는다.

⑤ 상담 후 조치

- 자살금지서약서를 작성한다.
- 자살징후를 발견하면 지휘계통으로 보고하고 24시간 관찰한다.
- 자살우려자의 절친한 동료 또는 좋아하는 간부와 자주 대화의 장을 만든다.

2) 부대환경 관련 상담

(1) 전입신병 상담

① 특징과 징후

- 군 복무에 대한 과도한 긴장과 불안을 가짐
- 부대환경이 낯설고 어색하게 느끼며 동료관계가 미숙함
- 병영생활에 자신감이 없으며 의기소침한 모습을 보임

※ 무단이탈, 집단 따돌림, 자살 등의 사고로 이어지기도 함

② 원인

- 낯선 부대환경과 군 생활에 대한 불안감
- 업무를 잘할 수 있을 것인가에 대한 과도한 걱정과 두려움
- 좋지 않은 가정환경(부모 이혼, 경제사정 악화 등), 애인과의 갈등
- 구타 및 가혹행위와 같은 병영 부조리

③ 상담자

군 간부, 병영생활 전문상담관

④ 상담방법

상담실을 찾아온 장병을 따뜻이 맞이하고 사전 파악된 개인 신상을 자연스럽게 이야기한다. 전입신병을 상담할 때는 사전에 기본정보를 충분히 알고 임하는 것이 좋다. 전입신병 상담과정이 모든 신병에게 해당되는 의례적인 관문이라는 느낌을 주면 상담에 참여하는 자세가 형식적으로 흐를 수 있다. 상담관의 질문만을 기다리는 수동적인 자세를 보인다거나 솔직하고 진실한 답변을 기대할 수 없어 상담관은 다음과 같은 자세를 취하는 것이 좋다.

첫째, 상담관은 부대생활과 관련한 도움이 될 만한 정보를 적극적으로 제공하고, 적절한 자기노출을 통해 친밀감을 형성한다.

둘째, 군 간부가 상담관일 경우에는 자신의 모델링을 통해 군 생활의 본보기가

되도록 조력한다.

셋째, 군 생활의 의미와 가치를 찾는 데 노력한다. 군 생활을 무의미하게 보내지 않고 자신을 위하여 득이 되는 시간을 보낼 수 있도록 조력한다.

⑤ 상담 후 조치

- 문제가 될 만한 징후가 식별되면 후속상담과 관찰을 지속한다.
- 도움이 필요한 경우 도움을 요청하는 방법과 전화번호 등을 알려 준다.
- 심각한 부적응의 징후가 발견되면 캠프에 입소토록 조치한다.

(2) 복무부적응 상담

① 특징과 징후

- 혼자 있기를 좋아하고 동료와 함께 있는 시간을 기피하는 경향이 있음
- 불안, 분노와 같은 정서장애 증상을 보임
- 군 생활에 대한 불평불만이 많고 매사에 의욕이 없음
- 부여받은 업무를 태만히 하고 요령을 부리는 경우가 많음

※ 군무이탈, 자살 등의 문제로 이어지기도 함

② 원인

- 군 생활에 대한 과도한 두려움과 불안감
- 훈련이나 과중한 업무에 대한 불만 가중
- 구타 및 가혹행위 등으로 심리적 불안과 스트레스
- 개인적인 성격특성의 결함

③ 상담자

군 간부, 병영생활 전문상담관

④ 상담방법

상담관은 부적응 장병을 상담함에 있어 다음과 같은 사항을 고려한다.

첫째, 장병 내담자가 겪고 있는 불안, 우울, 열등감, 무가치감, 심리적 고충 등의 감정에 대해 충분히 공감하고 심리적 안정감을 찾도록 한다. 자신감 회복을 위한 심리적 강점자원을 찾고 긍정적인 정체감을 갖도록 조력한다.

둘째, 군 간부가 상담관이 될 경우에는 장병 내담자가 간부를 모델링할 수 있도록 조력한다.

셋째, 복무부적응의 원인을 파악하여 가장 바람직한 문제해결대안을 찾고 이를 실행하도록 조력하며, 업무가 개인특성에 맞지 않을 경우에는 보직을 검토한다.

넷째, 장병 내담자가 긍정적으로 변화해 가는 모습을 적극적으로 지지하고 격려하며 칭찬을 아끼지 않는다.

⑤ 상담 후 조치

- 개인의 성격결함, 업무능력 부족, 병영부조리 등의 원인을 파악하여 조치한다.
- 복무부적응의 주요 원인을 찾고 이와 관련된 간부가 상담을 진행한다.
- 부적응 증상이 나아지지 않고 지속되면 캠프에 입소토록 조치한다.

(3) 대인관계 관련 상담

① 특징과 징후

- 동료들과 어울리지 못하고 특정한 사람하고만 어울림
- 거의 말이 없고 매사에 소극적이며 자신감이 없음
- 불평불만이 많고 힘든 일은 하지 않으려 하며, 편하게만 군 생활을 하려고 함
- 동료들 사이에서 따돌림을 당하기도 함

※ 대인관계 갈등은 군무이탈, 자살 등의 사고로 이어지는 경향이 많음

② 원인

- 타인을 의식하지 않는 자기중심적인 성격
- 상황과 여건에 맞게 자기 자신을 조절하는 능력 미숙
- 동료와의 대화를 수용하지 못하고 부대원을 부정적으로 평가

③ 상담자

동료상담병, 군 간부, 병영생활 전문상담관

④ 상담방법

대인관계와 관련한 상담은 다음과 같은 몇 가지 사항에 유의한다.

첫째, 군 상담에서 중요한 것은 상담관과 내담자와의 신뢰관계 형성이다. 내담자의 현재 입장과 상황, 심리적 상태에 대해 충분한 공감과 수용을 하고 위로와 격려를 아끼지 않는다.

둘째, 통찰이 되도록 조력한다. 자신과 동료의 군 생활을 비교하여 자신의 군 생활태도를 수정토록 조력한다. 장병 내담자가 자신의 생활상을 돌아보고 주변 사람들이 무엇 때문에 자신과 어울리지 않으려고 하는지, 주변 동료와 잘 어울리는 병사는 어떠한 생활을 하고 있는지를 스스로 깨닫도록 조력한다.

셋째, 역할 바꾸기를 연습한다. 대인관계기술을 배우고 갈등 관계에 있는 상대방의 입장과 제3자의 관점에서 생각해 보도록 조력한다.

넷째, 대인관계를 잘할 수 있다는 자신감을 갖도록 한다. 과거 원만했던 대인관계를 반복해서 생각하게 하고, 대인관계가 아주 원만한 자신의 모습을 상상하도록 조력하여 자신감과 긍정적인 사고를 길러 준다.

다섯째, 동료와의 관계에서 긍정적인 모습으로 변해가는 자신에 대해 스스로 지지하고 격려하도록 한다.

⑤ 상담 후 조치

- 동료관계가 원만하고 의사소통이 잘 이루어지는지 확인하고 행동변화를 보일 때마다 격려하고 칭찬한다.
- 군에서의 대인관계방법과 효과적인 의사소통방법에 대해 지속적으로 교육한다.

3) 부대외적문제 상담

(1) 이성문제 상담

① 특징과 징후

- 마음의 평정을 잃고 불안한 모습을 보임
- 자포자기 상태에서 사고를 일으킬 수도 있다는 말을 자주 함
- 매사에 의욕이 없고 의기소침함

※ 이성문제는 군무이탈, 자살 등의 사고로 이어지기도 함

② 원인

- 애인의 연락이 두절되거나 이별하자는 편지를 받음
- 애인이 자주 면회를 오다가 끊김
- 입대 전 동거, 애인의 임신, 출산 등으로 걱정이 많음

③ 상담자

동료상담병, 군 간부, 병영생활 전문상담관

④ 상담방법

이성문제와 관련된 상담을 좀 더 효과적으로 실시하기 위해서는 다음과 같은 몇 가지 사항을 유의한다.

첫째, 장병 내담자와의 편안한 상담관계를 형성하기 위해서는 무엇보다 먼저 상담실을 찾은 병사의 아픈 마음을 공감하고 격려한다. 군 상담관의 생각을 강요하거나 장병의 생각을 과소평가하지 않으며, 있는 그대로 받아들이는 수용적인 자세를 갖는다.

둘째, 장병 내담자 자신의 괴로운 감정을 충분히 표현하게 하여 스스로의 마음을 정화시킬 수 있도록 조력한다.

셋째, 이성문제를 지닌 장병은 대부분 절망적이어서 비합리적이고 자기파괴적인 생각을 하는 경향이 있다. 따라서 논박을 통해 정확한 현실 인식과 합리적인

생각을 갖도록 조력한다. 스스로 극단적인 부정적 행동의 결과를 진지하게 생각하도록 조력하고, 그러한 행위의 결과가 자신에게 평생 돌이킬 수 없는 후회와 파멸을 가져올 수 있다는 것을 깨닫도록 한다.

넷째, 장병 내담자의 이성문제해결을 위해 최선을 다할 것을 함께 약속하고 긍정적인 변화가 보일 때 적극적으로 칭찬하고 격려한다.

⑤ 상담 후 조치

- 지속적인 관찰과 상담을 통해 마음의 안정을 갖도록 한다.
- 동료상담병과 자주 대화하도록 여건을 마련해 준다.

(2) 가정문제 상담

① 특징과 징후

- 말이 없고 의기소침함
- 휴가를 기다리지 않으며, 집에 가기 싫어하는 모습을 보임
- 휴가나 외박 복귀 후 우울하고 불안해하는 모습을 보임

※ 가정적인 문제는 군무이탈, 자살 등의 사고로 이어지는 경향이 있음

② 원인

- 부모의 이혼이나 별거
- 가족구성원의 뜻하지 않은 사고 발생
- 가족구성원 간의 불화, 다툼
- 가정경제 사정의 악화로 생계에 지장

③ 상담자

군 간부, 병영생활 전문상담관, 외부 전문상담자

④ 상담방법

간부가 하는 상담은 행정보급관이나 주임원사가 주도하는 것이 적절하다. 그들은 연륜이 있어 가정과 관련된 경험이 많을 뿐만 아니라, 이해받거나 사랑받기를

원하는 병사를 부모처럼 따뜻하게 포용해 줄 수 있다. 가정문제로 어려움을 경험하는 장병을 상담할 때는 다음과 같은 사항을 고려한다.

첫째, 가정문제를 갖고 있는 장병의 걱정, 불안, 우울 감정을 충분히 공감하고 수용한다.

둘째, 자신의 감정을 마음껏 표현하도록 하여 감정을 정화시키고, 가정의 문제는 군에 있는 자신이 해결할 수 없는 통제 밖에 있는 어려움이라는 것을 받아들이도록 조력한다.

셋째, 현실적이고 직접적인 문제해결방법이 무엇인지 내담자와 함께 찾도록 노력한다.

넷째, 가족과 연락하여 가족의 소식을 접할 수 있도록 조치하고, 집에서 오는 연락은 함께 상의하도록 약속하며, 필요할 경우에는 휴가 등의 조치를 취한다.

⑤ 상담 후 조치

- 상담 후 가정생활의 변화 여부를 지속적으로 관찰한다.
- 가정의 어려움이 동료들에게 알려지지 않도록 비밀을 보장한다.
- 찾아가는 가족상담을 적극적으로 지원한다.

(3) 진로문제 상담

① 특징과 징후

- 전역을 앞둔 상태에서 식욕이 없고 체중이 급격히 감소함
- 전역이 다가옴에 따라 잠을 이루지 못함
- 후임 병사에게 자주 짜증과 신경질을 부림
- 전역 후 무엇을 할지에 대해 주변 동료에게 물어보거나 이야기를 자주 함

※ 병영 내 폭언 및 가혹행위 등의 문제로 표출되기도 함

② 원인

진로문제로 고민하는 장병은 다음과 같은 몇 가지 경우가 있다. 전역 후 무엇을

할 것인가에 대해 걱정하는 경우와 입대 전 다니던 대학 전공이 마음에 들지 않아 복학 여부에 대해 고민하는 경우, 입대 전 직장생활을 하다 그만두고 입대해 전역 후 취업에 대한 걱정이 많은 경우, 대학 진학과 취업 중 어느 쪽을 선택해야 할지 고민이 되는 경우 등이다.

③ 상담자

군 간부, 병영생활 전문상담관, 외부 가족상담자

④ 상담방법

진로문제로 고민하는 장병에 대한 상담은 어느 정도 인생의 경험이 있는 상담관이 하는 것이 효과적이다. 인터넷의 진로 사이트를 소개해 줄 수 있는 중대장이나 행정보급관이 상담을 진행하는 것이 적절하다. 진로상담은 다음과 같은 몇 가지 사항에 유의한다.

첫째, 전역 후에 있을 진로와 관련된 문제로 힘들어하는 마음을 비판 없이 들어주고 공감한다. 장병 내담자의 가치관, 성격, 적성, 흥미, 학업능력 및 환경 등을 함께 탐색하여 진로의식이 향상되도록 조력한다.

둘째, 인생의 가치와 의미를 어디에 두어야 할지 장병 내담자와 깊이 상의한다. 원하는 직업에 대한 정보를 인터넷 검색을 통해 제공하고 진로정보와 함께 부하의 성격, 능력, 환경, 제한 요소 등을 고려하여 합리적인 의사결정을 돕는다.

셋째, 진로상담을 통해 도출된 문제에 대한 대안을 함께 찾는다. 장병 내담자의 욕구와 실현 가능성을 고려하여 최선 및 차선책의 대안으로 압축하고, 최종적으로 장병 내담자가 스스로 선택하고 결정하도록 돕는다.

⑤ 상담 후 조치

- 직업이나 진로정보에 관한 인터넷 자료를 지속적으로 제공한다.
- 인터넷 사이트의 전문상담기관 등을 통해 적성검사를 도와준다.
- 군 직업상담기관을 통해 상담을 받도록 조력한다.

C·H·A·P·T·E·R 4

군 집단상담

1 군 집단상담의 개념

1) 개요

(1) 군 집단상담의 정의

집단상담에 대한 정의는 학자들마다 조금씩 다르게 설명한다. 일반적으로 집단상담은 정상인을 대상으로 상담의 기법과 전략을 적용하고, 역동적인 상호교류과정을 통해 문제해결이나 의사결정 혹은 인간적 성장을 추구하는 과정으로 정의한다. 강진령(2006)은 의식적인 사고와 행동 그리고 허용적인 현실에 초점을 둔 정화와 상호 신뢰, 돌봄, 이해, 수용 및 지지 등의 치료적 기능을 포함하는 하나의 역동적인 대인관계과정으로 정의하고 있다.

이 외에도 자기이해와 개인의 행동변화를 조력하기 위해 집단원의 상호작용을 이용하고, 자기수용을 보다 효과적으로 촉진하기 위해 집단원의 상호작용을 적극적으로 활용하는 과정으로 설명하기도 한다. 이러한 여러 정의를 종합해 보면 집단상담은 전문가의 지도 아래 정상적인 참여자를 대상으로 허용적인 분위기에서 집단원의 역동적인 상호작용을 도모하는 과정임을 알 수 있다. 뿐만 아니라, 집단에 참여한 개인의 태도와 행동의 변화 혹은 한층 더 높은 성장과 인간관계능력을 촉진하는 것을 목적으로 이루어지는 역동적인 대인관계과정임을 알 수 있다.

군 집단상담에 대한 정의는 군 야전교범에서 잘 제시하고 있다. 군 집단상담은 집단지도자가 다수의 장병을 대상으로 신뢰할 수 있고, 수용적인 분위기 속에서 집단의 역동적인 상호작용을 통해 개인의 성장발달과 인간관계발달 능력을 촉진하는 과정으로 전투력 향상에 기여하는 활동으로 설명하고 있다. 육군 보수교육과정인 고등군사반 교육과정에서 사용하는 교재 『상담기법』(육군본부, 2004)에서도 야전교범과 동일하게 정의하고 있다.

군에서 실시하는 집단상담은 부대 자체적으로 복무 중인 현역 장병들을 대상으로 하나의 집단을 편성하여 실시하는 경우가 많다. 이러한 이유로 군 집단상담은 자발적으로 참여한 장병으로 편성되기보다는 비자발적으로 참여한 장병들이 대부분이다. 군 복무 중 겪는 대인관계 갈등과 심리적 어려움을 해결하여 궁극적으로 전투력을 향상시키기 위한 목적으로 이루어진다는 점에서 일반 집단상담과 다르다(심윤기 등, 2017). 따뜻하고 허용적인 분위기보다는 특수한 위계적인 상황에서 이루어지고 있는 점이 일반 집단상담과 다르다고 할 수 있다.

(2) 군 집단상담의 필요성

군 집단상담은 복무부적응 장병뿐만 아니라 적응을 잘 하는 장병들도 집단과정에 함께 참여시킨다. 그 이유는 집단 내에서 모범적인 동료를 관찰하고 학습하여 군 생활적응에 도움을 제공할 수 있기 때문이다. 심윤기 등(2017)은 군 집단상담이 필요한 이유를 다음과 같이 설명하고 있다.

첫째, 군 집단상담은 개인상담의 1:1 관계보다 여러 동료가 함께 참여함으로써 심리적 편안함을 느낄 수 있어 자신의 생각과 의견을 좀 더 개방적으로 제시할 수 있다. 군대는 위계적인 조직으로 마음을 터놓고 자신의 고민과 심리적 갈등을 주위 동료나 간부에게 드러내기가 쉽지 않은 조직이다. 그러나 군 집단상담은 자신이 겪고 있는 대인관계 갈등과 심리적 문제, 성장과 발전에 관한 과업 등을 허심탄회하게 드러내 놓고 검증해 볼 수 있는 기회를 제공받을 수 있다.

둘째, 군 집단상담은 계급별 다양한 성격의 상 · 하급자와 함께 같은 공간에서 대면할 수 있는 기회가 제공되어 대인관계에 도움이 된다. 대부분의 장병은 군의 특수한 환경으로 나름의 소소한 심리적 어려움을 갖고 있으며, 어떤 장병은 오로지 자신만 힘든 군 생활을 하고 있다고 생각하기까지 한다. 이러한 생각을 가진 장병이 집단상담에 참여하면 자신과 유사한 심리적 어려움을 경험하는 동료가 많다는 것을 깨닫는다. 이러한 새로운 경험은 집단의식과 전우애를 발달시키고, 자신과 동료를 보다 잘 이해할 수 있는 관계능력을 증진하여 적응력을 높인다.

셋째, 군 집단상담은 서로 다른 배경과 다양한 성격, 특징을 가진 동료 장병이 함께 참여함으로써 풍부한 학습경험을 제공받을 수 있다. 집단에 참여한 장병은 자신의 진로를 포함하여 서로의 관심사를 터놓고 이야기함으로써 의사결정능력과 대인관계능력 증진이 가능하다. 위계적인 상황 속에서도 진실한 대화와 역동적인 상호작용을 통해 개인자존감과 집단자존감을 동시에 증진시킬 수 있다(심윤기, 2014).

넷째, 군 집단상담은 군의 특수한 목적을 달성하기 위해 필요한 활동이다. 장병 상호 간 이해와 신뢰를 촉진하고 가족적인 분위기를 생성하며, 부대 단결력을 향상시키는 데 기여한다.

2) 군 집단상담의 특징

(1) 군 집단상담의 목적

일반 집단상담은 자기에 대한 이해 증대와 개인성장에 대한 자신감을 갖도록 하는 데 목적이 있다. 사회적 기술과 대인관계능력을 증진하고 자기통제와 문제해결 및 의사결정능력을 학습함은 물론, 자기가 생각하고 믿는 바를 정확하게 표현할 수 있는 의사소통능력을 향상하는 데 목적을 가진다. 가정과 사회의 여러 곳에서 자신의 잠재능력을 발휘하고, 타인과의 대화에서 공감적으로 경청하는 사람이 되도록 하는 목적도 가진다(이형득 등, 2010).

이렇게 일반 집단상담은 자기의 문제와 자신의 감정 및 태도에 대한 통찰력을 터득하고, 보다 바람직한 자기관리와 합리적인 대인관계 태도를 학습한다. 집단구성원으로 하여금 지금 자신이 느끼는 감정을 이해하고, 지금의 문제를 해결하기 위하여 어떤 것이 필요하며, 현재 어떻게 행동해야 하는가를 깨닫도록 도와준다. 집단원의 역동적인 상호교류를 통해 자신의 감정, 태도, 생각, 행동양식을 탐색하고 수용하여 보다 성숙한 인간으로 발달하는 데 기여한다.

반면, 군 집단상담은 자기성장과 부대목표를 달성하고 전투력을 향상시키기 위한 목적으로 실시한다. 일차적인 목적은 장병 개인의 심리적인 문제를 해결하고 장병의 자아실현과 성장을 도모하지만, 이차적인 목적은 부대목표를 달성하는 데 필요한 집단적 역량을 증진하는 것이다. 대체로 군 집단역량의 증진은 다음과 같은 요소들이 존재한다.

① 집단응집력 향상

집단응집력은 구성원이 소속되고자 하는 욕망의 정도를 말하는 것인데, 응집력이 높은 집단은 낮은 집단의 구성원에 비해 집단에 대한 관심이 높다. 뿐만 아니라, 집단응집력은 구성원의 협력과 팀워크, 과제수행에 대한 구성원 전체의 참여와 결속에 기여하며, 구성원 사이에 형성되는 상호작용의 힘이 작용하는 데 긍정적인 영향을 미친다. 군에서 자주 사용되는 화합과 단결은 집단응집력을 잘 나타내주는 용어가 된다.

군 집단상담은 집단응집력을 강화하는 데 기여한다. 집단에 참여한 장병 간 상호작용을 통해 소속감을 증진하고, 집단에서 함께 보내는 시간을 통해 친밀감을 형성하며, 상호 간 이해심을 높여 집단응집력을 강화한다(심윤기, 2016).

② 집단신뢰감 증진

집단에 대한 신뢰는 조직의 안정과 집단구성원의 안녕(well-being)에 긍정적인 영향을 미친다. 군 집단신뢰감은 전투수행에 필수라고 할 만큼 매우 중요한 요소로 전투력의 핵심요소로 작용한다. 집단 내 의사소통을 촉진하여 갈등을 최소화하고 집단효과성을 향상시킬 뿐만 아니라, 인간중심적인 집단분위기를 형성하는 데 기여한다.

군 집단상담은 장병들의 집단신뢰감을 향상하는 데 기여한다(심윤기 등, 2017). 군은 신뢰 대상에 따라 상관신뢰, 부하신뢰, 동료신뢰 등으로 구분하는데, 대상자의 지위에 따라서는 상관 및 부하에 대한 수직적 신뢰와 동료에 대한 수평적 신뢰로 구분하기도 한다. 군 집단상담은 이러한 집단신뢰감을 증진하여 상호 존중과 배려의 병영문화를 유지하는 데 긍정적인 역할을 한다.

③ 집단효능감 배양

집단효능감은 자신이 속한 집단이 능력이 있다고 믿는 정도를 말한다. 자신이 속한 집단을 능력이 있는 집단으로 지각하는 것은 현재의 집단생활과 관련하여 전반적으로 만족한다는 것을 의미한다. 이는 지휘관을 중심으로 사기, 군기, 단결 등 조직화된 의지력으로 굳게 뭉쳐 부여된 임무를 능동적으로 완수하는 효과를 가져오며, 자진하여 어려움에 임하고 즐거이 그 직책을 수행하도록 할 뿐만 아니라, 사기를 왕성하게 하는 데 기여한다.

군 집단상담은 이러한 집단효능감 배양을 촉진하여 집단목표를 달성하는 데 긍정적인 영향을 미친다. 직무만족과 집단몰입에도 영향을 미칠 뿐만 아니라, 전원이 한마음 한뜻으로 뭉쳐 희생정신과 상호이해를 바탕으로 공동의 목표를 달성하는 데에도 기여한다.

④ 집단자존감 증진

집단자존감은 자신이 속한 집단의 가치에 대해 개인이 어떻게 지각하고 있는가를 의미한다. 개인자존감은 개인으로서 자신의 가치에 대해 어떻게 평가하는가를 말한다. 집단적 수준에서 바라보는 군의 집단자존감은 특정한 부대에 소속된 개인 자신에 대한 인식으로 사회적 관계 속에서 발생하는 맥락을 통해 이루어진다. 이는 독립된 개인 자신에 대한 가치평가를 하는 개인자존감보다 자신이 속한 부대에 대해 갖는 집단자존감이 군 장병의 심리적 적응과 건강한 군 생활에 더 긍정적인 요인으로 작용한다(심윤기 등, 2017).

군 집단상담은 장병의 집단자존감을 증진하는 데 중요한 역할을 한다. 군 캠프에 입소한 장병들의 개인자존감과 집단자존감을 증진하는 데에도 도움을 준다. 장병 각자가 자기 모습에 대한 이해와 통찰을 확장하고, 함께 군 생활을 하는 동료들을 존중하고 수용할 뿐만 아니라, 자신이 속한 집단의 가치평가에도 높은 점수를 부여하여 집단목표를 달성하는 데 기여한다.

(2) 군 집단상담의 원리

군 집단상담은 위계적 상황에서 이루어지는 활동이지만 장병 간 바람직한 대인관계를 터득하도록 도움을 준다. 자신이 지닌 심리적 문제와 갈등을 다른 동료도 유사하게 경험하고 있다는 사실을 알게 되는 순간, 보다 적극적으로 군 생활에 임하도록 촉진한다.

군 집단상담은 비자발적인 참여가 대부분이지만 부대목표를 추구하는 활동이 주로 다루어져 전투력을 향상하는 데 도움을 준다. 본 절에서는 군 집단상담의 목적과 장단점을 알아본 후, 일반 집단상담과의 차이점을 비교해서 살펴보겠다.

① 자기개방

자기개방은 자기 마음의 문을 활짝 연다는 것을 의미한다. 군 집단상담은 조직의 폐쇄성을 고려할 때 자기개방의 원리가 절대적으로 요구되는 항목이다. 자기개방은 다른 말로 자기노출이라고도 할 수 있는데 개인적인 문제와 관심, 욕구, 목표, 기대와 두려움, 희망과 좌절, 즐거움과 고통, 강함과 약함, 개인적 경험 등에 대해 허심탄회하게 털어놓는 것을 의미한다. 더불어 개인적인 문제나 관심을 털어놓는 것에 한정하지 않고, 집단지도자와 다른 집단원에 보이는 반응까지도 자기개방에 포함한다.

그러나 장병은 흔히 개방적이지 못한 폐쇄적인 군대문화의 영향과 상명하복의 위계적인 상황 그리고 거부에 대한 두려움 등으로 자신을 잘 드러내지 않으려는 경향을 가진다. 이러한 영향으로 군 집단상담 초기에는 대체로 장병들의 자기개방이 좀처럼 나타나지 않는다. 군대는 군사기밀을 보호하고 작전계획이 노출되지 않도록 군사보안을 철저히 강조하는 조직이다. 비밀구역을 지정하여 비밀취급인가자 이외의 다른 사람이 접근하는 것을 철저히 통제할 뿐만 아니라, 부대의 기밀사항을 부대 밖에 노출하지 않도록 정기적인 보안교육을 실시한다.

이러한 환경이 장병의 자기개방에 부정적인 영향을 준다. 그러므로 군 집단지도자는 상담을 시작하기 전 집단에 참여할 장병을 대상으로 자기개방을 토대로 한 상호작용의 중요성을 교육할 필요가 있다. 동료를 깊이 이해하고 수용하기 위해서는 자신을 먼저 개방하는 일이 전제되어야 한다는 사실뿐만 아니라, 개인의 심리적 문제나 관심사에 대한 통찰을 얻는 것은 자기개방으로부터 출발한다는 점을 인식하도록 하는 것이다.

② 피드백

피드백이란 상대방의 행동이 나에게 어떤 반응을 일으키고 있는가에 대하여 상대방에게 솔직하게 이야기하는 것을 말하는데, 이러한 피드백은 군 집단상담이 성공적으로 이루어지는 데 영향을 미친다. 피드백은 타인이라는 거울을 통해 자기 자신을 탐색하고 자기 자신을 정확히 이해하도록 하는 등 성장과 발달을 위한 학습으로 작동되게 하는 기술이다. 솔직하고 생산적인 피드백은 피드백을 받는 장병에게 어떤 변화가 필요한지를 알게 하고, 대인관계에서 어떠한 태도가 필요한지를 깨닫도록 한다.

피드백은 어떤 행동이 일어난 직후에 하는 것이 효과적이다. 구체적인 행동에 대하여 정서적 비판이 아닌 인지적인 태도로 하는 것이 좋다. 뿐만 아니라, 한 사람이 하는 피드백보다 여러 사람으로부터 받는 피드백이 더 강렬한 힘을 발휘하는데, 그 이유는 여러 사람의 공통된 견해를 무시하기 어렵기 때문이다.

군 집단상담의 초기에는 집단지도자가 직접 피드백을 주어 집단에 참여한 장병들에게 모범을 보이는 것이 중요하다. 그 이후부터는 장병들 상호 간 스스로 피드백이 이루어지도록 하여 다른 관점과 다른 각도에서 자신을 탐색하고, 자기를 조망할 수 있도록 한다.

③ 수용

군에서 이루어지는 집단상담은 수용의 원리가 절대적으로 요구된다. 수용은 집단원 개개인을 있는 그대로 받아들이고 존중하는 것을 의미한다. 이러한 수용은 타인에 대한 깊은 수준의 공감적 이해를 가능하게 하고, 과거의 부정적인 경험을 통해 형성된 저항과 방어를 약화시키는 기능을 한다. 뿐만 아니라, 자기를 개방하기 어려웠던 자신의 약점과 관련된 사실과 감정을 노출시킴으로써 변화의 계기를 마련해 준다. 이러한 과정을 통해 집단원은 자기탐색에 더욱 노력하고, 심리적 고통의 원인을 발견함과 동시에 변화와 성장을 이룰 수 있다(김헌수 외, 2006).

군 집단상담은 대부분 비자발적으로 참여한 장병을 대상으로 이루어진다. 이러한 이유로 초기의 집단 참여의식 수준은 매우 낮다. 집단과정을 통해 혹시나 자신에게 돌아올 불이익이 생각되어 집단참여가 피동적이고 소극적으로 이루어지며, 수용적인 태도를 찾아보기 어렵다. 오히려 집단지도자의 조건 없는 수용에 대해서까지 불편해하거나 부담스러워하기도 한다. 따라서 군 집단지도자는 집단에 참여한 장병을 진정으로 존중하고 배려하는 모습을 자주 보일 수 있어야 한다. 진실한 마음으로 그들을 대하여 자기 자신뿐만 아니라, 타인까지도 수용할 수 있도록 조력하는 것이 무엇보다 필요하다.

④ 감정정화

군 집단상담에서는 카타르시스라고 하는 감정정화의 원리가 작동되도록 하는 것이 요구된다. 감정정화는 내면에 누적되어 있는 감정을 언어나 행동으로 표출함으로써 억눌려 있던 감정을 해소하여 심리적 안정을 찾는 것을 말한다. 이러한 효과로 감정정화는 중요한 치료요인으로 작용되는데, 특히 집단에 참여한 장병들 상호 간 신뢰감과 응집력을 높이고 집단의 변화를 촉진하기도 한다. 그러나 단순히 내면의 감정을 표출했다고 해서 모든 감정이 정화되는 것이 아니다. '지금-여기'에서 일어나고 있는 자신의 감정 수위를 알아차리고, 원인이 무엇으로부터 기인되었는지 통찰하는 것이 중요하다.

감정정화가 치료적 요인임에는 분명하다. 그럼에도 불구하고 군 집단상담 장면에서 좀처럼 감정을 드러내기가 어려운 것이 현실이다. 그것은 군 조직문화 자체가 개방적이지 못하고 상명하복의 위계적 서열체계로 조직되어 있기 때문이다. 장병들의 감정정화가 잘 이루어지지 않아 계속 쌓이면 악성사고나 총기사고로 이어지기도 한다. 따라서 군 집단지도자는 감정정화가 집단과정에서 잘 발현되도록 하여 집단에 참여한 장병들의 부정적인 감정을 해소할 수 있어야 한다.

⑤ 모방학습

모방학습은 군 집단상담에서 중요한 위치를 차지한다. 집단의 유형과 형태에 관계없이 집단에 참여한 장병은 모방학습 과정을 통해 적극적으로 집단활동에 참여하며, 자신이 소중하고 의미 있는 장병이라는 사실을 깨닫는다. 이러한 결과는 집단지도자로부터 깊은 이해와 존중을 받아서 얻어지는 것이 아니며, 다른 장병으로부터 긍정적인 지지와 피드백을 받아서 얻어지는 것도 아니다.

비록 조용하고 말이 없는 장병이라 하더라도 혹은 계급이 낮은 이등병이라 할지라도 그들은 집단에 참여한 다른 동료나 집단지도자의 행동과 태도를 관찰하고 대리학습한다. 따라서 군 집단지도자는 자신의 태도뿐만 아니라, 집단에 참여한 장병들이 보이는 바람직한 태도가 집단상담에 참여한 모든 이에게 학습된다는 점을 잊지 말아야 한다.

(3) 일반 집단상담과 비교

군 집단상담은 일반 집단상담과 비교할 때 몇 가지 측면에서 차이점을 가진다.

첫째, 일반 집단상담은 개인의 성장과 자아실현에 중점을 두지만, 군에서 이루어지는 집단상담은 궁극적으로 부대 전투력 향상에 중점을 둔다. 군 집단상담이 일차적인 목적은 개인의 문제해결과 복무적응에 기여하는 것이며, 이차적인 목적은 부대목표를 달성하여 전투에서 승리하는 것이다.

이러한 목적을 위해 이루어지는 군 집단상담의 회기는 일반 집단상담과 차이가 있다. 일반 집단상담의 경우에는 적용하고자 하는 프로그램에 따라 상담회기가 별도로 정해져 있으나, 군 집단상담의 경우에는 사단 및 군단 병영캠프에서 운영하는 요일별 상담회기를 제외하고는 따로 정해져 있지 않아 단회 상담으로 이루어지는 경우가 대부분이다.

둘째, 일반 집단상담의 경우에는 미리 상담주제를 정해 놓지 않는 관계로 상담과정이 유연하지 못하다는 평가를 받는다. 공통의 주제를 선정하고 집단원을 모집하기 때문에 상당한 준비와 시간도 필요하다. 하지만 군 집단상담은 이와 다르게 집단에 참여할 대상자가 평소 부대에서 활동하는 장병들이라서 별도로 인원을 모집하기 위해 홍보할 필요가 없다. 또한, 임무수행과 관련된 즉각적인 주제를 선정하여 실시함으로써 사전 준비소요도 많지 않다는 것이 일반 집단상담과 다르다.

셋째, 일반 집단상담은 가치중립적인 입장을 강조한다. 집단원의 개인 의사에 따라 뒤로 물러나 집단을 관망하거나 집단과정에 침묵을 유지하는 것도 허용된다. 그러나 군 집단상담은 상담의 방향성부터 일반 상담과 다르다. 국가안보와 전쟁억제라는 국가적 가치뿐만 아니라, 전투력 향상이라는 부대목표를 달성하는 데 초점을 맞추는 등 가치지향적으로 이루어진다.

군 집단상담이 진행되는 과정에서는 틈틈이 쉼을 제공받을 수 있다. 하지만 의도적으로 자리를 피한다거나 상담 자체를 회피하는 일은 허용되지 않는다. 자기를 개방하고 의견을 자유롭게 개진하며, 동료들의 행동을 관찰하는 것은 바람직한 행동이지만, 상담이 시작될 때부터 마칠 때까지 계속 침묵을 유지한다거나 관망하는 등의 자세를 취하는 것은 허용되지 않는다.

넷째, 일반 집단상담과 군 집단상담은 상담방법과 상호작용 측면에서도 다르다. 일반 집단상담은 집단에 자발적으로 참여한 사람들이 대부분을 차지하며, 개인이 상담비용을 지불함에 따라 상담동기가 높은 수준이다. 서로 모르는 사람이 정해진 기간에 모여 활동하고 헤어지기 때문에 수평적 관계에서 활발한 상호작용이 이루어진다. 반면, 군 집단상담은 24시간 같은 공간에서 생활하는 장병들을 대상으로 이루어지기 때문에 상호작용이 일반 집단상담에 비해 활발하게 나타나지 않는다.

〈표 4-1〉 집단상담의 비교

구분		일반 집단상담	군 집단상담
상담목적	최종	개인의 자아실현	국가목표 달성
	중간	개인의 성장	부대목표 달성
	단기	개인문제해결	복무적응
상호작용 형태		수평적	복합적 · 수직적
상호작용 환경		지속적	한시적
주제 구성		유연	경직
조직의 역동성		• 수평적 속성 • 친밀성과 응집력이 중요 • 개인과 집단목표의 연계	• 위계적 속성 • 충성심과 복종심의 존재 • 개인과 지휘목표의 연계
가치의 방향성		가치중심적	가치지향적

출처: 한국군상담학회(2009).

(4) 군 집단토의 및 집단지도와 비교

군에서 이루어지는 집단토의와 집단상담은 서로 밀접한 관련이 있다. 군 집단토의는 객관적 사실에 초점을 두고, 특정 주제를 대상으로 이루어지며, 내용과 결과가 중심이 된다. 특정한 목표에 도달하도록 집단을 설득하고 이끌어가는 과정이라서 집단과정은 그다지 중요하게 여기지 않는다. 의견의 옳고 그름을 중심으로 토의가 이루어지고 집단규칙과 질서를 강조한다.

반면, 군 집단상담은 어떤 과제해결을 위한 수단으로 활용되는 것이 아니라서 친밀감과 신뢰감을 발달시키는 집단과정을 더 중요시한다. 집단원의 반응을 수용하고 허용하기 때문에 상반된 의견이 장려된다. 집단토의에서는 객관적인 사실만을 취급하여 상호작용과 집단역동을 찾아보기 어렵지만 집단상담은 집단역동이 활발히 나타난다.

군 집단지도와 집단상담도 서로 관련성이 있다. 군은 그 특성상 위계구조와 기능 및 역할 등이 있고, 추구하는 가치와 목표가 정해져 있기 때문에 이를 달성하기 위한 집단적 지도와 교육이 필요하다. 군 집단지도는 군 생활에 필요한 정보를 제공하고 취급하는 교육과정인 반면, 군 집단상담은 장병의 자기이해 증진과 대인관계 갈등 등을 취급하는 정서적 과정에 해당한다. 또한, 군 집단지도는 소대 단위의 집단을 대상으로 정보제공과 능력개발을 목표로 간부 중심으로 접근하지만, 군 집단상담은 분대 단위 집단을 대상으로 정서적인 문제해결과 공동의 부대 목표에 접근한다는 측면에서 다른 점을 지니고 있다.

3) 군 집단상담의 성공요인

어느 집단이든 집단 내 힘은 단일한 힘만이 작용되는 것이 아닌 복합적인 힘이 작용한다. 그래서 두 사람 이상의 사람이 함께 모여 활동할 때는 필연적으로 집단역동이 생기기 마련이다. 집단역동은 하나의 공통장면 또는 환경 안에서 일어나는 상호작용의 힘이자 상호관계를 말한다(Dinkmyer & Muro, 1979). 집단지도자와 집단원 간 또는 집단원 간 일어나는 상호작용의 에너지이자 상호 관계적인 힘이다.

군 집단상담은 이러한 힘에 의하여 변화되어 특정한 방향으로 발달한다. 그렇기 때문에 군 집단지도자는 이러한 집단역동을 잘 감지하여 바람직한 방향으로 집단과정이 지향되도록 조력할 수 있어야 한다. 군 집단상담에 영향을 주는 성공요인을 살펴보면 다음과 같다.

(1) 상담의 계획요인

군 집단상담에 영향을 미치는 계획적 요인에 대해 심윤기 등(2017)은 다음과 같이 설명하고 있다.

첫째, 집단목적이다. 집단지도자와 집단원이 집단의 목적을 명확히 이해하고 있느냐의 여부가 집단상담에 큰 영향을 미친다. 집단의 목적을 상실하여 목적과 상관없는 주제를 선정한다던가 아니면 집단의 방향과 무관한 활동이 이루어지면 그것은 시간과 노력의 낭비가 된다. 따라서 집단지도자는 집단목적을 분명히 설정하고, 자신과 집단원이 집단의 목적에 부합되게 행동하고 있는지를 지속적으로 평가한다.

군 집단상담은 집단의 목적에 부합된 활동이 이루어지도록 사전 리허설과 같은 예행연습을 실시한다. 집단상담에 참여하기 위해 사전 선정된 장병을 대상으로 집단의 목적과 절차, 역할 등을 자세히 설명하는 시간을 갖는다. 그것은 집단에 참여하는 장병에게 집단의식을 고취시키기 위한 목적도 있지만, 집단의 목적을 분명히 인식하여 집단역동을 높이기 위한 목적도 가지고 있다.

둘째, 집단의 크기다. 일반 집단상담은 집단원의 성별, 연령, 학력, 결혼 여부, 직업, 종교 등이 집단과정에 영향을 준다. 하지만 군 집단상담의 경우는 소속, 계급, 동기, 서열, 입대일, 전역일, 휴가 등이 집단에 영향을 미친다. 집단의 크기가 너무 크게 구성되면 개인에게 주어지는 시간이 적어 집단의 상호작용이 원활하게 나타나지 않을 뿐만 아니라, 집단분위기가 산만해져 집단응집력이 약화되는 결과를 초래한다.

반면, 집단 크기가 너무 작은 경우에는 집단과정에 참여하는 것이 부담되어 능동적이지 못한 행동을 보이는 등 집단에 부정적인 영향을 미친다. 따라서 집단지도자는 집단상담을 시작하기 전 집단 크기를 선정하되, 집단역동을 고려하여 적절한 크기로 선정할 수 있어야 한다.

통상 군 집단상담의 크기는 군 조직의 건제유지를 고려하여 대부분 분대 편성을 적용한다. 분대는 전투를 효율적으로 가능하게 하는 최소 단위의 부대라서 모든 부대는 분대 단위 활동을 강조한다. 부대의 훈련과 병영생활도 분대 단위로 이루어질 뿐만 아니라, 식사를 위해 식당으로 이동할 때도 분대 단위로 이동한다. 따라서 집단을 구성하게 될 경우에는 분대 단위로 편성하는 것이 효과적이다. 분대 편성인원은 병과마다 상이하고, 전후방 부대에 따라서 다르지만 통상 1개 분대 인원이 6~12명으로 편성되어 있어 집단상담을 진행하는 데 적합하다.

셋째, 집단의 회기와 빈도수다. 집단상담의 회기도 집단에 영향을 미친다. 회기의 길이가 짧으면 개인이 참여할 수 있는 시간이 부족해 집단원의 불만이 발생할 수 있는 반면, 회기가 너무 길면 참여의식이 약화되어 집단에 부정적인 영향을 미친다. 집단회기를 얼마나 자주 갖는가 하는 것도 집단과정에 영향을 준다. 대체로 일반 집단상담의 회기 길이는 2~3시간이 일반적이며, 회기의 주기는 주로 일주일에 1~2회기에서 최대 5회기까지 갖기도 한다.

군에서는 집단상담의 회기 길이를 2시간 이내로 하는 것이 일반적이다. 그 이유는 엄정하게 지켜져야 되는 일과시간 규정 때문이다. 군에서 실시하는 집단상담은 다른 일과와 동일하게 일과시간 규정 안에서 이루어져야 한다. 부적응 장병의 심리적 소진을 회복하는 장소인 캠프에서도 대략 2시간 정도의 회기시간을 갖는다. 군 집단상담의 회기 빈도는 일주일에 3회기 이상의 빈도를 갖지 않으나, 병영캠프에서는 입소인원과 캠프 상황에 따라 유연하게 빈도를 갖는다.

넷째, 집단상담의 시간과 장소다. 하루 중 어느 시간대에 집단모임을 하느냐에 따라서도 집단역동은 달라진다. 일반 성인으로 구성되는 일반 집단의 경우에는 통상 토요일이나 일요일 낮에 하는 경우가 많다. 평일에는 일과가 끝난 저녁에 하는 것이 일반적이다. 그러나 군의 경우에는 수요일 오전에 이루어지는 정신교육시간을 이용하는 경우가 가장 흔하다. 평일 오후 4시에 편성된 지휘관 시간을 활용하는 경우도 종종 있는데, 이는 일과시간의 종료와 함께 곧바로 이어지는 저녁식사시간 문제로 상담활동에 집중하기 어려운 단점이 있다.

집단상담이 이루어지는 장소도 집단에 영향을 준다. 집단상담 장소는 일반적으로 방음시설이 잘 갖추어진 곳이 적합하고, 집단구성원이 안전감을 느낄 수 있는 공간이 적절하다. 조명과 채광, 실내 구조물의 배열과 정돈상태, 의자 등에 따라서도 집단활동에 영향을 미친다.

군부대에서는 일반적으로 생활관에서 집단상담을 진행하는 경우가 대부분인데, 그 이유는 집단상담을 진행하기에 편리하기 때문이다. 생활관에서 하는 경우에는 그곳에 구비되어 있는 의자에 둘러앉아 진행하면 별문제가 없다. 간혹, 실내 체력단련장이나 종교시설에서 하는 경우에는 서로를 잘 알아볼 수 있도록 원형으로 둘러앉아서 하는 것이 효과적이다. 지휘관실이나 주임원사실, 사무실 등에서도 이루어지기는 하나 자주 걸려 오는 전화로 집단 흐름이 방해를 받을 수 있다.

(2) 집단원의 의식요인

집단상담의 목적 달성을 위해서는 집단원의 자격이 최소한 집단활동을 할 수 있는 능력을 갖춘 사람이어야 한다. 자율적이고 독립적인 생활을 할 수 있을 정도의 지적 수준과 정신상태 그리고 기본적인 자기관리능력을 지니고 있어야 가능하다. 군에 입대한 장병은 집단상담에 참여할 수 있는 자격과 능력을 이미 갖춘 자들이다. 정신적 요인이나 성격결함이 있는 자는 병무청에서 이루어지는 징병검사와 신병교육대 입소과정 및 자대 전입과정에 이르는 동안 다양한 식별도구로 선별된다. 집단상담이 성공하는 데 영향을 주는 의식적 요인을 살펴보면 다음과 같다.

첫째, 집단원의 참여의식이다. 집단에 참여하게 된 동기가 자발적인지 아니면 비자발적인지에 따라 집단역동에 큰 차이가 난다. 일반 집단상담에서는 집단원의 자발적인 참여가 대부분인데, 이런 경우에는 집단역동의 수준도 높게 유지된다. 그러나 군 집단상담의 경우에는 비자발적으로 집단에 참여하는 경우가 대부분이어서 집단상담에 참여하는 동기 수준이 낮은 편이다. 따라서 군 집단지도자는 집단에 참여한 장병들의 참여의식을 고취시키기 위해 집단상담을 하기 전 오리엔테이션 시간을 갖는 것이 필요하다.

둘째, 책임의식이다. 책임감은 참여의식과 함께 집단에 큰 영향을 미치는 요인으로 작용한다. 책임의식이 있는 사람은 정신적으로 건강한 사람으로 이들은 집단상담 과정에서 적극적이고 능동적으로 참여하는 경향이 있다. 외적 환경이나 상황이 변하기를 기다리지 않고 자신이 먼저 스스로 선택하고 행동하는 모습을 보이기도 한다. 집단에 참여한 장병 스스로 내린 자율적 선택과 결심은 자신의 행동에 대한 책임을 수용하여 집단과정을 촉진하는 데 기여한다.

셋째, 연대의식이다. 일반 집단상담 과정에서 집단에 영향을 주는 요소는 집단의 배경, 집단참여와 의사소통의 형태, 집단분위기, 집단행동 규준, 집단원의 사회적 관계유형, 하위집단의 형성, 지도성의 경쟁, 신뢰 수준 등이다(이형득 등, 2010). 어떤 집단에서는 집단원을 한 번 만났는데도 수년간 함께 지내 온 사람처럼 행동하는 반면, 어떤 집단에서는 같은 부대에서 오랜 기간 동안 함께 생활하면서도 대인관계 유지에 어려움을 겪기도 하는데, 이것은 유대감 혹은 연대의식이 약한 영향을 받기 때문이다.

(3) 지도자의 기술요인

집단지도자의 기술적 요인도 다음과 같이 집단과정에 영향을 미친다.

첫째, 안정되고 따뜻한 집단분위기다. 집단원이 집단 내에서 자기를 탐색하고 개방하기 위해서는 우선 집단분위기가 안정감이 있어야 한다. 집단원 상호 간 솔직한 대화를 주고받으며, 개인의 다양성 이해와 수용을 위해서 안정된 집단분위기가 요구된다. 어느 것에도 억압받지 않고 어떠한 비난도 없이 자유롭게 행동하려면 우선 집단분위기가 따뜻하고 수용적이어야 한다.

군 조직은 임무특성상 위계적 체계로 운영되기 때문에 부대분위기가 경직되어 있는 것이 사실이다. 특히, 훈련을 앞두고 있거나 상급부대의 불시검열 및 지도방문에서 지적을 받으면 그 부대의 분위기는 순식간에 가라앉는다. 군 집단지도자는 이러한 부대 상황으로 집단분위기가 침체된 경우에는 프로그램 중간중간에 집단분위기를 편안하고 안정감 있게 촉진하는 활동을 도입할 수 있어야 한다.

둘째, 집단구성원 간의 신뢰다. 집단상담 과정에서는 합리적이지 못한 언행과 인간존중의 기본적인 태도가 결여된 어떠한 모습도 배제되어야 한다. 집단원 간 신뢰감을 형성하고 집단과정이 촉진적으로 이루어져야 집단상담 성공을 기대할 수 있다. 이런 점을 고려하여 집단지도자는 집단의 신뢰 수준을 주의 깊게 살펴보고, 이를 높게 끌어올려 집단의 변화에 힘써야 한다(이형득 등, 2010).

군 집단상담 과정에서 집단원 상호 간 신뢰감을 유지하기 어려운 경우가 있다. 조직의 폐쇄성이 영향을 미치기도 하지만, 집단지도자가 평소 장병과 신뢰감을 형성하지 못하고 자주 질책을 했던 간부라면 신뢰감 형성은 더욱 어렵다. 특히, 자신을 괴롭히던 선임 병사가 집단에 함께 참여한 경우에도 신뢰감 형성이 어려워진다. 이 같은 경우, 집단에 참여한 장병은 상담과정에서 자신에게 불똥이 튀거나 잘못되지는 않을까 하는 염려와 불안감으로 심리적 안정감을 찾지 못한다.

셋째, 변화에 대한 기대다. 변화에 대한 기대는 곧 희망을 말한다. 인간은 과거에 만들어진 희생물이 아니라 스스로 변화하고 발전할 수 있는 가능성과 잠재력을 가진 존재이다. 따라서 변화에 대한 믿음과 의지가 있을 때 스스로 선택하고 결정을 내릴 수 있을 뿐만 아니라, 성장과 발전을 가져올 수 있다. 지금까지 불가능하게 여겨졌던 일들이 집단에 참여한 장병 상호 간 긴밀한 교류를 통해 새롭게 변화될 수 있는 것이다.

변화에 대한 기대는 군 적응에 어려움을 겪는 장병에게 치료적 요인으로도 작용한다. 변화에 대한 믿음을 가진 장병은 복무부적응의 어려움을 자신이 통제할 수 없는 군 환경 탓으로 돌리지 않고, 내가 변화하여 극복할 수 있다고 여길 뿐만 아니라, 굳은 의지와 용기를 갖는다.

넷째, 집단응집력 발현이다. 집단응집력은 집단원이 우리라고 하는 의식을 바탕으로 집단 내에서 적극적이고 능동적으로 일심동체가 되려는 정도를 말한다. 나는 혼자가 아니고 집단의 소중한 한 일원이라고 지각하는 것으로부터 생성되는 이러한 집단응집력은 스스로에게 희망을 갖고, 집단변화에 윤활유 역할을 제공한다. 집단분위기를 안정시키고 집단원의 피드백이 잘 이루어지도록 촉진하기까지 한다. 집단상담 과정에서 높은 수준의 집단응집력이 발현되면 다음과 같은 긍정적인 반응이 나타난다.

- 집단상담에 적극적으로 참여한다.
- 자신의 느낌을 적극적으로 개방하고 표현한다.
- 진솔하게 피드백을 교환하고 유연하게 직면한다.
- 다른 관점과 각도에서 타인을 이해하려고 노력한다.
- 적극적이고 능동적으로 집단문제를 해결하려고 노력한다.
- 집단구성원 상호 간 깊은 신뢰관계를 맺으려고 노력한다.

다섯째, 지금-여기에 초점을 맞출 때 집단상담이 성공할 수 있다. 군 집단지도자가 지금-여기가 아닌, 과거의 거기-그때에 초점을 맞춘다면 집단변화는 기대하기 어려워진다. 군 집단상담에서 지금-여기는 현재 군 생활하는 장면으로 실제 군 생활 동안 자신에게 발생된 현실적인 일과 군 복무를 이행하는 데 영향을 주는 개인의 실제적인 일을 포함한다. 군 생활에서 경험하는 대인관계, 새로운 병영문화 개선, 인간존중과 배려 등을 통해 변화를 시도하는 일이 지금-여기에 해당한다.

집단상담은 지금-여기에서 현존하는 모든 것을 그대로 이해하는 학습과정이다. 이미 지나간 것을 이해하려는 노력이나 지금이 아닌 미래의 대상은 집단상담의 조건에 부합하지 않는다. 집단에 참여한 장병은 각자의 군 생활문제를 효율적으로 해결할 수 있다는 전제 아래, 현재 자신이 어떻게 느끼고 경험하는가를 탐색하는 데 역점을 둔다. 너와 나의 느낌과 너와 나의 생각, 너와 나의 행동을 상호 간 관찰하고 분석하는 과정을 통해 진실한 피드백을 나눌 뿐만 아니라, 지금-여기에서 자기 존재에 대한 자각을 확대시키는 것이 중요하다.

(4) 집단원의 활동요인

장병을 대상으로 이루어지는 집단상담이 성공하기 위해서는 다음과 같은 몇 가지 집단원의 활동이 필요하다.

첫째, 집단역동성이다. 역동성이란 활발하게 움직이는 성질이나 특성을 말하는데, 이것은 아무 때나 나타나지 않는다. 집단원의 명확한 역할이 바탕이 될 때 형성되며, 집단원의 행동을 조정하고 촉진하는 활동이 이루어질 때 형성된다. 자발적인 집단원의 참여와 집단의 안정적인 분위기, 집단원의 상호작용도 큰 영향을 미친다.

집단지도자는 집단에 참여한 장병들이 허심탄회하게 이야기를 나눌 수 있도록 안정된 집단분위기를 조성할 수 있어야 한다. 장병들의 느낌이나 생각을 따뜻한 태도로 공감하고, 장병 상호 간 평가나 비난의 말을 하지 않으며, 집단역동성이 촉진되어야 집단상담이 성공할 수 있다.

둘째, 상호작용이다. 상호작용은 둘 이상의 사람이 서로 영향을 주고받는 방식으로 교류하는 것을 의미하는데, 군 집단상담이 생산적으로 이루어지기 위해서는 상호작용이 활발히 이루어져야 한다. 특히, 심리적인 상호작용은 집단원 사이에 공유된 정체감과 우리라는 집단의식, 소속감이 영향을 미친다.

군 집단지도자는 활발한 상호작용의 걸림돌이 무엇인지 지속적으로 탐색하여 집단상담이 성공할 수 있도록 노력해야 하는데, 그러기 위해서는 우선 집단에 참여한 장병들에게 깊은 관심을 기울여야 한다. 장병들은 자신에게 관심을 기울여 주는 것을 가장 좋아한다. 하지만 관심을 받지 못하면 말을 하지 않고 침묵하는 모습으로 일관하는 경향이 있다.

셋째, 의사소통이다. 군 집단상담은 개방적이고 허심탄회한 의사소통과 수평적 의사소통이 제대로 나타나지 않을 수 있는 환경인데, 그것은 군의 임무수행을 위해 편성된 위계조직과 상명하복의 단일체계 때문이다.

집단상담에서의 의사소통은 언어적인 방식과 비언어적인 방식으로 이루어진다. 입을 통해 표현되는 언어적 방식은 7% 정도의 영향력을 가지는 반면, 얼굴 표정이나 말의 크기, 몸짓, 자세와 같은 비언어적인 방식은 93% 정도의 영향력을 가지는 것으로 알려져 있다(Mehrabian, 1972). 이러한 연구결과는 언제 어디서나 동일하게 적용된다고는 볼 수 없으나, 비언어적인 의사소통이 매우 중요함을 일깨워주는 것임에는 분명하다.

2 군 집단상담의 과정

집단상담은 여러 과정이 복합적으로 이루어져 진행된다. 학자들은 집단상담 과정에 대해 다양한 의견을 제시하는데, 이형득(2010)은 시작단계 · 갈등단계 · 응집성 발달단계 · 생산적 단계 · 종결단계로 설명하고 있다. 이장호(2000)는 참여단계 · 과도적 단계 · 작업단계 · 종결단계 등 4단계로 구분하여 설명하고 있다. 코리(Corey, 2012)는 집단시작 전 단계 · 초기단계 · 과도기 단계 · 작업단계 · 종결단계 등으로 구분하여 설명하고 있다.

군 집단상담은 준비단계 · 작업단계 · 종결단계 등 3가지 과정으로 이루어진다

(심윤기, 2017). 이를 좀 더 자세히 살펴보면 다음과 같다.

1) 준비단계

군에서 이루어지는 집단상담은 집단역동의 흐름과 집단의 변화요인이 충분히 고려될 필요가 있다. 군 집단지도자는 상담을 시작하기 전 집단구성에 관한 몇 가지 사항을 기본적으로 준비하는데, 그것은 집단목표를 구체적으로 수립하고 집단목표 달성에 적합한 집단의 크기와 상담회기, 집단의 지속기간 등을 미리 정하는 것이다. 집단상담을 실시하기 전 사전교육을 통해 상담에 대한 잘못된 기대를 바르게 인식토록 하고, 상담동기를 높이는 작업도 한다. 군 집단상담의 준비단계에서 이루어지는 주요 활동은 다음과 같다.

(1) 집단 구성

집단상담이 이루어지기 전 준비할 사항은 집단을 미리 구성하는 것이다. 집단의 형태는 구조화 집단과 비구조화 집단, 반구조화 집단으로 구성할 수 있는데, 상황과 여건에 따라 동질집단과 이질집단으로 구성하기도 한다. 집단구성을 어느 형태로 하느냐의 문제는 각 형태마다 장단점이 있으므로 상황에 맞게 선택한다. 대대급 부대에서는 대대 내 소속이 다른 장병을 대상으로 집단을 구성하되, 계급을 고려하지 않고 편성하는 것이 효과적이다. 군 집단을 구성하는 예를 소개하면 다음과 같다.

- 특정 계급별로 편성한다(예: 이병, 일병, 상병, 병장 등).
- 계급이 혼합된 집단으로 편성한다(예: 장교, 부사관, 병사 등).
- 특정 직책별로 편성한다(예: 분대장, 부분대장, 소총수 등).
- 특정 주특기로 편성한다(예: 운전병, 행정병, 지뢰병 등).
- 소속 부대별 특정 분대원으로 편성한다(예: 각 소대 1분대 5번 소총수).
- 특정 임무수행 장병들로 편성한다(예: 해외파병준비 장병, 국군의날 행사 지원병 등)

① 동질집단과 이질집단

동질집단은 비슷한 특성을 가진 자들로 구성한 집단을 말한다. 병사의 계급 중 어느 한 계급으로만 구성한 집단 내지 여군으로만 구성한 집단이 이에 해당한다. 동질집단은 집단에 참여한 동료 장병 간 갈등이 적고, 서로에게 지지적인 위치에 있어 집단응집력이 빨리 형성되는 특징이 있다. 자기와 비슷한 동료들이 있음을 알고 안심되어 긴장감을 덜 느끼는 반면, 서로 주고받는 피드백과 상호작용은 피상적으로 이루어져 행동변화와 성장에 방해가 될 수 있다.

이질집단은 다양한 특성을 가진 자들로 구성한 집단을 말한다. 군에서는 일반인과 병사를 구분 없이 혼합하여 구성한 집단을 일컫는다. 이질집단의 장점은 이질적인 특성으로 그 차이점을 이해하려고 노력하는 과정에서 다양한 상호작용을 경험할 수 있는 반면, 집단에 참여한 선임의 눈치가 보여 자신을 솔직하게 개방하기가 제한되며, 그로 인해 집단역동이 제대로 나타나지 않을 수 있다.

② 개방집단과 폐쇄집단

개방집단은 집단상담이 진행되는 과정에서 집단에 참여하기를 희망하는 자가 나타나면 이를 받아들이는 집단을 말한다. 개방집단은 처음부터 집단의 크기를 작게 구성하여 출발하며, 중간에 집단원이 이탈하면 자리를 메우는 집단의 형태다. 군 집단상담은 대부분 개방집단으로 구성하는데, 그 이유는 부대 특성상 불시에 이루어지는 검열이나 지도방문 등으로 집단에 참여한 장병이 자리를 비우거나 뒤늦게 합류하는 일이 자주 발생하기 때문이다.

일부 장병이 도중에 집단을 이탈할 경우에는 집단의 크기가 작아 집단의 상호작용이 위축될 가능성이 있다. 그렇지만 결원된 집단원이 충원되었다고 해서 긍정적인 측면만 있는 것은 아니다. 휴가를 보낸 후 부대에 복귀한 장병이 새롭게 집단에 들어오는 경우, 기존 집단에 참여한 장병과의 상호작용이나 의사소통, 수용, 지지 등이 부족해 집단역동의 흐름에 방해를 받을 수 있다.

한편, 폐쇄집단은 상담이 시작될 때 참여했던 사람들만을 대상으로 끝까지 상담을 진행하는 집단형태다. 그래서 폐쇄집단은 상담과정에서 이탈자가 생겨도 새로운 사람을 채워 넣지 않는다. 군의 경우에는 주로 캠프에서 폐쇄집단을 운영하는데, 캠프에서는 오직 캠프에 입소한 장병만을 대상으로 상담활동이 이루어진다. 그 결과, 일상적인 부대업무에서 열외되고, 캠프 입소기간이 끝날 때까지 캠프에서 이루어지는 활동에만 집중할 수 있다. 이러한 폐쇄집단은 정해진 인원과 시간을 미리 정해 놓고 이루어져 집단의 안정성 수준이 개방집단에 비해 높으며, 집단에 참여한 장병들 간 상호교류가 활발히 이루어지는 장점이 있다.

③ 구조화집단과 비(반)구조화집단

일반적으로 군은 구조화된 집단을 운영한다. 명령과 복종, 위계체계를 중요하게 여기는 조직 특수성으로 장병들의 자발적이고 자유로운 의사소통을 기대하기 어렵기 때문이다. 하지만 상황에 따라 비구조화나 반구조화 집단을 구성하여 운영하는 경우도 있다. 구조화 집단은 집단지도자가 집단의 목표와 과정을 정해 놓은 후 사전 계획된 프로그램을 미리 제시하고, 지도자 주도하에 집단을 진행시키는 형태로서 집단의 목표와 기대효과를 정확히 주지시키고 진행한다.

반면, 비구조화 집단은 집단의 목표, 과제, 활동방법을 미리 정해 놓지 않고 집단 스스로 정해 나가는 형태를 말한다. 이러한 이유로 비구조화 집단은 집단에 참여한 장병들의 자발성이 중요하게 요구된다. 집단의 심리적 관계를 중요한 작업대상으로 삼으며, 집단에 참여한 장병의 관계를 분석하고, 장병 개인의 갈등과 장병 상호 간 갈등을 해결하는 것을 주요 목표로 삼는다.

한편, 반구조화집단은 구조화집단과 비구조화집단을 혼용한 집단형태를 말하는데, 통상 군에서는 잘 활용하지 않는다.

(2) 집단의 크기와 시간, 장소

집단의 규모를 얼마의 크기로 할 것인가 하는 것은 중요하다. 집단의 규모가 너무 작으면 집단원의 상호작용이 잘 나타나지 않을 수 있다. 침묵을 유지한다든지 혹은 집단과정에서 뒤로 머물러 있다든지 하여 집단역동이 일어나지 않을 수 있다. 그렇다고 해서 집단참여에 대한 압력을 가하면 집단분위기는 경직되어 오히려 상담이 실패로 돌아갈 가능성이 커진다.

반면, 집단 규모가 너무 커도 집단활동에 바람직하지 않다. 집단이 크면 집단에 참여한 장병들 중 일부는 상담활동에 참여할 기회를 얻지 못할 뿐만 아니라, 집단지도자가 각 장병에게 적절한 주의와 관심을 기울이지 못한다. 집단 규모를 결정하기 위해서는 집단이 추구하는 가치와 목표가 고려되어야 한다. 통상 군 집단의 크기는 분대 규모 혹은 10명 이내로 구성하는 것이 일반적이다.

군대는 전투편성표 단위로 부대가 운영되는 점을 고려하여 집단의 규모를 결정한다. 군에서 이루어지는 집단상담은 전투력 향상을 목적으로 하기 때문에 반 또는 분대 규모로 구성하는 것이 효과적이다. 병과 및 부대 유형에 따라 반 및 분대 규모가 상이하게 편성되는 것을 고려하면 6~12명으로 구성하는 것이 적절하다(심윤기 등, 2017).

집단상담의 진행시간은 실시하는 프로그램에 따라 다를 수 있으나 기본적으로 일과시간 규정을 고려할 때 60분이 적당하다. 국방부의 일과시간 기준은 오전 9시에서 오후 5시까지로 명확하게 규정되어 있으며, 표준일과 시간이 한 시간 단위로 운영되도록 규정되어 있다. 그러나 집단에 참여한 장병의 수와 집단상담의 참여 횟수, 성숙도, 부대의 당면과제와 상황에 따라 일부 상담시간이 달라지기도 한다.

군 집단지도자는 이런 점을 고려하여 집단상담의 시간을 적절하게 편성할 수 있어야 한다. 집단상담의 시작과 종결하는 시간도 지켜져야 한다. 집단상담을 연속적으로 실시하는 경우에는 회기마다 소요되는 시간을 집단에 참여한 장병들에게 자세히 알려 주고, 종결 예정시간도 미리 알려 주는 것이 좋다.

군 집단지도자는 집단상담이 이루어지는 장소를 미리 정하는데, 그 장소는 외부로부터 상담이 방해받지 않는 곳으로 선정하는 것이 중요하다. 통상 집단상담은 병영생활관에서 실시하는데 생활관이 아닌 별도의 장소에서 하게 된다면 집단에 참여한 장병들이 편안하게 느낄 수 있고, 시끄럽지 않은 곳으로 선정한다. 간부연구실이나 종교시설, 체육시설 등도 집단상담 장소로 활용이 가능하나 상담장소 주변에서 소음이 발생하지 않도록 주의사항을 공지한다. 상담을 하고 있는 시설의 출입문에 상담이 진행되고 있다는 별도의 표시를 해 두어 상담이 방해받지 않도록 조치한다.

상담을 시작하기 전 집단에 참여할 장병을 대상으로 상담동기를 부여하는 일도 중요하다. 집단상담이 이루어지기 전 실시하는 오리엔테이션은 지휘관 시간을 활용하는 것이 바람직한데, 오리엔테이션은 상담에 대한 비현실적인 기대와 불안을 줄여 줄 뿐만 아니라, 적극적이고 능동적인 자세로 상담에 참여할 수 있도록 도와준다. 따라서 이때는 집단상담의 의미와 필요성, 집단규칙, 집단원의 역할과 집단과정 등을 자세히 설명하고, 집단상담을 통해 얻을 수 있는 성과를 알려 준다. 상담이 이루어지는 장소와 시간, 회기, 전체 기간 등 집단운영과 관련된 정보도 자세하게 제공한다.

2) 작업단계

군 집단상담의 작업단계는 일반 집단상담과 별반 다르지 않다. 집단의 변화와 발달을 집중적으로 다루는데 시작과정 · 참여과정 · 해결과정으로 이루어진다.

〈표 4-2〉 군 집단상담의 작업단계

구분	내용
시작과정	집단참여 장병들 간 친밀하고 신뢰할 수 있는 관계 형성
참여과정	집단참여 장병들의 저항과 갈등을 처리하고 응집성 발달
해결과정	각자 당면한 다양한 개인문제 해결과 부대목표 달성

(1) 시작과정

군 집단상담이 출발하면 집단에 참여한 장병들 간 서로 탐색이 이루어진다. 집단원 중에는 집단에서 자신이 어떻게 행동해야 하는지를 잘 몰라 불안을 느낄 수 있으며, 집단에서 자신의 역할과 위치를 파악하려고 노력한다. 불안한 심리상태에서 벗어나려고 침묵을 유지하기도 하고, 뒤로 물러나 관망하는 자세를 취하여 집단분위기가 가라앉을 수 있다. 그래서 집단지도자는 집단활동을 시작하는 과정에서 집단분위기를 안정되게 조성하고 예기불안을 제거하며, 집단에 참여한 장병들 간 신뢰감을 형성하도록 조력하는 것이 중요하다.

집단지도자는 집단에 참여한 장병들이 자신의 심리적 문제를 해결하고 활기찬 병영생활을 위한 집단활동에 적극적으로 동참하는 참여의식이 고취되도록 안내자 역할을 한다. 집단에 참여한 장병들 간 친밀하고 지지적인 관계를 유지하도록 하고, 존중과 배려를 경험하는 집단이 되도록 조력한다. 집단활동이 시작하는 과정에서 집단지도자의 역할은 다음과 같다.

〈표 4-3〉 군 집단지도자의 역할

① 집단에 참여한 장병 소개
② 예기불안에 대한 집단지도자의 자기노출 시연
③ 집단의 구조화
- 집단의 성격과 목적, 상담절차, 각자의 역할, 지켜야 할 규칙 등 설명
④ 행동목표 설정
- 집단발달에 도움이 되는 목표(예: 경청하기, 공감하기 등)
- 개인이 도움을 받고자 하는 목표(예: 대인관계 / 의사소통기술 등)

(2) 참여과정

참여과정은 문제해결로 넘어가는 중간과정이다. 시작과정에서 비교적 편안하게 장병들의 소개와 집단의 구조화가 이루어졌다면, 이제부터는 문제를 해결하기 위한 활동이 본격적으로 이루어지며, 집단의 관심과 상호작용의 초점이 개인에게로 옮겨진다. 특히, 이 과정에서는 군 조직의 특성상 하급자를 평가하거나 비난, 충고, 저항, 방어, 침묵하는 모습이 나타나며, 군에 대한 불평불만이 표출되고, 계급이 높은 선임 병사들 사이에서 언쟁이 벌어지기도 한다. 이 같은 이유에서 집단에 참여한 계급이 낮은 장병은 심적 부담이 생겨 집단활동에 적극적인 참여를 주저하는 경향이 있다.

그러므로 군 집단상담 참여과정에서는 집단분위기를 따뜻하고 안정되게 조성하

고, 장병들의 상호작용이 활발히 나타나도록 촉진하는 것이 무엇보다 중요하다. 장병들의 느낌과 생각을 서로 부담 없이 공유하고, 어떤 말을 해도 이해와 수용이 가능한 집단이라는 믿음을 주어야 한다. 집단참여 장병들 간 서로 온정적이고 긍정적이며 수용적인 태도로 대하며, 적극적인 격려와 지지의 모습을 보일 수 있어야 한다.

집단에 참여한 장병 상호 간 신뢰감이 결여되면 집단의 상호작용이 피상적으로 이루어져 깊이 있는 자기개방이 나타나지 않을 수 있다. 그러므로 집단지도자는 집단참여 장병들이 서로 깊이 있는 상호작용을 통해 집단역동이 일어나도록 촉진자 역할에 관심을 기울여야 한다. 참여과정에서 군 집단지도자의 역할은 다음과 같다.

〈표 4-4〉 군 집단지도자의 역할

① 집단에 대한 피동적 행동 처리: 집단활동의 책임과 역할을 장병에게 인식시킨다.
② 개인문제 해결에 대한 저항 처리: 침묵, 충고, 독점, 피상적 행동을 제거한다.
③ 반항적인 행동, 힘겨루기, 경쟁 처리: 부정적 감정표출 억제와 따뜻한 직면을 한다.
④ 장병 행동변화 촉진: 깊은 상호작용, 우리의식, 소속감을 발달시킨다.

(3) 해결과정

해결과정은 집단활동에서 무척 중요한데, 그 이유는 집단상담의 궁극적인 목적인 행동변화를 촉진하는 단계가 되기 때문이다. 시작과정과 참여과정에서 장병 상호 간 신뢰감을 형성하고 갈등이 해결되면 이제는 개인 각자의 문제를 드러내 놓고 피드백을 주고받는다. 바람직하지 않은 군 생활패턴을 버리고 보다 생산적인 병영생활행동을 학습하고, 자기노출과 감정정화, 비효과적인 행동패턴의 취급, 바람직한 대안행동을 다룬다.

자기노출과 감정정화는 집단에 참여한 어느 한 장병이 자신의 부적응문제를 노출하는 것으로부터 시작할 수 있다. 이때 다른 장병은 공감과 자기노출로 그 문제와 관련된 여러 감정적인 어려움을 토로한다. 비효율적인 행동패턴 취급은 적극적으로 군 생활을 회피하는 부적응적인 병영생활 패턴을 탐색하고 다루는 것을 말한다. 바람직한 대안행동의 취급은 자기의 비효율적인 군 생활패턴을 깨달은 후, 생산적이고 바람직한 병영생활 대안행동을 학습하는 과정으로 이루어진다. 해결 과정에서 집단지도자의 역할은 다음과 같다.

〈표 4-5〉 군 집단지도자의 역할

① 장병의 자기노출과 감정의 정화 – 부정적 감정을 표출할 수 있도록 지도자의 유사 경험 노출 – 적절한 공감과 지지로 집단에서 이해받고 수용되고 있음을 경험 ② 역기능적 병영생활 행동패턴을 탐색하고 이해, 수용하는 작업 – 효과적인 피드백과 맞닥뜨림으로 자신의 비합리적 행동패턴 지각 – 병영생활 행동패턴과 집단 내에서 나타난 행동패턴 연결 ③ 바람직한 군 생활 대안행동 탐색과 선택 및 학습 – 브레인스토밍을 활용한 자유로운 대안 제시 – 학습과제 선정 및 학습, 역할놀이, 반복연습으로 대안행동 실천

3) 종결단계

(1) 주요 과업

상담목표가 달성되면 집단상담은 종결한다. 종결과정이 잘 다루어지지 않으면 상담에 대한 부정적 감정을 지닌 채 집단을 떠날 가능성이 있다(이형득 등, 2010). 집단상담 과정에서 학습한 것을 실제 병영생활에 적용하는 데에도 지장을 초래할 수 있어, 상담종결이 가까워지면 종결에 대한 느낌과 소감을 서로 이야기하도록 한다.

장병 스스로 학습한 결과를 정리하고 이를 실천하겠다는 의지와 희망을 담은 이야기를 서로 나누는 시간을 갖는다. 자신을 깊이 이해할 수 있었던 것처럼 동료들을 보다 깊이 이해하고 수용하며 군 생활을 해야겠다는 다짐을 한다. 집단상담을 통해 배우고 경험한 것을 남은 군 생활에 적극 적용하겠다는 의지를 나눈다.

집단상담의 종결단계에서 장병의 역할은 학습한 것을 실제 병영생활에 적용하기 위한 준비를 하는 것이다. 군 생활 중 일어난 대인관계의 문제이건 아니면 개인의 문제이건 간에 해결하지 못한 일이 있다면 이를 마무리한다. 집단이 자신에게 미친 영향을 평가하고, 자기가 원하는 행동변화를 위해 어떻게 할 것인지에 대한 계획을 세운다. 그동안 집단상담을 통해 어떠한 것을 경험하였으며, 그러한 경험에 대한 각자의 느낌이 어떠하였는지도 자유롭게 토의한다.

이러한 시간을 통해 장병들은 보다 현실적으로 자기 자신을 더 이해하고, 자신의 감정을 지각할 수 있는 능력을 갖게 된다. 집단상담의 종결과업은 집단원의 감정 다루기, 집단상담의 효과 검토, 집단원들의 피드백 주고받기, 미해결과제 다루기, 작별 인사 등이 주로 이루어진다.

집단상담의 종결은 집단 밖에서 새로운 삶의 시작을 의미하는 것이므로 학습한 대안행동을 남은 군 생활에 적극적으로 실천하는 데 있다. 따라서 이 단계에서는 집단경험에 대한 긍정적인 느낌과 집단 밖에서 새로이 시도할 행동에 대한 의지와 희망을 갖고, 그동안 배웠던 것을 실제 군 생활에 어떻게 접목시킬 것인가에 대한 방법을 서로 허심탄회하게 나눈다.

종결과제로는 그동안 이루어진 학습 결과를 정리하고 통합하는 것을 우선한다. 새로운 관점에서 집단경험의 의미를 찾고, 변화된 관점의 틀을 갖는 것에 초점을 둔다. 만일 이 단계가 적절히 이루어지지 못하면 그동안 학습한 것을 활용하는 데 지장을 줄 뿐만 아니라, 집단상담에 대한 부정적인 생각을 지닌 채 집단을 떠나게 된다.

(2) 평가

집단상담의 평가는 상담목표가 얼마나 달성되었는지를 알아보고, 이를 차기 상담에 활용하기 위해서 이루어지는 활동이다. 집단에 참여한 장병이 집단과정을 어떻게 느꼈는지 이에 대한 의견을 종합하고 정리해 놓아야 다음 상담에 활용할 수 있을 뿐만 아니라, 여러 가지 집단과정에서 나타난 문제점을 보다 효율적으로 개선할 수 있다. 집단상담의 평가는 상담의 모든 단계에서 실시하지만 종결단계에서 집중적으로 이루어진다. 집단에 참여한 장병의 태도, 갈등, 저항, 집단응집성, 집단생산성 등을 주로 평가한다(한국군상담학회, 2009).

① 집단참여태도 평가

집단지도자는 집단에 참여한 장병의 집단참여태도를 평가하는데, 그것은 다음 상담에서 어떤 전략으로 개입할 것인가를 판단하기 위해서다. 장병들의 집단활동 중 어느 측면이 활발하게 이루어졌고, 어느 장면에서 비활동적이었는지 등이 평가되어야 차기 상담에서 어떻게 개입할 것인지 그에 대한 전략을 세울 수 있다. 집단에 참여한 장병의 태도를 평가하는 내용은 주로 다음과 같다.

- 집단과정에 적극적으로 참여하였는가?
- 서로 의견을 자유롭게 제시하고 받아들였는가?
- 서로의 느낌을 얘기하고 서로 공감하며 경청하였는가?
- 각자의 진실한 모습을 개방하려고 노력하였는가?
- 허용된 분위기 속에서 신뢰와 전우애를 느꼈는가?
- 자유가 보장되고 개인의 인격이 존중되었는가?

② 집단응집성 평가

집단응집성에 대한 평가는 주로 다음과 같은 내용으로 이루어진다.

- 집단에 참여한 장병 간 배려심이 있었는가?
- 집단에 참여한 장병 간 일체감이 있었는가?
- 집단에 참여한 장병들이 서로 신뢰하였는가?
- 집단에 참여한 장병 간 교류가 활발하였는가?
- 지금-여기의 활동에 충실하였는가?

③ 갈등과 저항 평가

집단과정에 일어나는 갈등을 어떻게 인식하고 처리하였는가에 대한 평가는 다음 회기에 이루어지는 상담에 중요한 영향을 미친다. 갈등이 무엇으로부터 야기되었는지, 갈등을 해결하기 위해서 어떻게 개입하였는지에 대해 평가한다. 저항은 집단상담을 진행하는 과정에서 나타나는 피할 수 없는 현상이다. 하지만 이러한 저항을 탐색하지 못하면 집단상담이 실패로 돌아갈 가능성이 크다. 집단상담 종결단계에서 평가되어야 할 갈등과 저항요소는 다음과 같다.

- 장난과 농담: 상담과 관련 없는 이야기나 지나친 장난과 농담을 하였는가?
- 공격: 감정을 상하게 하고, 약점을 이용하는 행위가 있었는가?
- 충고: 자신은 우월하고 타인은 열등하다는 메시지를 전달하는 행위가 있었는가?
- 지시: 자신도 실천하지 못하면서 타인에게 강요하는 행위가 있었는가?
- 독점: 대화 중에 자주 끼어들거나 관심을 혼자 받고자 하는 행위가 있었는가?
- 불필요한 질문: 상담과 관련 없는 질문을 자주 하는 행위가 있었는가?

④ 집단생산성 평가

집단생산성을 평가하는 항목은 주로 다음과 같다.

- 비효율적이고 역기능적인 행동에 대해 자기노출을 하였는가?
- 장병의 비합리적인 행동에 대해 피드백이 이루어졌는가?
- 비효율적인 행동패턴에 대해 자기수용을 하였는가?
- 대안적인 행동이 적절하게 선정되었는가?
- 행동변화를 위한 연습은 이루어졌는가?
- 변화를 위한 행동실천을 하였는가?

3 군 집단원의 역할

군 집단지도자의 역할은 집단상담이 생산적이고 성공적으로 이루어지는 데 중요한 위치를 차지한다. 그렇다고 일반 집단상담자의 역할과 상이하거나 특별히 요구되는 사항이 별도로 존재하는 것은 아니다. 군 집단목적과 집단의 형태, 지도자의 철학, 적용하는 이론에 따라 그 역할이 일부 달라질 수는 있으나, 기본적으로 일반 집단상담에서 강조하는 내용은 동일하다.

1) 군 집단지도자의 문제행동

(1) 지나친 개입

군 집단지도자가 흔히 범하기 쉬운 문제행동은 집단과정에 너무 과도하게 개입하는 것이다. 이는 집단에 참여한 장병의 대화에 일일이 반응해야 집단역동이 일어날 것이라고 착각해서 나타나는 행동이다. 그러나 집단역동은 참여 장병 간 상호작용에서 발현되는 것이지, 집단지도자가 개입한다고 나타나는 것이 아니다. 오히려 집단지도자의 지나친 개입은 집단역동의 흐름을 막고 저해한다.

어느 특정한 장병이 말을 할 때 계속해서 그에 대한 반응을 보이는 행동도 지양되어야 한다. 집단에 참여한 어느 한 장병과 계속적으로 대화를 주고받거나 지속적인 반응을 보이는 것도 피한다. 집단지도자는 한 개인의 행동에 일일이 반응을 하기보다는 집단에 참여한 다른 장병의 반응이 나타날 때까지 기다린 후, 적절한 시기에 개입하는 것이 바람직하다.

(2) 방어적 태도

군 집단지도자가 흔히 범하기 쉬운 또 다른 문제행동은 방어적 태도다. 집단과정에서 집단원의 비판적인 태도와 평가, 부정적인 반응이 나타나면 집단지도자는 방어적 태도를 취하기 쉽다. 예를 들어, 구조화된 집단상담을 할 경우, 자율성을 구속한다고 불평하며 지도자의 지시에 저항할 수 있다. 비구조화의 방식을 운영하는 경우에는 집단의 방향을 제시해 주지 않아 복잡하고 혼란하다고 불평하며 상담활동에 소극적으로 임할 수 있다.

이러한 경우 집단지도자는 방어적 태도를 취하기보다는 비판적인 태도나 부정적인 반응을 보이는 장병을 오히려 따뜻하게 대할 수 있어야 한다. 집단에 참여한 장병이 부정적이고 저항적인 태도를 표출하더라도 집단지도자는 이를 효율적으로 활용하는 방안을 모색하고 활용할 수 있어야 한다. 만약, 집단지도자가 장병의 반응을 과민하게 받아들여 방어적 태도를 취한다면, 집단에 참여한 장병들 역시 방어적인 태도를 취하여 상담목표 달성이 어려워질 수 있다.

(3) 폐쇄적 태도

폐쇄적 태도란 집단상담 과정에서 개인의 사적 내용에 대한 노출을 최소화하는 경향을 말한다. 군 집단지도자가 범하기 쉬운 문제행동은 바로 이러한 폐쇄적인 태도다. 집단지도자의 폐쇄적 태도와 낮은 자기개방 수준은 장병의 상호작용에 영향을 주어 장병들의 의사소통을 저해하고 집단역동을 가로막는다.

군 집단지도자가 폐쇄적 태도를 갖는 이유는 자신의 이미지를 손상시키지 않고 불편한 상황에 놓이는 것을 원하지 않기 때문이며, 집단지도자에 대한 사적 내용의 자기개방이 집단목표 달성을 가로막는다고 여기기 때문이다. 그러나 집단지도자의 적절한 자기개방은 오히려 집단역동을 촉진한다. 그러므로 군 집단지도자는 자신을 언제, 얼마나 노출할 것인가를 숙고하여 적절한 자기개방이 이루어지도록 힘써야 한다.

(4) 과도한 자기개방

군 집단지도자의 또 다른 문제행동은 과도한 자기개방이다. 자기개방을 지나치게 많이 하는 집단지도자는 자기개방을 많이 할수록 상담에 긍정적인 영향을 준다는 신념을 갖고 있다. 이러한 집단지도자는 자신의 세세한 일상을 털어놓는 데 많은 시간을 할애하며, 심지어 노출이 불필요한 사적인 내용까지도 개방함으로써 집단이 나아가야 할 방향을 혼란스럽게 만들기도 한다.

이러한 과도한 자기개방은 집단지도자가 지도자로서의 역할과 태도를 보여 주는 것이 아니라, 집단원의 한 일원으로 착각해서 일어나며, 집단지도자와 집단원의 역할을 제대로 인식하지 못해 나타나는 현상이다. 군 집단지도자는 역할과 태도에서 집단원인 장병과 엄격히 구분하여 장병 간 상호작용이 원활하게 발현되도록 안내하고, 집단이 나아갈 방향을 잘 유지할 수 있어야 한다.

2) 군 집단지도자의 역할

군 집단지도자는 집단에 참여한 장병과 위계적인 상하관계에 있는 것이 아니다. 동등한 인간의 위치에서 수평적인 관계에 있음을 인식하고 안내자 역할을 충실히 수행하는 자다. 집단에 참여한 장병을 공감하고 이해하며, 적극적인 경청과 피드백을 통해 정서적 체험을 조력한다. 집단에 참여한 장병의 심리적 고통과 부적응의 원인을 깨닫도록 온 역량을 집중하며, 집단상담 전체 과정을 생산성 있게 중재하고, 상담프로그램이 조직목표를 달성하도록 촉진하는 역할을 한다(심윤기 등, 2017). 이 외에도 군 집단지도자가 관심을 두어야 할 역할은 다음과 같다.

첫째, 집단에 참여한 장병들이 편안하고 자유롭게 자기개방을 할 수 있도록 조력한다. 장병들의 긍정적인 측면에 관심을 지향하고 장병들의 심리적 특성을 이해하며, 이를 바탕으로 자발성이 발현되도록 한다. 또한, 어떤 집단이든 집단의 역동적인 감정 교류가 있기 마련인데, 이를 세밀하게 감지하여 적극 활용한다.

둘째, 집단상담 과정에서 장병의 저항을 최소화한다. 저항에 대하여 불필요하게 언급하거나 추궁하지 않고, 저항 자체를 존중하여 집단역동에 지장을 주지 않도록 한다. 뿐만 아니라, 집단참여 장병을 평가하는 태도를 취하지 않는다. 정의적인 영역의 문제는 정답과 오답이 없다는 사실을 인식하고, 장병을 훈계하거나 지시하지 않도록 한다.

셋째, 집단상담에 적극적으로 참여하지 않는 장병을 보면 그의 권리를 존중하는 태도를 취한다. 개인의 심리적인 문제로 집단활동에 적극적으로 참여하지 않고, 자기 차례를 통과시키거나 침묵하는 경우가 있더라도 끈기와 기다림으로 그 자체를 수용하고 존중한다. 그러나 집단상담 자체를 고의적으로 방해하기 위한 목적으로 침묵하거나 저항하는 경우에는 이를 지나쳐서는 안 되며, 분명한 직면을 통해 개선되도록 조력할 수 있어야 한다. 군 집단지도자가 지녀야 할 바람직한 태도는 다음과 같다.

〈표 4-6〉 군 집단지도자의 태도

- 장병을 있는 그대로 인정하고 수용한다.
- 장병의 생각을 그릇된 것으로 보는 확증편향의 시각을 갖지 않는다.
- 장병의 실수, 과오를 꾸짖거나 추궁하지 않고 반응 자체를 존중한다.
- 장병을 이끈다는 생각을 하지 않으며, 자기방식만을 요구하지 않는다.
- 장병 간 서로 격의 없이 대화할 수 있도록 신뢰감을 준다.
- 참여 장병에게 개인의 종교적 성향을 표출하지 않는다.
- 장병을 부드럽게 대하며 좋은 상담분위기 조성에 힘쓴다.

(1) 집단분위기 조성자

군 집단지도자는 집단분위기를 조성하는 자다. 집단분위기를 조성한다는 의미는 집단원의 불안과 갈등을 허심탄회하게 털어놓을 수 있는 허용되고 안정된 환경을 만드는 것을 의미한다. 이는 집단에 참여한 장병들이 심리적 안정감을 느낄 수 있도록 하기 위함이다. 군 집단은 위계적 문화의 특수성으로 마음속에 있는 이야기를 꺼내 솔직하게 나누기가 어렵다. 그러므로 집단상담이 성공하기 위해서는 우선 집단분위기를 따뜻하고 안정되게 조성하는 것이 필요하다.

군 간부가 집단지도자 역할을 하게 되면 권위주의적인 모습을 보이지 말아야 하고, 계급과 직책을 이용하는 것은 결코 바람직하지 않다. 집단에 참여한 장병을 따뜻하게 인간적인 모습으로 대하고, 장병의 생각과 의견을 존중하는 자세를 보일 때 집단활동은 성공적으로 이루어질 수 있다.

(2) 집단원 보호자

군 집단상담은 평소 위계적인 부대환경의 영향으로 공격적인 태도와 침묵이 공존하는 특성이 있다. 상담에는 참여하지만 집단의 압력이 느껴지면 자신을 개방하는 것이 부담되어 침묵을 유지한다. 뿐만 아니라, 군 생활에 대한 위협이 느껴지면 집단분위기는 무겁게 내려앉아 상호작용이 형식적으로 나타나기도 한다.

따라서 군 집단지도자는 무엇보다 집단에 참여한 장병을 심신의 위협으로부터 보호할 수 있어야 한다. 집단상담 과정에서 인간적이지 못한 언행과 인간존중의 태도가 결여된 어떠한 형태의 모습도 나타나지 않도록 조력하며, 다른 동료로부터 어떠한 부당한 압력이나 위협을 받지 않도록 보호자 역할을 충실히 수행할 수 있어야 한다.

(3) 집단방향 안내자

군 집단지도자는 집단상담의 준비단계에서 사전 오리엔테이션을 통해 상담의 목적과 상담절차, 내용, 방법 등을 장병들에게 자세히 설명한다. 집단상담 초기에는 부대목표와 장병의 개인목표를 동시에 달성할 수 있도록 집단이 나아가야 할 방향을 안내한다. 집단의 방향이 잘 유지되도록 여러 가지 적절한 시범은 보여 그것이 집단규준으로 활용되도록 하고, 집단규준에서 벗어나는 행동을 보이는 장병에게는 그릇된 행동을 분명히 개선하여 집단이 나아가고자 하는 방향이 견고히 유지되도록 조력한다.

군 집단상담은 국가에 대한 충성과 전투력 향상 및 장병의 개인적 목표를 성취하는 데 목표를 두고 이루어진다. 그러나 집단의 방향을 잘못 설정하면 장병들 간 원활한 의사소통이나 상호작용이 나타나지 않아 상담목표 달성이 어려워질 수 있다.

(4) 집단활동 촉진자

집단상담에서 중요한 조건은 바람직한 의사소통체제를 확립하는 것이다(이형득 외, 2010). 이를 위해 집단지도자는 의사소통의 걸림돌을 사전에 제거하여 원활한 상호작용이 이루어지도록 한다. 장병 상호 간 지지와 격려, 따뜻한 피드백을 통해 신뢰감을 형성하고, 장병의 비언어적 메시지를 표면화시켜 자기각성과 상호 간의 이해를 도모하는 등 상호작용 촉진자로서의 역할을 수행한다.

군 집단지도자는 집단에서 일어나는 역동을 빨리 감지하여 이를 생산적인 방향으로 촉진되도록 조력한다. 집단지도자가 집단역동을 감지하고 촉진하기 위해서는 집단에 참여한 장병들 간 주고받는 대화 내용과 함께 비언어적 행동에 주의를 기울이고, 집단원의 참여의식이 고취되도록 조력한다.

(5) 문제해결 조력자

군 집단상담은 지금-여기에 현존하는 모든 것을 그대로 이해하는 학습과정이다. 입대하기 전의 문제를 다룬다거나 지금의 복무상황이 아닌 과거의 문제를 다루는 것은 집단상담의 조건에서 배제된다. 집단에 참여한 장병은 각자의 병영생활에서 겪는 여러 가지 쟁점을 상담 장소로 가져와 문제를 해결할 수 있어야 한다. 그러기 위해서는 너와 나의 느낌, 너와 나의 생각, 너와 나의 행동을 동료 장병 상호 간 관찰하고, 이에 대한 피드백을 통해 개인의 문제를 스스로 깨닫고 해결할 수 있어야 한다.

여성 병영생활전문상담관이 진행하는 집단상담의 경우에는 간혹 집단에 참여한 장병들이 졸거나 장난치는 일이 발생한다. 상담수련이 부족한 군 간부가 집단과정을 진행하면 틀에 박힌 프로그램을 적용하여 참여의식이 낮아지는 경우도 발생한다. 이러한 모습은 집단에 참여한 장병들의 상호작용을 저해하고 집단역동을 가로막아 문제해결을 어렵게 한다. 따라서 집단활동이 수동적이고 타의적이며 획일적으로 이루어지지 않고, 자발적이고 능동적으로 이루어져 문제해결에 도움이 될 수 있어야 한다.

3) 집단참여 장병의 문제행동

군 집단상담이 이루어지는 과정에서는 상호작용을 방해하고 집단활동을 회피하며, 개인의 욕구충족을 위한 바람직하지 않은 모습들이 나타날 수 있다. 집단활동에 적극적으로 참여하지 않는다거나 하급자 공격하기, 충고하기, 자기방어하기 등의 모습도 나타난다. 군 집단지도자는 상담에 방해되는 이러한 행동을 적절히 지도할 수 있어야 상담목표 달성이 가능하다(심윤기 등, 2017). 집단에 참여한 장병에게서 나타나는 문제행동을 살펴보면 다음과 같다.

(1) 역동성 저해행동

① 독점

독점은 주위로부터 자신이 초점이 되고 싶어 하는 욕구를 가진 장병에게서 주로 나타나는 행동이다. 동료나 집단지도자의 관심을 자신에게 돌리려고 지나치게 말을 많이 하는 특징을 보인다. 자신의 불안을 은폐하고 자신이 지닌 문제에 집단원이나 집단지도자의 접근을 멀리하기 위한 수단으로 이용되기도 한다. 이러한 독점은 자신의 다른 목적을 이루기 위해 집단을 지배하고 조정하려는 의도에서 주로 발생하는데, 대부분 집단에 참여한 장병들 중 선임 병사에게서 자주 나타난다.

이를 해결하기 위해서는 집단에 참여한 장병들로 하여금 자신이 독점자로부터 피해를 받고 있다는 사실을 깨닫도록 조력해야 한다. 독점자가 집단활동에서 지나치게 많은 말을 하여 상담시간을 독점하면 상대적으로 개인의 집단참여 시간이 부족하고 의견을 개진할 기회가 줄어든다는 것을 일깨워 주는 것이 중요하다.

② 충고

충고는 충고하는 사람의 주관적인 느낌이나 가치관이 개입되어 나타나는 행동으로 충고받는 사람에게는 그다지 도움이 되지 않는다. 군 집단상담 과정에서는 주로 상급자가 하급자에게 충고하는데, 문제는 자신의 의견을 동료와 함께 나누는 것이 아니라, 지적하고 지시하는 것처럼 말해 불편한 감정을 느끼게 한다는 점이다. 충고를 싫어하는 장병의 경우에는 '내가 이런 대우를 받으려고 집단상담에 참여했나!'라며 자괴감을 토로하기도 한다.

그러므로 군 집단지도자는 집단원의 이러한 충고가 자기 자신의 충족되지 못한 욕구를 무의식중에 충족시키려는 행동임을 인식하도록 조력할 수 있어야 한다. 뿐만 아니라, 자신의 우월성을 나타내려고 할 때나, 특정 집단원에 대한 적개심을 은폐하기 위해 나타나는 행동임을 알도록 직면하는 것이 중요하다.

③ 상처봉합

상처봉합은 진정한 의미의 돌봄과 관심, 공감과 상반되는 개념의 말이다. 다른 집단원의 상처를 어루만지고 고통을 덜어 주는 행동뿐만 아니라, 기분 좋게 해 주려고 성급하게 도움을 주려는 데서 나타나는 행동이다. 충분한 여유를 가지고 아픔과 상처를 체험하고 느낌을 표출하는 것은 개인의 성장과 발달에 큰 도움이 된다.

하지만 성급하게 상처를 봉합해 버리면 집단원의 성장 기회가 상실될 뿐만 아니라 집단에 참여한 장병의 개인 권리를 보호하지 못하는 결과로 이어진다. 따라서 군 집단지도자는 의사소통과 상호작용 과정을 잘 감지하여 상처봉합의 행위가 나타나지 않도록 힘써야 한다.

(2) 집단과정 회피행동

① 소극적 참여

어떤 집단원은 시종일관 집단활동에 참여하지 않고 침묵을 유지하거나 움츠려 있기도 한다. 이러한 집단원은 스스로 보고 듣는 것만으로도 많은 것을 배운다고 주장하지만, 침묵이 지속되고 습관화되면 집단적인 문제로까지 이어진다(Corey & Corey, 1992). 군 집단상담에 적극적으로 참여하지 않는 주된 이유는 다음과 같다.

- 집단을 신뢰하지 못할 때
- 위계적인 상담분위기를 느낄 때
- 집단과정에서 자신의 부끄러움이 드러날까 봐 두려울 때
- 잘못 개입하였다가 상급자에게 헛된 트집이 잡힐까 염려될 때
- 과거 집단과정에서 거부당하였거나 공격당한 경험이 있을 때
- 여러 가지 무의식적인 자기방어가 있을 때

② 자기방어

자기방어는 집단 내 긴장감과 폐쇄적인 분위기가 지배적으로 유지되면 강화되는 특성이 있다. 군 집단상담 과정에서 나타나는 자기방어 태도는 자기 자신에 대한 신뢰감과 집단에 대한 신뢰 수준이 낮은 장병에게서 주로 나타나며, 동료와 신뢰관계를 형성하지 못한 소외된 장병과 계급이 낮은 장병에게서도 나타난다.

이러한 장병은 자신의 의견 피력을 매우 조심스러워하고 다른 사람의 견해를 간접적으로 전달하는 입장을 취한다. 그러므로 군 집단지도자는 집단분위기가 긴장되지 않도록 노력하고, 집단활동이 개방적으로 이루어지게 하여 자기방어하는 장병이 나타나지 않도록 관심을 기울여야 한다.

③ 침묵

인간은 현재의 상황을 잘 파악하지 못할 때 통상 침묵하게 되는데 군 집단상담 과정에서는 위계적인 상황 때문에 침묵하는 경향이 더 많이 나타난다. 침묵이 결코 부정적이고 나쁜 뜻을 가진 것만은 아니다. 군 집단지도자는 침묵하는 장병이 있다 해서 조급하게 개입하려고 시도하기보다는 조용히 기다려 주는 것이 바람직하다. 이를 위해서는 집단에 참여한 장병이 자신의 의견을 자유롭게 개진하도록 집단분위기를 좀 더 수용적이고 따뜻하게 조성하는 것이 필요하다.

④ 습관적 불평

불평은 집단에 대해 자주 불만을 늘어놓는 것을 말하는데, 주로 집단상담 초기에 비자발적으로 참여한 장병들에게서 나타난다. 이는 집단분위기를 저해하고 집단활동의 흐름을 방해하며, 집단응집력에 부정적인 영향을 끼친다. 따라서 습관적으로 불평하는 장병이 보이면 그와 별도의 만남을 통해 그 원인을 파악한 후, 집단과정에 도움을 줄 것을 분명하고 명확하게 요청한다.

(3) 상호작용 저해행동

① 공격

공격행동은 집단상담 참여자로부터 관심과 인정을 받고 싶은데 오히려 실망하거나 상심할 때 주로 나타난다. 공격은 동료 장병의 의견을 신랄하게 비판한다던가 혹은 동료 장병의 말을 비꼬는 등의 모습으로 나타난다. 지나친 농담을 하고, 질문받은 것을 무시하며 뭉개기도 하는 등 집단원의 상호작용을 의도적으로 저해한다. 공격하기가 적대적 감정의 간접적인 형태로 표현될 때는 다루기가 더욱 곤란하다. 이러한 경우에는 매우 강한 직면과 따뜻한 관심 기울이기의 방법을 동시적으로 활용해야 효과를 가져올 수 있다.

② 우월

집단과정에서 어떤 장병은 자신을 다른 동료보다 우월하다고 생각하거나 혹은 많은 것을 아는 사람으로 자처하는 행동을 한다. 자신은 아무 문제가 없고 무엇이든 잘한다는 태도로 다른 동료에게 우쭐대는 교만한 행동을 보이기도 하는데, 이러한 우월하기는 집단의 상호작용을 저해한다.

이러한 경우에 군 집단지도자는 그에 맞는 적절한 시연을 보이는 것이 필요하다. 교만한 언어와 좋지 못한 몸짓을 보이는 행동에서 겸손하고 예의 바른 언어 사용과 바른 행동을 하도록 그와 관련된 행동을 직접 집단지도자가 시연을 통해 보여 준다. 그다음에는 시연을 본 장병으로 하여금 집단지도자가 보인 시범을 따라 하도록 시행하면 행동변화가 나타난다.

③ 적대

적대행동은 내면에 누적된 부정적인 감정을 여러 가지 방식으로 표출하는 것을 말한다. 이러한 적대하기는 집단에 참여한 집단원에게 동일한 적대적 태도와 감정을 불러일으키고 자기개방을 어렵게 하는 특징이 있다. 이에 대한 대처로는 적대적 태도를 보인 장병이 원하는 바를 직접 표현하도록 한 다음, 적대행동을 한 장병에게 여러 동료 장병들이 동시에 피드백을 주는 것이다. 이러한 과정이 반복해서 이루어지면 적대행동은 우호적인 행동으로 변화하게 된다.

4) 집단참여 장병의 역할

집단원의 역할은 학자들마다 주장하는 바가 조금씩 다르다. 일반적으로 집단의 과업성취를 위한 역할과 집단의 유지 및 발전을 위한 역할로 크게 구분하여 설명한다. 군 집단상담은 위계적 환경으로 상담과정에서 하급자 공격하기와 충고하기, 자기방어 등이 나타날 수 있다. 집단에 참여한 장병에게 바람직하지 않은 태도가 나타나지 않도록 차단하기 위해서는 집단지도자가 직접 시연을 보이는 것이 중요하다(심윤기 등, 2017). 집단에 참여한 장병의 바람직한 태도는 다음과 같다.

- 집단활동에 충실히 참여한다.
- 집단에 참여한 동료 장병의 얘기를 집중해서 듣는다.
- 집단에 참여한 동료 장병을 공격하지 않는다.
- 집단에 참여한 동료 장병을 평가 · 진단 · 충고하지 않는다.
- 관찰자가 되거나 침묵하기보다 적극적인 참여자가 된다.

군에서 이루어지는 집단상담이 성공하려면 집단의 공동목표 달성이 우선되어야 한다. 이를 위해서는 집단에 참여한 장병들 간 좋은 관계를 유지하는 것이 필요하다. 군 집단상담 과정에서 집단원의 주요 역할을 살펴보면 다음과 같다.

〈표 4-7〉 집단참여 장병의 역할

역할	내용
제안하기	자신의 의견에 대한 실증적인 사례나 근거를 설명함
도와주기	자료를 제공하고 자리를 정돈하는 등의 일을 도움
존중하기	서로 따뜻하고 온화한 태도로 대함
화해하기	의견 차이가 있을 때 이를 역지사지하여 이해하고 수용함
격려하기	다른 장병의 의견에 동조하거나 공감적인 태도를 보임
들어 주기	집단원이 의견을 개진할 때 잘 들어 주고 따라감
약속 지키기	집단활동을 위해 만든 서약서와 규칙, 질서를 지킴

4 군 집단상담의 기술

1) 기본기술

군 집단상담은 상담이 이루어지는 과정 동안 지속적으로 집단지도자와 장병 간 그리고 장병 상호 간 신뢰감을 갖도록 하는 것이 중요하다. 이를 위해서는 집단에 참여한 장병들이 안정감을 느끼고 따뜻함과 편안함을 가질 수 있는 집단분위기가 조성되어야 한다. 이러한 기술은 특별한 능력과 지식이 요구되는 것이 아니다. 현재 활용되고 있는 상담기술을 상황과 여건에 맞게 적절히 적용하면 되지만, 집단원의 상호작용과 집단역동이 발현되도록 하는 것은 특별한 능력과 기술이 필요하다(한국군상담학회, 2009). 이를 위해서는 몇 가지의 기술적 능력을 갖추어야 한다.

첫째, 감정을 다루는 방법을 익혀야 하는데, 이는 장병들이 자기감정을 이해하고 이를 수용하며, 내적 감정을 표현하고 반응하도록 조력하는 기술이다.

둘째, 현실을 적용하는 능력이다. 인간은 스스로 자신의 문제를 해결할 수 있다는 가능성을 전제로 한다. 이는 장병에게서 나타나는 부적응적인 행동을 군 복무라는 현실의 관점에서 이해함은 물론, 이에 대한 책임을 본인 스스로 깨닫도록 하는 기술이다.

셋째, 서로 지지하는 관계를 지속하는 능력이다. 이는 장병들의 관계가 수동적이거나 피동적이지 않게 하고, 능동적이고 적극적인 관계가 되도록 촉진하는 기술이다.

넷째, 집단을 지도하는 능력이다. 이는 장병이 겪는 현재의 심리적인 어려움을 새로운 관점에서 이해하고, 현재의 경험이 미래의 능력으로 축적되게 하는 기술이다. 이 외에도 군에서 이루어지는 집단상담은 다음과 같은 상담기술을 필요로 한다.

(1) 구조화하기

군에서는 전투 시 적에게 포위되는 경우를 대비하여 평소에 도피 및 탈출훈련을 하는 등 악조건 상황에서 스스로 극복하는 연습을 실시한다. 이러한 훈련과정을 통해 얻고자 하는 목적은 아무리 어렵고 힘든 상황이라 하더라도 자신의 힘으로 해결할 수 있다는 자신감과 진정한 군인정신을 함양하는 데 있다. 따라서 군인이 자신의 힘으로 문제를 해결하지 못하고 타인에게 도움을 받는다는 것은 부끄러운 일이며 수치라고 생각하기까지 생각한다. 이러한 생각 때문에 상담은 나약한 자들이나 받는 것으로 인식하기 때문에 상담구조화가 필요하다.

구조화는 집단상담의 시작과정에서 주로 다루어진다. 군 집단지도자가 집단에 참여한 장병을 도울 수 있는 역할과 영역을 말해 주고, 상담에 참여한 장병들이 해야 할 역할을 설명하며, 집단규칙과 비밀보장에 관한 내용 등을 알려 준다. 집단운영과 절차에 관한 것을 비롯하여 집단상담의 한계에 관한 내용들도 다룬다. 특히, 상담과정에서 나온 이야기는 상담이 끝난 후에도 개인정보보호 차원에서 비밀보장이 되어야 함을 자세히 설명한다.

(2) 관심 기울이기

군에서는 이등병이 전입해 오면 부대 소개를 비롯하여 지휘관 면담이 이루어진다. 이때 면담하는 자리에서 부모와 전화 통화를 하도록 허락하는데 이러한 것이 관심 기울이기의 한 방법이다. 군 집단상담에서의 관심 기울이기는 집단에 참여한 장병에게 주의를 기울이고, 그가 말하는 메시지에 집중하는 것을 의미한다. 사람은 누구나 자신에게 관심을 기울여줄 때 마음속에 있는 이야기를 할 마음이 생긴다. 그렇지 않은 경우에는 거부되고 무시당하는 느낌을 받아 싫은 말도 하지 않고 입을 다물어 버리세 된다.

장병에 대한 관심은 집단에 참여한 장병들이 활발한 상호작용을 하는 데 기여한다. 장병이 말할 때 부드러운 시선으로 바라보는 것부터 간단한 말이나 동작으로 반응을 보이는 것에 이르기까지 다양한 방법을 활용한다. 고개 끄덕이기,

"으음.", "그래요." 등으로 반응을 보인다거나, 몸짓과 표정을 통해 관심을 기울이는 모습을 보일 수 있어야 한다. 이는 '나는 당신의 이야기에 집중하고 있습니다. 나는 당신이 하는 말의 의미를 이해하려고 노력하고 있습니다.'라는 메시지를 간접적으로 전달하는 것이 된다.

(3) 지지하기

군 조직은 대부분 남성 군인으로 구성되어 있다. 남성 군인이 원하는 욕구 중에 높은 위치를 차지하는 것은 상관과 동료로부터 인정과 지지를 받는 것이다. 격려와 지지는 집단분위기를 따뜻하고 안전하게 하며, 장병들의 상호작용이 활발하게 이루어지도록 하는 데 긍정적으로 작용한다. 군 집단지도자는 이러한 군인의 인정욕구를 인식하여 집단에 참여한 장병들에게 적극적인 지지와 격려를 아끼지 않아야 한다.

이러한 격려와 지지는 적절한 시기에 이루어져야 효과가 있다. 때와 장소를 가리지 않고 무분별하게 아무 때나 해도 효과가 나타날 것이라고 기대하는 것은 잘못된 믿음이다. 집단에 참여한 장병이 불안하여 말하기를 주저한다거나 자신의 행동에 자신감을 갖지 못할 때, 저항이나 방어적인 태도가 나타날 때 하는 것이 바람직하다. 집단에 참여한 장병들 상호 간 의견의 불일치나 갈등이 있을 때에도 이를 적극적으로 말하도록 격려와 지지가 필요하다.

(4) 경청하기

경청은 집단상담 과정에서 자기개방이 잘 이루어지도록 하는 기술이다. 집단에 참여한 장병의 언어적 · 비언어적 메시지에 깊은 관심을 기울이는 것을 말한다. 만일, 자신의 말을 경청하지 않는다고 느끼면 집단원은 마음의 문을 닫고 자신의 어려운 깊은 문제를 꺼내지 않는다(Corey, 2012).

경청하지 않는다는 것은 말하는 사람에게 주의를 기울이지 않고, 자신이 할 말만 생각하거나 아니면 애매모호한 질문을 하는 것이다. 그러나 경청은 자신이 듣고 싶은 말만 선택적으로 듣는 것이 아니라, 집단에 참여한 동료 장병의 말과 행동 모두에 주의를 기울이는 것이다.

군 집단상담에 처음 참여하는 장병은 경청하는 방법을 잘 몰라 동료 장병의 말을 충분히 듣지 않을 때가 있다. 이러한 상황이 지속되면 혼란하고 복잡한 형태의 의사소통이 이루어져 집단에 참여한 장병들 간 오해와 갈등이 빚어지기도 한다.

이 같은 문제를 해결하기 위해서는 집단상담을 시작하기 전 별도의 시간을 마련하여 집단에 참여한 장병들의 역할과 집단규칙을 교육하고, 경청하는 방법 등을 학습하는 오리엔테이션 시간을 갖는 것이 필요하다.

(5) 공감하기

공감은 상대가 느끼고 지각하는 주관적인 경험을 있는 그대로 이해하고 체험하는 능력을 말한다. 공감은 학습을 통해 주입식으로 이루어지면 하나의 수단으로 전락하여 참신성을 잃을 수가 있고, 자기방어를 위한 목적으로 악용될 수 있다. 바람직한 공감을 위해서는 먼저 집단지도자가 시범을 보인 후, 장병 스스로 느끼게 하여 자연스럽게 나오도록 하는 것이 중요하다. 교육하고 가르쳐서 나타나는 공감보다 스스로 깨우쳐 나오는 공감반응이 더 진정성을 느낄 수 있다.

집단에 참여한 장병이 공감을 받으면 자신을 이해하고 있고 존중받는다고 믿어 자신의 심리적 어려움을 잘 드러내며, 집단에 참여한 장병들 간 신뢰관계에도 긍정적인 영향을 미친다. 군 집단지도자는 이런 점을 고려하여 집단에 참여한 장병을 평가하고 판단하기보다 적절한 수준의 공감 반응을 자주 보이는 것이 바람직하다.

(6) 존중하기

군은 국가와 국민을 지키기 위해 존재하는 집단으로 명령과 복종체계로 운영된다. 이러한 위계적인 군대문화와 경직된 부대분위기는 장병 각 개인이 존중받는다는 느낌을 갖기가 매우 어렵다. 존중은 한 인간 개체가 개성 있는 특별한 존재로서 인정받고 수용되는 것을 의미한다. 솔직하고 정직하게 상대의 모습을 바라보는 것이며, 상대방이 나와 다를 수 있다는 권리를 인정하는 것이다.

군 집단상담 과정에서 장병들이 존중받으면 집단이 보다 개방적으로 이루어지고 활발한 상호작용이 나타난다. 자신의 고통스러운 부정정서로부터 해방되는 데 기여하며, 사랑받는 체험으로까지 확장된다. 나아가 자기 자신을 이해하고 수용하며, 타인을 존중하는 데에도 주저하지 않으며, 군 생활을 좀 더 의미 있고 가치 있게 보내려고 노력한다.

(7) 반영하기

반영은 경청을 통해 파악된 말의 핵심과 본질을 집단지도자가 적절한 말과 행동으로 다시 되돌려 줌으로써 상호작용을 촉진하는 기술이다. 이것은 집단에 참여한 사람들로 하여금 자기가 이해받고 있다는 것을 인식하게 하는 효과가 있다. 그러나 집단원이 한 말을 그대로 다시 반복하는 식으로 반영을 하면 자기의 말이 잘못되지는 않았나 생각하게 되고, 지도자의 반복적인 말에 가식을 느끼기 쉽다. 따라서 반영은 말의 본질을 살려 진술해 주거나 바라는 기대가 무엇인지를 말해 주는 것이 핵심이다(김태현 등, 2013).

사람의 감정은 흔히 깊은 바다에 비유되기도 한다. 바다는 겉으로 보이는 수면이 있고, 눈으로 볼 수 없는 깊은 심해도 있다. 집단지도자는 수면 위의 잔물결과 같은 감정만 볼 것이 아니라, 바닷속 깊은 심해에 있는 감정을 파악하는 능력을 갖추어야 하며, 파악된 감정을 참신한 말이나 메타포(metaphor)로 반영해 줄 수 있어야 한다.

2) 촉진기술

(1) 노출하기

집단지도자는 적절한 때에 자기 자신에 대한 정보를 개방할 줄 알아야 한다. 집단지도자의 자기노출은 집단에 참여한 장병이 보다 철저하고 깊이 있는 자기탐색을 하는 데 영향을 준다. 집단지도자가 자신의 생각과 경험, 느낌을 솔직하게 노출하면 장병은 지도자를 따뜻하고 진실한 한 인간으로 보고 친밀감을 느끼며, 이를 본받아 자신도 깊이 있는 탐색을 시도한다.

자기노출은 장병의 경험과 느낌이 주가 될 때 보다 효과이다. 간부가 집단지도자가 될 경우, 집단에 처음 참여한 이등병이 불안해하고 위축된 모습을 보이면 자신의 소대장 시절에 있었던 초도부임 때의 경험을 이야기해 주면 도움이 된다. 부대에 처음 전입해 올 때 느꼈던 불안한 감정을 털어놓으면 상담에 처음 참여한 이등병은 자신이 겪는 불안 경험을 이해하게 되며, 집단지도자에 대한 유대감이 형성된다. 이 외에도 가정환경에 대한 걱정, 애인과의 갈등, 미래에 대한 걱정 등에 대한 자기노출은 집단에 참여한 장병들의 자기탐색에 긍정적인 영향을 미친다.

(2) 피드백 주기

군 집단상담은 병영생활을 함께하는 동료들이 자기를 어떻게 보고 또 어떻게 느끼고 있는지에 대한 학습기회를 제공받는데, 이러한 학습은 피드백을 통해서 얻을 수 있다. 피드백은 타인의 행동에 대해 자신의 반응을 솔직히 이야기해 주는 것을 의미한다. 집단지도자가 피드백을 잘하면 집단에 참여한 장병들의 특정 행동변화에 큰 도움이 된다.

피드백은 관찰한 행동에 대해 구체적으로 말하는 것이 효과적이다. 특정 행동이 일어난 직후에 묘사하고 피드백을 받아들일 마음의 준비가 되어 있을 때 하는 것이 좋다. 피드백을 줄 때 주의할 사항은 피드백을 받는 대상이 하급자라고 해서 충고와 조언의 형태로 하는 것은 도움이 되지 않는다는 점이다. 내 생각과 느낌만을 말하는 데 그쳐서도 바람직하지 않으며, 병영생활과 관련한 변화 가능한 행동에 대해 구체적으로 제공하는 것이 효과적이다.

(3) 명료화하기

명료화는 장병이 한 말의 범주 안에서 그 말속에 내포된 뜻을 요약 정리해 장병에게 다시 전달해 주는 것을 의미한다. 장병의 말이나 감정, 생각 속에 내포된 의미를 보다 분명하고 명확하게 말해 주는 것으로, 미처 알지 못하는 의미나 관계 또는 애매하고 혼란스럽게 여기던 내용을 정리해 주는 것이다.

그런 점에서 명료화는 자신이 이해받고 있다는 느낌을 갖도록 하는 데 기여한다. 자신이 미처 생각하지 못했던 측면을 다시 생각해 볼 수 있게 하는 반성적 효과가 있을 뿐만 아니라, 집단상담에 능동적으로 참여하게 하는 효과가 있다.

(4) 직면하기

직면은 적극적인 상담개입의 한 방법이다. 언어적 메시지와 비언어적 메시지가 일치하지 않을 때 혹은 말과 행동이 일치하지 않을 때 직면한다. 말과 정서가 일치하지 않을 때에도 이를 직접적으로 지적하여 자기각성에 이르게 하는 것이 직면이다. 이러한 직면은 집단에 참여한 장병의 변화와 성장을 증진시킬 수 있는 반면, 심리적 위협과 상처를 안겨 줄 수도 있어 주의가 요구되는 기술이다.

직면을 사용할 때는 장병이 그것을 받아들일 준비가 되어 있는지를 점검한 후 사용해야 하며, 집단에 참여한 장병 전체를 규정지어 직면하는 것은 바람직하지 않다. 취급해야 할 특정 행동에 대해서 구체적으로 직면하고, 자신의 느낌을 솔직하고 따뜻하게 직면하는 것이 중요하다.

(5) 질문하기

질문은 집단에 참여한 장병에게 자신의 감정을 구체적이고 솔직하게 표현하도록 하고, 감정의 근원을 밝히는 데 도움이 되는 기술이다. 이러한 기술은 사건이나 경험을 지금-여기에 초점을 맞춘다. '왜'라고 묻는 것보다 '어떻게'라고 묻는 개방적인 질문이 더 유용하게 작용한다. 군 집단상담에서 이루어지는 개방적인 질문의 예를 제시하면 다음과 같다.

- "왕자님(별칭)은 지금 집단에 참여하고 계시는데 어떠한 느낌을 받고 있는지요?"
- "사랑님(별칭)은 지난번 발생한 1중대 탈영사건에 대해 어떻게 느끼는지요?"
- "겸손님(별칭)은 지금 피드백을 받은 것에 대해 어떤 느낌이 드시는지요?"
- "용서님(별칭)은 방금 겸손님이 말한 것에 대해 어떻게 느끼셨습니까?"
- "토끼님(별칭)은 조금 전 얼굴을 찡그리는 것 같았는데 무엇 때문에 그러셨는지요?"

(6) 해석하기

해석은 자신의 행동과 내면세계를 다른 각도에서 탐색하도록 돕는 기술이다. 이 기술은 집단지도자가 직접 하는 것도 좋지만 가능하면 집단에 참여한 장병들끼리 서로 해석하도록 하는 것이 더 효과적이다. 해석은 통찰을 촉진하고 감정을 경험하며 문제의 원인이 자신에게 있음을 인식하는 데 기여한다. 뿐만 아니라, 자신의 문제를 새로운 관점에서 바라보고, 생활경험과 행동의 의미를 새롭게 인식하는 데 도움을 준다.

이러한 해석은 집단에 참여한 장병의 사고, 감정, 행동에 숨겨진 문제나 패턴을 말함으로써 자신의 문제를 다른 관점에서 조망하고 통찰할 수 있어 새로운 내적 참조의 틀을 형성하는 데에도 기여한다.

예를 들면, "왕자님은 우리 중 누군가가 이등병 때의 힘든 군 생활을 이야기할 때마다 끼어들고 있는데, 혹시 자신의 고통스러운 경험을 두려워해서 그런 것은 아닌지 모르겠네요?", "사랑님은 애인과 헤어진 후 유독 힘들어하는 것 같은데, 혹시 부모님의 이혼에 대한 아픈 경험 때문에 그런 것은 아닌지요?"라고 질문하여 다른 각도에 자신을 돌아보도록 한다.

(7) 제지하기

집단지도자는 집단원의 바람직하지 않은 행동을 보면 이를 분명하게 제지할 수 있어야 한다. 그렇다고 인격 자체를 비난하거나 평가하는 말은 바람직하지 않으며, 부적절한 행동만을 제지하는 데 초점을 두어야 한다. 집단에 참여한 장병의 행동을 제지해야 하는 경우는 주로 장병의 개인 중심적인 태도로 나타나는 행동이 대부분이다.

예를 들어, 지나치게 동료를 비난하거나 험담하고, 집단원의 말에 무분별하게 개입하여 집단역동을 방해함은 물론 집단분위기를 흐리는 경우가 된다. 만약, 집단에 참여한 장병의 단점과 아픈 상처를 캐내려고 하는 경우에는 개인의 사적 영역을 침범하는 행위임을 지적하여 제지할 필요가 있다.

장황하고 길게 말을 하거나 피드백을 독점하여 다른 장병이 말할 권리를 침해하는 경우에도 제지할 수 있어야 한다. 자신의 문제를 마치 딴 사람의 얘기처럼 떠넘겨 말하기, 충고하기, 상처봉합하기 등이 나타날 때에도 집단지도자가 직접 나서서 제지한다.

3) 종결기술

(1) 뒤돌아보기

군대는 훈련이나 연습, 시범 등 주요 부대활동이 종료되는 시기가 돌아오면 그 과정을 돌아보는 사후검토시간을 갖는다. 군 집단상담도 상담이 종결되기 전 집단에 참여한 장병들로 하여금 그동안 경험하고 느낀 점을 뒤돌아보는 시간을 갖는다. 집단상담을 통해 깨달은 바가 무엇이고, 어떤 교훈을 얻게 되었는지를 돌아보며 집단경험 결과를 통합하고 이를 승화시킨다.

자신이 경험한 상담과정의 주요 순간을 뒤돌아보게 하는 방법은 여러 가지가 있다. 그중 하나는 지나온 상담과정을 조용히 머리에 떠올리도록 하는 것이다. 또 하나는 집단상담 과정에서 깨달았던 점과 좋았던 점 그리고 아쉬웠던 점 등을 이야기하고, 어떻게 하면 앞으로 더 좋은 집단이 될 것인가를 논의하는 것이다.

(2) 두려움 다루기

집단상담이 끝난다는 사실을 아는 순간부터 집단원은 이전보다 소극적으로 집단활동에 참여할 수 있다. 이러한 행동이 나타나는 이유는 자신을 존중하고 관심과 지지를 보낸 사람들과 관계가 단절되는 안타까움을 느끼기 때문이다. 이러한 이유로 일반 집단상담의 종결단계에서는 집단에 참여한 사람들의 헤어짐에 대한 아쉬운 감정과 불안을 처리한다.

반면, 군 집단상담의 경우에는 함께 군 생활하는 동료들이 대부분이라서 이별의 아쉬움이나 상실의 느낌을 크게 받지 않으나, 이등병과 같이 계급이 낮은 장병의 경우에는 집단을 떠나 일상의 군 생활로 복귀한다는 사실에 불안을 느낀다. 집단상담 과정에서 배운 것을 실제 병영생활에 잘 실천할 수 있을지에 대한 두려움도 느낀다. 그러므로 군 집단지도자는 이러한 감정이 잘못된 것이 아니라 상담과정을 통해 자연스럽게 형성된 감정임을 설명하여 불안과 두려움을 해소시킬 수 있어야 한다.

(3) 미해결과제 다루기

집단상담 과정에서 탐색된 문제가 모두 해결되는 것은 현실적으로 불가능하다. 그러나 군 집단지도자는 미해결된 과제가 너무 많이 발생되지 않도록 유의하여 집단과정을 마무리할 수 있어야 한다. 이를 위해서는 집단에 참여한 장병들의 관계나 집단목표와 관련된 미해결된 문제를 작업하는 데 필요한 시간을 할애한다.

개인적인 문제가 해결되지 않은 장병에게는 그 문제에 대해 의견을 나눌 수 있는 별도의 시간을 마련하는 것이 바람직하다. 만약, 미해결된 과제가 경미한 경우에는 다음 회기의 상담시간에 도움을 주거나 개인적인 상담시간을 마련해 해결하도록 한다.

(4) 마무리하기

군 집단상담은 사전 규정된 시간에 시작하여 규정된 시간에 끝내야 한다. 만약, 군 집단지도자가 규정된 시간에 상담을 마치지 못하면 장병들은 약속을 지키지 않은 집단지도자로 낙인찍을 수 있으며, 그 결과 후속 회기의 집단상담에서 장병들의 참여의식이 저조하게 나타날 수 있다. 군 집단상담의 마무리는 다음과 같은 내용을 주로 다룬다.

- 집단상담의 후속계획과 방법을 논의한다.
- 집단상담 종결 후 개인상담을 할 수 있는 방법과 절차를 알려 준다.
- 상담에서 학습한 것을 실제 병영생활에 활용할 수 있는 실용적인 방법을 찾는다.
- 집단을 떠나 자대로 복귀할 때 부딪힐 심리적 문제를 논의한다.

CHAPTER 5

군 다문화상담

1 다문화의 이해

문화는 '토양을 경작한다.'는 뜻의 라틴어 'cultura'에서 유래하였다. 인간의 삶이 시작되고 발전을 거듭해 오면서 무언가를 계속 창조하고 만든 정신적이고 물질적인 것을 의미하는 말이다. 인간의 삶에서 인간에 의해 만들어진 생산물과 활동을 포함해 눈에 보이지 않는 사고방식, 이념, 사상, 가치관에 이르는 정신적인 요소에 이르기까지 모두 문화의 범주에 포함된다. 이러한 문화는 인간의 경험을 해석하는 데 도움을 주며, 타인의 행동을 평가하는 종합적인 개념의 틀로 작용하는 등 개인의 삶에 지속적인 영향을 미친다.

한편, 다문화(Multi culture)는 지난 1970년 캐나다에서 처음으로 사용된 이후, 현재까지 전 세계가 공통으로 부르는 용어가 되었다. 특정 사회집단 내 민족적 · 종교적 · 문화적 정체성을 달리하는 집단이 서로 공존하는 것을 의미한다. 비교적 동질적인 정체성을 유지해 온 사회에 정체성을 달리하는 개인이나 집단이 유입되어 서로 공존하는 현상을 말하는데, 이러한 다문화를 이해하기 위해서는 우선 전통적인 우리나라 문화의 특성부터 살펴볼 필요가 있다.

1) 우리나라의 문화

(1) 전통적 특성

우리나라 문화의 기원은 역사가 시작된 초기 농경사회 시대에 형성되기 시작하였다. 무속신앙을 비롯하여 불교, 유교의 종교적인 영향과 씨족사회의 전통 등이 우리나라 문화 형성에 많은 영향을 미쳤다. 한재희(2004)는 우리 문화의 전통적인 특성을 무속신앙과 불교, 유교 등으로 설명하고 있는데, 이를 살펴보면 다음과 같이 정리할 수 있다.

첫째, 우리나라 문화의 핵심에는 무속신앙이 자리한다. 이 중 샤머니즘은 사람들이 평상시 일반적인 방법으로는 풀 수 없는 큰 문제에 직면했을 때, 무당의 중재를 빌어 신령들의 도움을 청하는 종교적인 위치를 점하고 있다. 그래서 신적인 존재와 일반인들 사이에 중재자 역할을 제공하는 구조를 갖고 있다고 설명한다. 길흉화복을 운명으로 여기는 경향과 기복적인 현실주의, 음주문화, 집단가무 등은 모두 샤머니즘의 영향을 받았다는 것을 보여 준다(최준식, 2000). 어떤 종류의 동물이나 식물을 신성시하여 자신이 속해 있는 집단과 특수한 관계가 있다고 믿는 토테미즘도 우리의 전통적인 문화 형성에 영향을 미쳤다.

둘째, 불교 역시 우리나라 문화 형성에 영향을 주었다. 불교는 단순히 종교로서의 기능만 있는 것이 아니라, 샤머니즘 사상을 기반으로 우리나라 사람들의 삶 속에 깊이 뿌리내린 정신이다. 인간과 세계의 궁극적인 의미에 대한 철학적인 탐구 체계를 확보한 것은 바로 이러한 불교의 영향이 컸다. 이렇게 불교는 우리나라 전반의 사상과 정신세계를 주도하고 문화의 모체 역할을 해 왔으며, 권선징악의 세계관과 인과응보의 인생관, 내세적 세계관 등은 모두 불교의 영향으로 나타난 문화적 특징이다.

셋째, 유교의 영향이다. 유교는 종교나 신의 존재, 사후의 문제에 대한 관념은 희박하지만 도덕과 예절, 인(仁), 삶의 윤리 등에 대한 인간의 상호 관계적인 원리를 강조한다. 이러한 유교는 우리나라 전통 윤리로 뿌리내림으로써 우리의 독특한 문화 형성에 큰 영향을 미쳤다. 혈연 · 지연 · 학연 등의 연고주의, 가부장제도, 가족주의, 서열의식, 여성차별, 체면의식 등의 특성이 우리나라 문화에 스며 있는 것은 이러한 유교의 영향 때문이다.

(2) 심리적 특성

우리나라 사람의 사회적 행동이나 의식 속에 내면화된 사회문화적 특징과 우리 문화에서만 독특하게 나타나는 사회심리 및 정서체계가 있는데, 그것은 체면, 눈치, 한, 정, 우리주의(We-ness) 등이 이에 해당한다(한재희, 2004).

체면은 자신의 지위나 외적인 명분을 높이려는 행동과정과 관련된 사회적 얼굴이다. 인간관계나 사회적 상황에서 자기의 내면 또는 자기와 관련된 사실과 다르게 행동함으로써 자신의 지위나 외적인 명분을 높이려는 것과 관련된다. 장유유서, 부자유친, 부부유별 등과 같이 엄격한 구별과 서열의 관계적인 구조를 형성해 놓고, 그 신분에 맞는 행동양식과 규범을 설정한 것이 특징이다. 이와 같은 문화적 특징은 우리 사회가 가진 형식적인 틀을 유지해야 체면이 상하지 않는다는 의식과 깊은 상관이 있다.

눈치는 우리나라의 위계적인 대가족제도와 종속적인 사회 속에서 살아남기 위해 만들어진 발달적 태도와 관련된 특성이다. 우리 인간의 삶은 진심이 말로 표현되지 않을 때가 흔하고, 상대방의 말만으로 그 마음을 이해할 수 없을 때가 많다. 그래서 상황과 맥락을 종합하여 상대방의 진위를 찾고 마음 상태를 알아내려는 데서 눈치가 발달하였다.

한(恨)은 마음속의 상처를 말한다. 마음에 있는 한을 외부로 표출하지 않고 마음 안에 조용히 담고 있는 것으로, 이는 우리나라 사람의 대중적 의식 속에 보편적으로 자리 잡고 있는 심층적 특징의 하나이다. 한(恨)과 깊은 연관이 있는 화병은 화를 발산시키지 못하고 누적되어 정신적 · 신체적 고통을 가리키는 병을 말한다. 신체적 증상으로는 가슴 속 덩어리로 한숨과 치밀어 오름, 화끈 달아오름, 답답함, 저림 등이 나타나며, 정신적 증상으로는 우울과 불안, 파괴적 충동, 공포, 죄의식, 수치, 강박증 등이 나타난다(민성길, 1998).

정(情)은 대인관계의 밀착 정도를 나타내는 가장 대표적인 우리나라 문화의 정서적 속성이자, 우리나라 사람의 사회적 심성을 이해하고 설명하는 데 필수적인 개념이다. 이러한 정(情)은 서구 문화의 사랑이나 애정과 유사한 속성에 해당하지만, 낭만적이고 열정적인 사랑의 속성과 같은 감정이라기보다는 장기간의 접촉과 정에서 쌓여져 느끼는 누적된 감정 상태가 된다.

효(孝)는 우리 사회의 큰 덕목 중 하나다. 효는 유교의 기본 덕목이지만 유교권 나라 중에서 우리나라가 가장 강하게 유지하고 있다. 살아 계신 부모님뿐만 아니라 돌아가신 뒤에도 조상을 생각하는 마음으로 제사를 지내는 것이 모두 효와 연관된 활동이다. 최근에는 과거에 비해 효 사상이 많이 약해졌지만, 그래도 조상에 대한 제사의 거부감을 나타내는 젊은이가 별로 없다는 점을 비추어 볼 때, 아직도 효는 한국의 주요 사상이자 문화로 자리매김하고 있다(박영희, 2011).

마지막으로, 우리나라 문화에 있어서 사회적 관계의 기본 축은 개인이 아닌 우리라는 울타리다. 우리의 사회적 인간관계에서 개인은 독립적이라기보다 타인과 하나 되는 관계를 지향하는 관계적 특징을 가지는데, 이러한 요인이 우리나라 문화의 심리적 속성이라고 말할 수 있다.

2) 문화의 이론적 모델

어떤 사람이든 서로 만나 이야기를 나누다 보면 두 사람 사이에 크고 작은 문화적 차이가 있음을 알 수 있다. 만약, 군 상담관이 다문화상담을 함에 있어 다문화 장병이 지닌 문화적 차이를 지각하지 못하면 상담과정에서 여러 문제가 발생할 가능성이 존재한다.

문화적 차이를 이해하기 위한 몇 가지의 이론적 모형이 있다. 마빈 메이어스

(Mayer)의 기본가치모델과 호프스테드(Hofstede)의 정신프로그램모델은 개인 및 집단에서 문화적 차이를 인식하는 관점에 도움을 준다(한재희, 2004). 기본가치모델은 개인특성에 대한 차이를 설명하고 있으며, 정신프로그램모델은 개인이 속한 사회적 · 국가적 문화의 차이에 대해서 설명하고 있다.

(1) 기본가치모델(A model of basic values)

기본가치모델(Lingenfelter & Mayers, 1989)은 사람의 가치관을 쉽게 이해할 수 있도록 개념적으로 설명하고 있는데, 인간 상호 간에 겪는 가치의 경험을 이해하려는 목적에서 만들어졌다. 이 모델은 문화적 가치의 특성을 12가지 요소로 나눈다. 이를 다시 6쌍의 대조되는 특성으로 짝지어서 기본가치의 인식에 대한 문화적 차이를 설명하고 있다.

문화적 가치 특성에 대한 6쌍의 요인은 시간중심 대 행사중심, 업무중심 대 사람중심, 분석적 사고 대 전체적 사고, 신분중심 대 업적중심, 위기중심 대 비위기중심, 약점은폐 대 약점노출의 특성으로 분류한다.

〈표 5-1〉 기본가치모델의 문화적 특성 분류

시간중심 가치 문화	vs	행사중심 가치 문화
업무중심 가치 문화		사람중심 가치 문화
분석적 사고 가치 문화		전체적 사고 가치 문화
신분중심 가치 문화		업적중심 가치 문화
위기중심 가치 문화		비위기 중심 가치 문화
약점은폐 가치 문화		약점노출 가치 문화

① 시간중심 대 행사중심 문화

시간중심 문화는 시간을 지키는 것에 중요한 가치를 두며, 계획이 잘 세워진 목표지향적인 활동에 가치를 부여한다. 반면, 행사중심 문화에서는 임의적인 시간을 준수하는 것보다 현재의 경험을 더 강조한다. 일정에 얽매이지 않는 개방적인 태도를 가지며, 과거나 미래보다 현재에 가치를 둔다.

② 업무중심 대 사람중심 문화

사람중심 문화는 인간관계에서 만족을 찾고 관계지향적인 사람을 좋아하지만 일은 다소 경시하는 특성이 있다. 반면, 업무중심 문화는 일과 원칙에 초점을 맞추고 목적 달성에서 가치를 찾는다. 군대는 업무중심 문화를 가지나 구성원들의 개인 가치관은 사람중심의 가치를 더 선호하는 경향이 있다.

③ 분석적 사고 대 전체적 사고 문화

군대는 분석적 사고 문화를 지향한다. 분석적 사고 문화는 옳고 그름에 대한 정확한 분석과 판단을 중요하게 여기며, 사람을 평가할 때 어느 특정한 기준을 일정하게 적용한다. 반면, 전체적 사고 문화는 판단이 보다 유연하고 개방적이며, 모든 환경과 사람의 기준을 다양하게 고려하는 특징이 있다.

④ 위기중심 대 비위기중심 문화

군대는 위기를 완벽하게 준비하는 것을 중요시하는 위기중심 문화를 가진다. 불확실성을 배제하고 신속한 해결을 위해 전문가의 조언을 따르는 반면, 비위기중심 문화는 위기가 발생할 가능성을 과소평가하며, 전문가의 조언보다는 실제 경험을 중요시하는 경향이 있다.

⑤ 신분중심 대 업적중심 문화

신분중심 문화에서는 개인의 신분을 중요하게 여긴다. 사람에 대한 존경심은 높은 사회적 지위로 나타나는 반면, 업적중심 문화에서의 개인 신분은 그 사람의 업적 여부로 결정된다. 사람이 받는 존경심은 성공과 실패 여부에 따라 달라지며, 개인의 업무수행능력을 중요시한다.

⑥ 약점은폐 대 약점노출 문화

약점은폐 문화는 잘못을 부인하며, 자신의 약점과 단점을 숨기려고 노력한다. 실수나 실패를 회피하고 사생활에 대해 대화를 나누려고 하지 않는 속성을 지니고 있다. 그러나 약점노출 문화는 잘못이나 약점, 단점을 쉽게 인정하며, 다른 견해나 비판에도 개방적이다. 다른 사람의 실수나 실패에 대해 상대적으로 유연하며, 사생활을 자유롭게 이야기하는 특징이 있다.

(2) 정신프로그램모델(A model of mental programs)

호프스테드(Hofstede, 1995)는 세계에 산재한 IBM 조직망을 이용하여 국가적 차원의 문화적 특성을 연구한 바 있는데, 그는 기본적인 문화의 영역을 4개 차원에서 분석하였다. 4개 차원의 영역은 권력거리(power distance)의 문화, 집단주의 대 개인주의, 여성성 대 남성성, 불확실성 회피와 수용에 대한 문화의 영역이다.

〈표 5-2〉 정신프로그램 모델의 국가적 문화 분류

권력거리가 큰 문화 (불평등을 수용하는 문화)	vs	권력거리가 작은 문화 (평등을 선호하는 문화)
집단주의 문화		개인주의 문화
여성성의 문화		남성성의 문화
불확실성 회피 문화		불확실성 수용 문화

① 권력거리의 크고 작은 문화

권력거리의 크기에 대한 문화는 문화적 특성과 유형을 분류함에 있어 평등과 불평등의 내용을 주로 다룬다. 권력거리가 큰 문화는 불평등을 수용하는 문화로 정당성보다는 힘이 앞서며, 권력을 가진 자가 특권을 누린다. 사람들의 수입 격차도 커 중산층이 적으며, 정치적 갈등은 흔히 폭력으로 이어진다.

반면, 권력거리가 작은 문화는 모든 사람이 동등한 권리를 지니는 것을 기본 가치로 삼는다. 권력의 행사는 합법적이어야 하며, 공정성과 정당성의 기준을 따르는 것을 중요하게 여긴다.

② 개인주의 대 집단주의 문화

개인주의 문화와 집단주의 문화의 영역은 개인 간의 구속력에 대한 정도를 기준으로 삼는다. 개인주의 문화는 개인 간의 구속력이 느슨한 반면, 집단주의 문화는 집단이 개인을 보호한다. 개인주의 문화에서는 정체감의 근원이 자신 안에 있다고 규정하고, 자신의 생각을 있는 그대로 말하는 것이 정직한 사람이라고 강조한다.

반면, 집단주의 문화에서는 정체감의 근원이 개인이 속해 있는 집단에 있으며, 우리라는 집단의 틀 안에서 생각하는 것을 중요한 가치로 삼는다. 조화와 화합을 강조하고 인간관계를 중요시하는 특징이 있다.

③ 남성성 대 여성성의 문화

여성성과 남성성의 문화는 자기주장적인 행동과 겸손한 행동 중 어느 쪽을 바람직하게 생각하는가를 다루는 영역이다. 남성성 문화의 특징은 물질적 성공과 진보가 사회의 지배적인 가치로 간주하며, 강한 리더십을 존중한다. 반면, 여성성 문화의 특징은 모든 사람이 겸손하다고 가정하며, 사회의 지배적인 가치는 다른 사람을 돌보고 보호하는 것을 중요시한다.

④ 불확실성 회피 대 수용의 문화

불확실성 회피와 수용의 문화는 불확실하거나 모호한 것에 대한 인내를 다루는 문화의 영역이다. 불확실성 회피의 문화는 자기와 다른 것을 수용하지 못하며, 융통성이 없고 획일적인 특성이 있다. 사회구성원의 주관적인 불안과 스트레스 수준이 높으며 행복지수가 낮다.

반면, 불확실성을 수용하는 문화에서는 일상생활의 특징을 모호성으로 여긴다. 애매한 상황과 익숙지 않은 불확실성에 대해서 편하게 느낀다. 사회구성원의 주관적 행복감이 높으며, 스트레스 수준이 낮게 나타나는 특징이 있다.

2 우리나라의 다문화 과정

1) 전개 과정

우리나라에서 다문화라는 용어가 사용되기 시작한 것은 외국인 이주자가 급격히 국내로 유입된 20세기 말부터다. 물론, 그 이전부터 화교를 비롯한 이주자 집단이 우리나라에 존재하였고, 국제적으로 크고 작은 인적 교류가 지속되어 온 것이 사실이지만 문화의 다양성에 대한 논의는 가시화되지 않았었다.

국가적 차원의 대규모 인구이동과 자본 및 상품, 문화의 흐름이 전 세계적으로 일반화되기 시작한 것은 냉전종식과 함께였다. 이후 세계적인 인구이동이 지속적으로 증가하면서 급격한 사회변화가 이루어졌고, 이로 인해 이주민을 둘러싼 갈등과 사회적 문제들이 발생하기 시작하였다. 우리나라는 1980년대 말에서 1990년대 초까지만 해도 외국인 이주자가 우리나라 전체 인구의 0.1% 정도였으나, 이후 계속 증가하여 다문화에 대한 국민적 관심이 높아지기 시작하였다.

우리나라는 1945년 해방과 함께 분단된 슬픈 역사를 가지고 있으며, 6 · 25전쟁을 거치면서 냉전구도가 형성되었다. 이와 함께 정치권력이 민족주의를 정치도구로 사용하면서 남북의 냉전구도는 더욱 고착화되었다. 그럼에도 불구하고 세계의 냉전은 1970년대 이후부터 해체되기 시작하였다. 1990년대에 독일이 통일되면서 동서 냉전은 완전히 무너졌으나, 한반도에서의 남북 냉전은 여전히 계속 남아 있는 현상이 되었다.

이런 남북정세에도 불구하고 우리나라는 세계적인 탈냉전 기류에 편승하려는 사회적 요구가 계속해서 일어났는데, 그 이유는 경제적인 산업화를 위한 새로운 노동시장이 필요했기 때문이었다. 이때 북방정책에 따라 소련 및 동유럽 국가와의 관계 정상화가 이루어졌으며, 1992년에는 한 · 중 수교가 이루어져 외국인 이주가 급격히 증가하였다.

1990년대 말부터 우리나라는 시장 개방과 더불어 국내 노동력 구조가 크게 변화하여 외국인 이주민이 큰 폭으로 증가하였다. 국제결혼도 급격하게 늘어나

2005년 이후부터는 우리나라 전체 결혼 인구의 10%를 넘어섰다. 1990년 이후 우리나라 남성과 결혼한 외국인 여성의 국적 중 가장 큰 비중을 차지한 것은 중국 조선족이었다(이혜경, 2005). 1992년도 한 · 중 수교가 이루어져 중국과의 외교관계가 공식적으로 시작된 이후부터 중국에 한국 열풍이 불어 비교적 적은 비용으로 쉽게 이주가 가능한 점을 이용하여 위장 결혼도 발생하기 시작하였다.

이러한 현상은 1997년의 외환위기 극복 당시 우리나라 노동시장의 변화와 고령화 사회로의 진입, 외국인 노동력 수용 등이 필요했던 상황도 영향을 미쳤다. 서구의 국가들은 대부분 짧게는 50년에서 길게는 150여 년의 이주 역사를 가지지만 우리나라는 짧게 10년, 길게는 15년 만에 이주민이 급격하게 늘어났다. 이러한 모습은 전 세계적으로 유례가 없는 매우 특이한 현상이다.

2) 다문화 인식

보건복지부(2008)에서 조사한 자료를 보면 우리 사회의 외국인 이주민에 대한 인식은 외국인 이주자나 외국문화에 배타적인 태도를 가지고 있는 것으로 나타났다. 우리 국민이 외국인에게 느끼는 사회적 거리는 미국인을 가장 가깝게 인식하고 있으며, 그다음으로는 조선족–일본인–동남아시아인–중국인–몽골인–남아시아인 순서로 나타나고 있다.

우리나라 사람은 외국인을 이웃이나 동료, 친구로 받아들이는 것에 비교적 관대하지만, 국민이나 배우자로 받아들이는 것에는 배타적인 이중적 태도를 갖고 있다. 연령별로 보면 50대 이상에서는 외국문화에 대한 관심 자체가 낮은 수준인 반면, 20~30대의 젊은 세대는 상대적으로 외국문화에 대해 많은 관심이 있다.

외국문화에 대한 관심을 분석한 결과 50~60대의 연령층은 관광 등 특정 분야에 관심이 높았으나, 20~30대의 경우에는 음식문화와 언어, 대중문화에 높은 관심을 보여 연령별 차이가 났다. 특히, 젊은이들은 외국문화 중에서도 미국과 일본으로 대표되는 선진국 문화에 관심이 높으나, 우리나라로 유입되는 이주민 출신지인 동남아 문화에 대해서는 주목하지 않는 것으로 나타났다.

이러한 조사결과는 우리나라 문화의 전통적이고 심리적인 특성과 무관치 않다. 우리 사회는 조선시대의 유교적 가치관에 뿌리를 두고 집단문화 특성을 유지해 왔다. 뿐만 아니라, 불확실성에 대한 강한 회피 성향을 갖고 있어 자신의 집단과 조금이라도 다른 것으로 인식되면 이를 회피하는 특징이 있다. 이러한 현상은 우리 사회에 뿌리 깊게 박혀 있는 순혈주의의 단일민족이라는 고정관념과 우리 문화가 우월하다고 인식하고 있기 때문인 것으로 분석하고 있다.

한편, 이주노동자나 결혼이민자 등 경제적 빈곤 때문에 국경을 넘는 사회경제적 하층부에 위치한 이주민을 마지즌(Margizen)이라 부르는데, 이들에 대한 우리나라 사람들의 태도는 매우 배타적인 모습을 보이고 있다. 단일민족이라는 고정관념은 인종에 대한 차별로까지 이어져 동남아 국가와 같이 경제적 수준이 낮은 외국인에 대해서는 천민의식과 차별의식을 갖고 있다(김영란, 2006).

데니즌(Denizen)은 선진국 출신 백인 이주민이 주로 해당하는데, 이들은 고소득 전문직 종사자로 대부분 기업이 보장해 주는 사회적 안전망을 가진 고급 인력에 해당한다. 우리나라 사람들은 데니즌에 대해서는 마지즌과 달리 매우 우호적인 태도를 보이고 있다.

이렇게 우리나라 사람이 이주민에 대한 이중적인 태도와 차별의식을 갖는 것은 아직도 가문의 명예와 권력을 중시하는 관습과 획일적이고 집단주의적인 사고에서 벗어나지 못하고 있음을 보여 준다.

우리 사회의 다문화에 대한 인식이 군에 주는 시사점을 살펴보면 다음과 같다.

첫째, 다문화장병의 군 적응에 대한 종합적인 대안 마련의 필요성을 제시하고 있다. 외국인 이주자나 외국문화에 대한 우리 국민의 이중적인 모습은 다문화장병의 군 생활에도 영향을 미친다. 군에 입대히는 우리나라 다뷴화장병은 주로 중국인이나 동남아시아 출신 다문화가정 자녀가 많은 비중을 차지한다. 이들에 대해 갖는 일반 병사의 문화선호도가 높은 수준이면 문제 될 것이 없지만, 상대적으로 이들에 대한 문화선호도가 낮은 수준에 있어 다문화장병의 군 생활에 부정적인 영향을 끼칠 수 있다.

둘째, 다문화장병과의 다양한 형태의 관계형성이 요구되고 있다. 자신과 다른 인종과의 접촉 경험이 인종적 편견에 미치는 영향을 분석해 보면 다양한 형태의 사회적 접촉이 사회적 거리감을 낮추는 데 긍정적인 효과가 있는 것으로 보고되고 있지만, 이주민과의 접촉이 빈번하게 일어날수록 이들에 대한 부정적인 태도는 더 강화되는 것으로 알려져 있다.

이 같은 현상은 결국 접촉 여부 그 자체가 특정한 영향을 미치는 것이 아니라 접촉이 이루어지는 사회적 환경과 상황, 접촉의 내용, 문화적 맥락에 따라 인종 및 민족적 편견에 미치는 효과가 달라짐을 알 수 있다(보건복지부, 2008). 이 말은 다문화가정 자녀의 군 입대만으로 일반 장병들과의 관계가 개선되거나 혹은 차별의식이 해소되는 것이 아니라는 점이다. 군 입대 후 일반 병사들과 어떤 접촉을 하며, 어떻게 상호관계를 맺느냐에 따라 편견과 차별의식을 줄일 수 있음을 시사하고 있다.

셋째, 군 장병의 긍정적인 다문화 인식을 확장할 필요가 있다. 우리나라 사람은 연령이 낮을수록 외국인 이주자에 대한 거리감을 낮게 가지며, 긍정적인 인식을 하고 있다. 이러한 결과는 젊은 연령층으로 구성된 군 장병들에게 긍정적인 요소로 작용될 수 있다. 일반 장병과 다문화장병이 함께 참여하는 다문화 집단상담과 같은 다양한 대안적 활동을 마련하여 이를 확장시킬 경우 많은 성과를 기대할 수 있다.

3 군의 다문화 전개 과정

1) 다문화군대의 개념

일반적으로 통용되는 다문화사회의 개념은 다양한 인종과 언어, 종교, 성별 등 배경이 다른 개인이 서로의 문화를 존중하고, 보편적 민주주의와 인류공영의 철학을 바탕으로 문화집단 간 공존과 관용이 허용되는 사회를 의미한다.

이러한 다문화사회의 개념과 특징을 고려하면 다문화군대는 다양한 문화적 배경을 가진 장병들이 서로 인종적 · 종교적 · 문화적 다양성을 인정하고, 서로의 문화와 가치성향을 존중하며 국가방위에 총력을 기울이는 조직이다(심윤기, 2016).

국방부는 2014년 10월 1일 다문화장병 1,000명의 시대에 걸맞게 제66주년 국군의 날 기념식에 다문화장병과 그 가족들을 특별 초청한 바 있다. 이 자리에 참석한 7명의 다문화장병은 "나는 당당한 한국인이며 그래서 군 복무는 나의 당연한 의무다."라고 말하였다. 이 같은 다문화장병의 당찬 모습은 우리 군이 미래로 발전할 수 있는 잠재동력이자 선진 국군으로 도약할 수 있는 원동력이 아닐 수 없다.

다문화장병은 국제결혼으로 형성된 다문화가정에서 태어난 자녀 및 북한이탈주민의 자녀로 우리나라 군대에 현역으로 입대한 자를 말한다. 국방부에서는 외국인 귀화자와 북한 이탈주민가족의 장병, 국외영주권자 입영장병, 결혼이민자 등을 다문화장병의 범주에 포함하고 있다.

넓은 의미에서는 결혼이민자, 이주노동자, 유학생, 난민, 외국 국적 동포 등과 같이 서로 다른 민족과 서로 다른 문화적 배경을 가진 군인을 말하는 반면, 좁은 의미에서는 국내에 정착하여 거주하는 국제결혼 이민가정의 자녀를 포함하여 우리나라 국적을 취득한 외국인 이주노동자의 자녀와 북한 이탈주민의 자녀 등을 말한다.

우리나라는 1990년대 이후 외국인 노동자의 유입과 농촌 총각의 국제결혼 증가로 다문화사회로의 진입이 빠르게 진행되었다. 2014년 기준으로 외국인 체류자는 150여만 명을 넘어섰으며, 2030년경에는 전체 인구의 10%를 넘을 것으로 예측하고 있다(최선애, 2010). 이미 다문화학생 수는 5만 6,000여 명을 넘어섰고, 군에 입대한 다문화장병은 927명으로 집계되었으며, 2030년에는 1만여 명이 넘어설 것으로 추정하고 있다.

군은 다문화가정 자녀의 피부색이 병역을 수행하는 데 영향을 줄 것으로 보고, 2010년 이전까지는 이들을 보충역으로 분류해 현역 복무를 제외시킨 바 있다(「병역법시행령」 제136조 제1항 2호). 그러나 2010년 7월 26일 자로 이 규정이 삭제되어 피부색과 관계없이 다문화가정 자녀도 국방의 의무를 수행하게 되었다.

행정안전부에 따르면 결혼이민자의 자녀 중 2014년도 징병검사 대상인 만 18세 이상 남성은 1,719명이며, 2015년에는 2,199명, 2019년에는 3,626명이 된다고 발표하였다. 또한, 2024년에는 무려 4,730명이 될 것으로 추산하고 있다. 이 같은 통계청 자료와 행정안전부 자료를 종합해 보면 2년의 군 복무기간을 고려할 때 2030년경에는 다문화가정 출신의 현역 장병이 1만여 명에 이른다.

군은 2010년도 「병역법」에서 '민족'이라는 표현을 '국민'으로 개정하였다. 이것은 군에 입대한 다문화장병에 대한 이해는 물론, 같은 한국인으로서의 동등한 권리와 대우를 존중하기 위해 무척 잘한 일이다. 군에서도 출신지역, 종교, 학력 등 어떠한 조건에도 차별하지 못하도록 하고 있는데, 이는 문화적 편견과 차별 없는 긍정적인 조직으로 발전하고 있다는 것을 잘 보여 주고 있다.

우리 군이 다문화군대로 진입하는 데에는 다음과 같은 다양한 의미가 있다.

첫째, 우리 군은 다문화장병의 수가 많아짐에 따라 국제적인 세계화의 군대가 가능해졌다. 다양한 언어 구사가 가능한 다문화장병이 복무함으로써 세계 각지의 분쟁해결과 평화수호의 역할수행이 수월하게 되었다. 이 같은 결과는 세계평화의 수호자로서 군의 위상이 더욱 높아지고, 나아가 국가 이미지와 브랜드를 높이는 데에도 기여한다.

둘째, 병역의무에 대한 국민의식에 변화를 주고 있다. 우리나라 국적을 취득한 이주민 여성은 자신의 아들이 국방의 의무를 이행하는 것을 당연한 것으로 받아들인다. 일반적으로 우리나라 어머니가 자기 아들을 군대에 보낼 걱정으로 잠 못 이루는 것에 비하면 이주여성 어머니는 아들의 병역의무를 훨씬 더 의연하게 받아들이는 경향이 있다. 이러한 모습은 다문화가정에 대한 우리 사회의 보이지 않는 불평등과 차별, 냉대를 완화시키는 계기로 작용할 것이 분명하다.

셋째, 다문화장병의 군 경험은 사회인으로서의 역량을 갖추고 다양한 직종에 당당하게 진출할 수 있도록 하는 데 기여한다. 우리나라에서 군필자라는 신분은 일종의 사회적 자본으로 통용되는 경우가 많으며, 군대를 다녀온 한 남성으로서 자아존중감에도 긍정적인 영향을 준다.

2) 다문화군대로의 전환

다문화군대로 전환되어 가는 과정에는 이슬람교를 포함한 소수 종교에 대한 종교 활동이 동시에 보장될 필요가 있다. 다문화군대로 전환하는 데에는 이 외에도 몇 가지의 준비를 갖추어야 한다.

첫째, 군인복무규율을 정비하는 일이다. 국방부는 장정이 입영하거나 임관식을 하면 선서를 한다. 대한민국의 군인으로서 "국가와 민족을 위하여 충성을 다하고…"라는 표현을 "국가와 국민을 위하여 충성을 다하고…"라는 표현으로 바꾸었다.

이것은 국군을 국민의 군대로 규정한 이념과 일치할 뿐만 아니라, 우리나라가 단일민족의 문화라는 이유로 다문화장병이 겪을 수 있는 불평등과 차별을 차단한 것이다. 뿐만 아니라, 우리나라 군대와 군인이 충성을 바칠 대상은 오직 대한민국과 국민임을 인식하게 하는 데 기여한다.

둘째, 다문화 교육이다. 군은 장병의 동반입대 복무제도 보완을 통해 다문화장병들의 원활한 복무여건을 준비하고 있다. 군 복무 간 차별금지 사항을 규정하고 다문화를 수용하는 기반을 구축하는 노력도 기울이고 있다. 2010년도부터는 보다 다양한 문화를 장병들이 이해하고 수용하며, 인종적 특성에 대한 잘못된 문화적 편견이 작용하지 않도록 다문화교육용 교재를 발간하여 적극 활용하고 있는 중이다(국방부, 2010).

육군훈련소와 각 사단 신병교육대에서는 다문화가정 자녀의 군 입대가 증가함에 따라 여러 가지 현실적인 대책을 마련하고 있다. 다문화가정 출신 훈련병을 효과적으로 훈련시키고 관리할 수 있도록 훈련 조교와 교관 · 훈련병을 대상으로 다문화교육을 강화하고 있다. 이러한 다문화교육은 다문화에 대한 장병의 이해를 넓히고, 다문화가정 출신 훈련병이 병영생활 중에 복무부적응이 발생되지 않도록 하는 데 기여한다.

셋째, 북한이탈 청소년의 군 입대 준비다. 국방부는 대한민국 국민이 된 북한이탈 청소년이 입대하는 상황도 대비하고 있다(육군본부, 2010). 대한민국 「병역법」을 보면 탈북주민 가정에서 태어난 자녀는 군 입대를 할 수 있지만, 탈북 청소년은 현 군사 상황을 고려하여 병역의무가 면제되고 있다. 그러나 앞으로는 북한이탈주민 출신 청소년에게도 군 복무가 허용되는 방향으로 검토될 필요가 있다.

3) 다문화장병의 부대적응

다문화장병의 군 복무과정은 일반 장병들과 별반 다르지 않다. 군대는 개인보다 조직의 가치를 우선하고, 고된 훈련과 직책수행을 위해 일정 기간 사회와 단절된 생활을 하는 특수성을 지니고 있다. 긍정적 관점에서는 다양한 문화적 배경을 가진 장병이 사회문화적 가치를 실현하는 능력을 키우는 좋은 학습장이 아닐 수 없다.

우리나라 청소년 중 일부는 '어떻게 하면 군 복무를 모면할 수 있을까?' 하고 궁리하는 것이 사실이다. 하지만 대부분의 다문화가정 자녀는 군 입대에 대한 생각이 긍정적이며, 군 복무에 대한 동기도 남달라 군 적응도 빠르다.

지난 2012년 해병대에 자원입대한 이 아니스 이병이 그 대표적인 예다. '좋은 친구'라는 뜻의 이름을 가진 아니스 이병은 한국인 아버지와 이란인 어머니 사이에서 태어났다. 1992년 12월생인 아니스 이병은 1년만 일찍 태어났어도 혼혈인으로 분류돼 군 입대를 면제받을 수 있었으나, 2011년 1월 1일부로 군 입영 법률이 바뀌어 입대하게 되었다. 아니스 이병은 피부색이 다르다는 이유로 군대를 못 가는 줄 알았는데 군에 복무할 수 있어 매우 기뻐했다. 그는 영어 · 한국어 · 페르시아어에 능통하여 중동 지역 파병지원을 생각하고 있다고 말하기도 하였다.

다문화장병의 군 복무적응은 개인특성 요인이 많은 영향을 미친다. 다문화장병의 심리적 요인도 군 복무에 영향을 미친다. 병영생활에서 오는 스트레스와 같은 심리적 요인은 자살에 부정적 영향을 미친다. 군 병사에 대한 자살위험성 진단 척도개발 연구에서는 스트레스에 대한 반응이나 대처능력의 중요성을 강조하고 있다(심윤기, 2014).

우리나라 장병은 대부분 스트레스에 대해 주로 억제하는 방법을 사용한다. 하지만 다문화장병의 경우에는 군 입대 전 그들이 자라는 과정에서부터 많은 스트레스를 해결하는 방법을 발달시켜 왔다. 군 입대 전 다문화사회화 과정을 거치면서 경험한 스트레스 극복을 통해 환경에 적응하는 독특한 대처방법을 익혔다.

이 외에도 자발적인 군 입대에 대한 의지, 군 복무에 대한 높은 가치 부여, 다문화에 대한 높은 인식 등이 긍적적인 영향을 미치고 있다. 그러나 이와 반대로 자아존중감이 낮거나 스트레스 대처능력이 낮은 경우에는 군 적응에 부정적인 영향을 미친다.

장병의 군 복무에 영향을 미치는 가족환경요인은 가족의 지지가 중요하게 작용한다. 가족구성원으로부터 지지받은 경험이 많은 장병은 대부분 복무부적응 수준이 높은 것으로 보고된다. 다문화장병의 경우에는 가족 간의 유대감이 상대적으로 높아 핵가족화되어 있는 일반 가정의 자녀보다 군 적응이 빠르다. 이렇게 학교와 다문화 가족지원센터의 지원과 다문화교육을 경험한 가정에서 성장한 장병은 심리적 안정감이 뒷받침되어 군 생활 적응에 긍정적인 영향을 미친다.

대인관계요인도 군 적응에 영향을 미친다. 대인관계요인은 크게 동료와 상관의 관계로 함축할 수 있는데, 이 중 동료관계는 병영생활을 하면서 경험하는 여러 가지 어려움을 함께 나누는 대화의 상대자로 군 생활에 안정감을 갖는 데 기여한다.

상관과의 관계가 좋은 경우에는 군 복무에 긍정적인 영향을 미친다. 상관으로부터 지지를 많이 받을수록 임무수행에 대한 동기도 증가한다. 다문화장병이 훈련병 시절부터 자대생활 그리고 전역할 때까지 상관과 좋은 관계가 형성될 경우에는 이들의 군 생활 적응 수준은 매우 높게 유지된다.

4 군 다문화상담과 교육

1) 다문화상담의 개념

문화는 인종, 언어 그리고 국적이 다른 데서 오는 문화적 차이를 포함하는 개념으로 작게는 종교, 계층, 학력, 신체장애 등으로 형성된 사고방식까지 포함한다.

다문화상담은 상담자와 내담자 간 문화적 배경과 가치관 그리고 생활양식에 있어서 전통적인 일반상담과 다른 점이 많다. 다문화상담은 인종이나 민족적으로 주류가 되는 한 집단과 소수 또는 비주류 집단 간 이루어지는 관계를 말한다(강진령, 2003). 넓은 의미에서는 국적이나 인종, 민족 등 문화인류학적 변인이 다른 사람과 이루어지는 관계를 뜻하지만, 협의의 측면에서는 같은 국적을 공유하는 상담자와 내담자 사이에서 이루어지는 상담을 의미한다. 역사적 관점에서 바라보면 미국의 백인 상담자와 소수민족 내담자 사이에 이루어져 내려온 상담이라고 말할 수 있다. 다문화주의에서는 문화인류학적 변인인 국적, 민족, 언어, 종교와 인구학적 변인인 연령, 성별, 지리적 위치를 고려할 뿐만 아니라 교육, 사회경제적인 배경, 관계유형까지도 고려한다.

수와 토리노(Sue & Torino, 2005)는 상담과정과 상담자의 역할 면에서 다문화상담을 "내담자의 문화적 가치와 관련된 상담목표와 기법을 사용하고, 내담자의 개인적 정체성과 집단적 정체성의 의미를 모두 포함하는 과정"이라고 정의한다. 다문화상담은 내담자를 조력하는 과정에서 개인적이고 문화특수적인 전략을 사용하며 내담자 체계를 고려한다. 다문화상담은 전통적인 일반상담과 다른 몇 가지 특징을 가지는데 그 내용은 다음과 같다.

〈표 5-3〉 다문화상담의 특징

- 다문화상담은 상담자의 역할이 전통적인 일반상담보다 넓고 다양하다.
- 다문화상담은 내담자를 사회적이고 문화적인 맥락의 산물로 바라본다.
- 다문화상담은 상담기법을 적용하는 영역이 다양하고 넓다.
- 다문화상담은 생활경험과 문화적 가치의 조화를 중시한다.
- 다문화상담은 인간 존재의 의미를 개인적, 집단적 차원을 모두 포함한다.

일반상담이론은 역사적 관점에서 볼 때 주로 미국에서 발전되어 왔다. 그렇기 때문에 유럽계 백인 중류층 미국인의 문화적 가치와 관습, 철학, 언어를 토대로 하고 있다. 다문화상담 역시 미국에서 출발하였다. 미국은 1980년대 이후부터 아프리카계와 아시아계, 라틴계 등 소수민족이 급격하게 늘어났으며, 이들 소수민족은 미국의 주류문화 속에서 성장하며 정신건강상담의 주요 대상으로 등장하였다.

일반상담이론은 소수민족의 문화와 빈번하게 충돌하였다. 특히, 다문화주의자들은 현대의 일반상담과 심리치료가 문화적 배경을 달리하는 사람들에게 효과적인가에 대한 비판을 가하였다. 일반상담과 심리치료이론은 다양한 문화권에서 살고 있는 사람의 복잡하고 광범위한 문제를 예측하지 못하고, 해결하는 데에도 부적합하다는 평가를 내리기도 하였다(Sue, 1995).

다시 말해, 일반상담이론의 대부분은 인간의 느낌, 행동, 사고 및 사회적 존재를 인정하면서도 문화적 · 정신적 · 정치적 존재를 인식하지 못하는 단점을 지니고 있다고 비판하였다. 인종과 민족, 성별, 연령, 사회적 지위 등에 상관없이 획일적으로 적용시켜 온 일반상담의 방법과 전략에 대해 문제를 제기하면서 새로운 다문화상담의 중요성을 주장하였다. 이러한 영향으로 상담전문가들은 문화적 배경이 다른 상담자와 내담자의 상담관계에서 나타나는 문화적 다양성에 대해 관심을 갖기 시작하였다.

이러한 관심은 심리학적 · 상담학적 연구로 이어졌는데, 이러한 흐름 속에서 다문화상담의 새로운 이론들이 탄생하였다. 페데르센(Perdesen, 1994)은 이를 심리학의 제4세력으로 칭하였으며, 미제트와 메거트(Midgette & Meggert, 1991)는 상담의 새로운 패러다임이라고 언급하였고, 아이비와 모건(Ivey & Morgan, 1993)은 상담교육의 핵심이라고까지 주장하였다. 이외에도 많은 학자들은 다문화상담의 중요성과 필요성을 언급하였으며, 상담자와 내담자의 문화적 차이를 최소화함은 물론 문화적 맥락에서 인간의 행동에 대한 올바른 해석이 필요하다는 것을 강조하였다.

한 사람의 정체성은 개인이 속한 문화의 영향을 받으며 형성되는 관계로 개인의 문제는 종종 문화적 상황에서 출발하는 측면이 있다. 다문화상담이 일반상담과 달리 문화중심적이고 문화적 맥락에 따른 철학에 기초하는 이유가 여기에 있다. 상담자가 내담자의 문화적 배경, 가치관, 가족제도, 체계, 역사 등을 알지 못하면 내담자를 제대로 이해할 수 없을 뿐만 아니라, 상담이 실패할 가능성이 크다. 그래서 수(Sue, 1995)는 인간은 문화의 영향을 받으며 주관적으로 삶을 살아가는 존재임을 강조하면서 다문화상담의 특징을 다음과 같이 설명하고 있다.

① 다문화상담은 일반상담에 비해 역동적이다.
② 다문화상담은 조력의 범위가 넓고 포괄적이다.
③ 다문화상담은 사회정치적 맥락을 이해해야 한다.
④ 다문화상담은 문화의 다양성이 이해되고 수용되어야 한다.
⑤ 다문화상담은 전체적인 관계와 큰 시각에서 조력방법이 모색되어야 한다.

한편, 우리나라 보건복지부(2008)에서는 다문화상담의 내용적 측면에 대해 다음과 같이 설명하고 있다.

첫째, 다문화상담은 전통적인 일반상담보다 상담자의 역할이 더 많이 요구된다.

둘째, 다문화상담은 상담자의 새로운 역할과 다양한 능력이 추가로 요구된다.

셋째, 다문화상담에서 내담자의 문제유형은 부부문제, 부모-자녀문제, 국적문제, 인권문제, 폭력문제, 경제문제, 취업문제 등 다양하다.

넷째, 다문화상담에서는 내담자의 심리정서지원 및 다문화상담센터 프로그램과 연계되어야 하고, 전문기관의 각종 서비스가 제공되어야 한다.

일반상담이론의 대부분은 유럽문화 중심의 특징을 지니고 있다. 상담이론 속에 내재되어 있는 가치관은 자기(self)에 대한 개인주의 특성, 독립적 존재로서의 개별화, 그리고 집단적 공동체보다는 개인에 초점을 둔 의사결정과 책임감 등을 강조한다. 이러한 바탕 위에서 내담자와 상담관계를 맺고 상담을 진행하기 때문에 언어적 · 비언어적 표현과 반응을 해석하는 과정에서 문제가 발생한다.

한재희(2004)는 전통적인 일반상담이론의 기반인 개인주의 문화에서는 내담자가 자신의 의사를 적극적으로 표현하고, 자신을 드러내는 것은 상담자에게 신뢰를 느낄 때 나타나는 반응이라고 말한다. 반면, 내담자가 상담자에게 친근감과 신뢰를 느끼지 못할 때는 비판적이고 공격적인 태도를 보이며, 수동적이고 방어적으로 반응한다고 설명하고 있다. 이 외에도 많은 질문과 신체적 접촉은 상담에 흥미를 느낄 때 나타나는 반응이며, 신체적 거리를 유지하거나 질문이 없는 경우에는 흥미롭지 못할 때의 반응이라고 설명하고 있다.

그러나 우리나라와 같이 권력거리가 큰 문화에서는 친밀감을 느낄 때 상대방에게 더욱 공손하고 부드럽게 말하며 경청하는 모습을 보일 뿐만 아니라, 도움까지도 청한다. 반면, 권력거리가 작은 문화에서는 조용하고 공손한 태도를 보이는 것은 친밀감과 신뢰를 느끼지 못할 때 나타나는 반응이며, 어떠한 도움이나 조언도 요청하지 않는다고 설명하고 있다.

이 같은 점을 고려해 볼 때, 효과적인 다문화 군 상담을 진행하기 위해서는 문화적 맥락에서 인간의 행동에 대한 올바른 해석을 할 수 있는 능력을 갖출 필요가 있다. 문화적 차이에서 나타나는 반응이나 태도를 제대로 알지 못하면 군 상담관은 단순히 자신의 내면화된 틀에 따라 편견을 가진 상태로 상담을 진행하는 오류를 범할 수 있다.

2) 다문화상담관의 자질

다문화장병은 우리나라의 전통적인 문화를 이해해야 함은 물론 군에 입대해서는 군대문화를 이해해야 하므로 일반 장병들보다 배가의 노력이 필요하다. 군 상담관은 다문화장병이 겪는 이 같은 어려움이 군 복무에 미치는 영향을 잘 알고 있어야 상담을 효과적으로 진행할 수 있다. 군 상담관은 문화적 편견과 차별로 상처를 받으며 힘들게 군 생활을 하고 있는 다문화장병을 발견하면 그의 호소에 집중하여 경청하고, 그들이 겪는 어려움을 함께 나누며, 그들의 권리를 대변하는 역할을 할 수 있어야 한다. 군 상담관이 갖추어야 할 역량을 살펴보면 다음과 같다.

(1) 다문화인식과 지식

다문화인식은 사회 내 존재하는 문화적 다양성과 각 문화권에 속하는 개인의 가치, 경험되는 현실을 올바로 지각하는 것을 말한다. 자신의 가치와 신념까지도 문화의 소산임을 인식할 수 있어야 하며, 자신의 가치와 신념이 다른 문화권에 속하는 장병과의 관계에 어떠한 영향을 미치는지 민감하고 세밀한 부분까지 알아차려 한다.

군 상담관은 다문화장병의 세계관을 이해하는 측면에서 다문화가정과 집단에 대해 가지는 자신의 감정과 선입견, 고정관념을 정확히 인식하기 위한 끊임없는 노력이 필요하다. 그러면서 다문화장병의 문화적 배경을 이해하고 문화적 차이와 유사점을 인식하여 다른 문화와 세계관에 대한 문화적 민감성을 갖추어야 한다.

다문화지식은 다문화장병의 행동을 그들의 문화적 맥락에서 이해하기 위해 필요한 역사와 전통, 가치체계, 세계관 등을 말한다. 이는 군 상담관 자신과 다문화장병의 문화적 유사성과 차이점을 이해할 수 있는 능력이기도 하다. 다양한 문화를 학습하여 다문화사회에서 능동적으로 적응하고 상호 교류하는 데 필요한 지식이며, 서로의 문화가 다르다는 것을 존중하는 의미를 내포하고 있다.

이러한 다문화지식은 다양한 문화에 대한 내면화를 통해 여러 가지 좋은 효과를 가져온다. 상담과정에서 상담관 자신과 다른 문화적 배경을 가진 다문화장병에게 감정이입뿐만 아니라, 효과적인 소통이 이루어지도록 하는 데 기여한다.

(2) 다문화태도

다문화태도는 다양한 문화적 상황에서 나타나는 반응을 말한다. 다양한 문화적 특성을 지닌 장병과 효과적으로 의사소통하는 능력이며, 다문화적 상황에 적절하게 대응하는 인지적 · 행동적 · 정서적 측면의 총체적인 준비상태를 의미한다(이규림, 2011). 뿐만 아니라, 다문화태도는 무엇에 대한 한 개인의 좋아함과 싫어함의 정도를 나타내는 것으로서, 사람과 장소, 물건, 사건에 대한 긍정적이거나 부정적인 관점이기도 하다.

이렇게 다문화태도는 다문화장병에 대한 문화적 편견을 제거하기 위한 적극적인 행동과 문화적 갈등의 문제를 해결하는 데 도움을 준다. 특히, 지휘관이나 상담관의 다문화태도는 매우 중요하다. 이들의 바른 다문화태도를 보며 장병들은 문화가 다른 부대원을 이해하는 방법을 학습하고, 문화적 특성이 다른 동료에 대한 부정적인 편견이나 고정관념이 바뀌도록 영향을 주기 때문이다.

(3) 다문화기술

다문화기술은 어려운 군 생활 속에서 원활한 의사소통을 통해 다문화장병이 잘 적응하도록 돕기 위한 상담관의 능력이다. 기존의 상담개입 전략과 관련된 이론과 기법이 다문화장병에게 적용할 때 갖는 한계를 정확히 인식하고, 상담을 효과적으로 중재할 수 있는 능력이다. 문화적 역량을 갖춘 상담관이라는 의미는 특정 문화에 대한 문화적 기술을 지니고, 이를 부대원에게 효과적으로 적용하는 전문가를 지칭하는 말이다.

다문화기술에는 다양한 문화적 배경을 이해하는 방법, 문화적 다양성을 이해하는 기술, 문화적 차이를 공유하는 방법, 다양한 다문화 교육과 의사소통을 하는 방법 등을 포함한다. 이러한 문화적 기술을 실현시키기 위해서는 다문화장병이 겪는 현재의 문제와 관련한 문화적 정보를 정확히 수집하고 사정할 수 있어야 한다. 그리고 의사소통에 미치는 문화적 영향을 고려하며 비언어적 메시지를 잘 해석하는 것이 중요하다.

그렇다고 다문화상담이 기존 일반상담과 비교하여 완전히 새로운 상담기술만 필요로 하는 것은 아니다. 기존 일반상담에서 사용하는 공감, 경청, 반영, 직면, 해석 등의 기술을 적절히 활용하되, 기존 기술을 적용하기 어려우면 상황에 따라 일반상담에서 사용하는 방법론을 적절히 변형하여 적용하면 된다.

이를테면, 문화적 차이로 감정표현을 절제하는 문화권에서 자라 온 다문화장병의 경우에는 자신의 감정을 표현하는 것에 부담감을 느낄 수 있는데, 이러한 경우에는 감정표현이 익숙하지 않은 장병의 마음을 충분히 공감하는 것이 무엇보다 중요하다. 그런 다음, 상담과정에서 감정표현의 중요성을 이해하기 쉽도록 설명한 후, 경청과 상담기술을 적절히 적용하여 조력하면 된다.

3) 군 다문화상담과 교육

다문화장병은 어렸을 때부터 가정과 학교, 사회생활 속에서 여러 가지 많은 어려움을 겪으며 살아온 이유로 정서적 외로움을 더 느낄 가능성이 있다. 그래서 다문화상담을 진행할 때 일반상담보다 더 중요하게 다루어야 하는 것은 다문화장병과의 신뢰관계를 돈독하게 형성하는 일이다. 군 상담관을 신뢰하지 못해 경계심을 갖거나 상담관의 호의적인 태도까지 불신의 눈으로 바라보게 해서는 상담이 실패할 가능성이 크다(심윤기, 2016). 군 다문화상담을 성공하기 위해서는 다음과 같은 몇 가지의 조건이 필요하다.

첫째, 적극적인 경청과 공감이다. 상담관계를 친밀하고 따뜻하게 형성하기 위해서는 경청과 공감이 필요하다. 군에 입대하기 전 다문화장병의 삶은 대체로 어려운 환경에 놓여 있었기 때문에 정서적인 측면에서 취약할 수 있다. 그래서 다문화장병의 이야기를 잘 들어 주고 공감하는 것이 중요하다.

둘째, 다문화장병에 대한 자료탐색이다. 상담관은 상담이 시작되기 전 다문화장병의 신상자료를 원 소속부대로부터 확보할 수 있어야 한다. 다문화장병이 소속된 부대와 협조하여 다문화장병의 가족관계, 지지자원, 가족사, 발달배경 등의 자료를 확보한 후, 이를 세심히 탐색하여 문화적 배경을 이해한다. 상담이 이루어지는 과정에서는 다문화장병의 자세, 태도, 얼굴 표정, 시선, 몸짓 등의 비언어적 자료와 함께 개방적 질문을 통해 좀 더 깊이 있는 내담자의 특징을 수집하는 것이 중요하다. 이러한 정보는 현재 다문화장병이 겪고 있는 부적응의 어려움과 고충을 해결하는 데 크게 기여한다.

셋째, 부적응에 대한 이해다. 다문화장병 내담자가 당면한 현재의 어려움이 무엇인지 파악하고, 부대로부터 어떤 조치를 받고자 하는지를 탐색한다. 현재의 어려움이 군 생활 중 발생한 어려움인지, 아니면 가정적인 문제인지를 충분한 대화를 통해 탐색한다. 가정의 발달사, 개인특성, 강점, 자원 등의 정보를 주는 다문화장병의 말에 귀를 기울이며, 핵심 문제가 무엇인지를 파악하는 데 주력한다.

넷째, 지금까지 확보된 자료를 종합적으로 해석하고 대안을 마련한다. 여러 경로로 다양하게 획득된 다문화장병의 자료를 기반으로 현재 경험하고 있는 심리적 문제를 해결할 수 있는 대안을 마련한다. 이때 명료하게 대안을 준비할 수 있는 방법은 인지적 · 정서적 · 행동적인 문제로 구분하여 바라보는 것이 현명하다. 그 이유는 문제를 구분 짓는 것이 좀 더 문제를 정확하게 진단할 수 있고, 이를 해결할 수 있는 구체적인 목표와 상담전략 수립이 가능하기 때문이다.

다섯째, 적극적인 조언이다. 일반상담에서는 내담자 스스로 문제를 이해하고 스스로 목표를 수립하며, 스스로 어려움을 극복하도록 기다리고 인내할 것을 강조한다. 이러한 과정은 결국 장기상담으로 이루어질 수밖에 없다. 또한, 다문화장병의 수행역량이 일반 장병보다 부족하여 다문화장병 스스로 문제를 해결해 나가는 과정이 난관에 부딪힐 수 있다. 따라서 군 상담관은 현재의 어려움을 해결할 수 있는 여러 가지 대안을 내담자와 함께 논의하되, 군 상담관이 보다 적극적으로 다문화장병 내담자를 조력하는 과정이 필요하다.

군 다문화상담의 필요성 못지않게 또 다른 중요한 부분은 다문화에 대한 장병 교육이다. 다문화교육은 다문화장병을 포함하여 일반 장병에 이르기까지 모든 장병을 그 대상으로 한다. 교육인적자원부(2006, 2007)에서 제시한 교육모델을 군 상황에 맞게 수정 · 보완하여 제시하면 다음과 같이 설명할 수 있다.

첫째, 나를 소개하기다. 이 과정은 장병 자신의 모습을 있는 그대로 수용하기 위한 학습단계를 말하는데, 자신의 모습을 외모나 지성, 감성 등 다양한 측면에서 바라보도록 하고, 이를 다른 장병에게 소개하는 시간을 갖는다. 이렇게 다문화장병이 자신의 모습을 다양한 관점에서 드러냄으로써 다른 동료들과 서로의 관심사에 대해 공유하는 경험을 가질 수 있다.

둘째, 내 문화 바로 알기다. 이 과정은 복잡한 사회 및 가정관계 속에서 자신의 적절한 위치와 역할을 알고, 자신의 문화적 배경에 대해 자부심을 갖는 학습이다. 나와 내 가족의 뿌리를 생각해 보고, 나와 내 가족이 가진 강점을 이끌어 낸다. 또한, 자신에 대한 문화적 배경과 나에 대한 좋은 점을 받아들이고 자신감을 가지는 데 기여한다.

셋째, 문화 명료화하기다. 이 단계는 나라마다 다른 사람의 생활모습을 이해하기 위한 학습과정이다. 다문화장병은 자신의 어머니 나라 문화와 한국의 전통적인 문화를 동시에 학습한다. 이를 통해 우리나라의 고유문화와 다른 나라 문화에 대한 역사와 특징, 배경지식, 의사소통을 간접적으로 체험할 수 있다.

넷째, 이중문화 존중하기다. 이중문화 존중하기는 우리나라 문화와 타 문화를 존중하는 태도를 갖기 위해 나라별 군대예절을 통해 그 공통점과 차이점을 알아보는 학습과정이다. 예절 속에 나타난 여러 나라의 문화적 특징을 존중하고 행동으로 예절 등을 실천해 보는 것이 핵심이다. 이를 위해 나라별 군대의 식사예절과 경례예절, 공공장소에서의 예절, 대화예절에 대한 공통점과 차이점을 살펴보고 이를 학습한다.

다섯째, 정체성 이해하기다. 이 과정은 우리나라에 존재하는 다양한 문화와 타 문화를 이해하는 문화적 다양성에 대해 이해하는 능력을 향상시키는 학습이다. 이를 통해 이주노동자 가정, 새터민 가정, 국제결혼 가정의 모습을 바라보고 다문화장병이 겪을 수 있는 어려움을 서로 공감할 수 있다.

여섯째, 문화갈등 해결하기다. 군 생활을 하는 동안 발생할 수 있는 문화적 갈등을 해결하는 데 필요한 역량을 학습하는 과정이다. 병영 내 문화적 편견과 차별, 갈등이 생겼을 때 문제해결방법을 찾는 것은 각종 사례교육이 효과적이다. 문화적 갈등의 원인과 이를 해결한 사례교육, 군대 내 문화적 편견을 극복한 사례교육, 문화적 차별에 의해 발생한 주요 사고사례와 교훈 등을 교육한다.

C·H·A·P·T·E·R 6

군 가족상담

1 군인가족의 이해

1) 개요

가족은 둘 또는 그 이상의 구성원이 모인 공동체로 애정과 친밀감, 가치관, 의사결정, 자원을 공유하는 집단을 말한다. 일정한 정서적 유대를 경험하며, 개인과 가족의 욕구충족을 위해 과업을 수행하는 상호 의존적인 집합체로 인간이 세상에 태어나 사회의 한 구성원으로서 성장과 발달을 시작하는 최초의 환경이기도 하다(서현석, 2014).

인간은 출생과 함께 가족이라는 집단으로부터 친밀한 상호작용과 규범, 가치를 교육받고 독특한 문화를 유지하며 인성과 가치관을 형성한다. 가족은 사회 공통의 행동과 문화규범을 습득하여 사회화 과정과 사회를 존속시키는 데 큰 역할을 한다. 뿐만 아니라, 가족관계를 통해 서로 심리적 안정과 정서적 만족을 충족시키는 안식처를 제공받는다.

21세기의 큰 특징 중 하나는 가족구조의 변화가 새롭게 전개되고 있다는 점이다. 초혼 연령이 높아지고 출산율은 낮아지며, 가족기능이 축소되어 부부 중심의 가족형태로 변화되고 있다. 가문의 계승과 노후에 대한 자녀 의존도가 약화되고 있으며, 부부간의 역할도 평등하게 분담되고 있을 뿐만 아니라, 자녀양육에 대한 가치관도 변화하고 있다(김중백, 2013).

이렇게 가족구조와 형태가 새롭게 변화하는 이유는 사회문화적인 영향과 산업화, 도시화의 영향이 큰 비중을 차지한다. 그중에서도 가상공간에서의 비대면성과 익명성으로 이성과의 만남이 쉽게 이루어지는 정보화 사회의 발전은 가족관계에 가장 큰 영향을 미치고 있다.

이러한 가족환경의 변화는 앞으로도 계속해서 새로운 가족관계를 형성하는 데 많은 영향을 미칠 것으로 예측된다. 일부 국가에서는 동성애 결혼을 합법화하고, 일부다처제를 허용하라고 주장하는 목소리까지 들리고 있다. 결혼 연령의 상승과 출산의 고령화 문제, 부부 중심의 가족구조를 안정화시키는 제도 등이 새로운 패러다임으로 등장하고 있는데, 이러한 변화는 군인가족이라 해서 예외가 되지 않는다.

군인가족은 국가방위의 막중한 임무를 본인이 수행하고 있다는 높은 자긍심을 가지며, 스스로 군인가족으로서의 삶을 큰 영광으로 생각한다. 그러나 한편으로는 엄격한 규율과 통제하에서 생활해야 하는 이유로 갖은 어려움과 시련을 겪으며 생활하기도 한다. 일반사회와 다른 특수한 환경에서 집단적인 주거생활을 하는 불편함과 가족과 멀리 떨어져 지내는 스트레스, 자녀양육의 어려움, 잦은 이사와 분거생활 등은 그들만이 겪는 특수한 어려움이다. 이러한 측면에서 군인가족을 대상으로 이루어지는 가족상담은 부대 전투력 향상과 직결된 중요한 과업이다.

2) 군인가족의 특징

군인가족은 좁은 의미에서 본인과 배우자를 포함한 직계존속과 직계비속을 말한다. 넓은 의미에서는 현역 장교와 준사관, 부사관, 사병과 그 가족까지 모두 포함한다. 세계평화유지 임무와 같은 특수한 상황에서 군에 도움을 제공하는 일반인도 군인가족에 포함된다.

(1) 환경적 특징

군인은 군의 임무수행을 위해 가족과 별거생활은 물론 작전과 훈련 등으로 잦은 신체적 부상과 사망의 위험에 노출되어 있다. 잦은 근무지 이동과 이사, 자녀의 학교부적응, 군인가족에 대한 유무형의 통제에 따른 스트레스를 받으며 생활한다. 뿐만 아니라, 부대 인근 지역의 아파트나 관사에 집단적으로 거주함에 따라 다소 고립된 생활을 한다. 이러한 군인가족만이 겪는 고충과 스트레스, 갈등에 대한 올바른 이해를 돕기 위해 몇 가지 환경적 특징을 설명하고자 한다.

① 별거생활

직업군인 중 기혼자의 대부분은 가족과 보내는 시간이 대체로 부족한 실정이다. 도시에 주둔하는 부대보다 전방 부대에서 근무할수록 가족과 함께 보내는 시간은 더 부족하다. 국방부 자료에 따르면 30대 군인이 가족과 별거하여 생활하는 비율은 8% 정도지만, 나이가 들수록 점차 증가하여 46세 이상이 되면 가족과 별거하여 생활하는 비율이 무려 56%에 이르는 것으로 알려져 있다(심윤기, 2016).

이러한 높은 별거율은 가정생활 속에서의 부모역할이 상실되어 가족기능이 약화되기 쉬우며, 부모의 관심이 필요한 자녀, 특히 사춘기 전후의 자녀양육에 큰 어려움으로 작용한다. 뿐만 아니라, 별거할 수밖에 없는 군인 부부는 서로 각기 다른 사회적 관계망을 형성하며 살아감에 따라 부부 대화에서 공통된 화제를 찾기 어려운 문제점이 발생되기도 한다.

② 자녀와의 관계

군인의 자녀는 청소년 시기에 경험하는 급격한 발달적 변화와 부모의 직업적 특수성에 따른 변화를 추가로 감당한다. 군인 아버지는 자녀와 함께 거주하는 비율이 낮아 자녀와 대화하는 시간이 부족하고, 유대감을 형성하는 기회가 적어 자녀와의 관계가 원만하지 못한 경우도 있다. 부모로서 자녀의 학교문제를 같이 의논하지 못하고, 청소년기 발달과제에 대한 역할수행도 제대로 못 해 가족구성원 간 갈등이 발생되곤 한다.

특히, 교육환경 변화에 따른 학교부적응과 또래 친구들로부터의 집단따돌림을 경험하는 자녀에게는 무엇보다도 가족의 따뜻한 격려와 지지가 필요한데, 그 역할을 제대로 이행하지 못해 가정과 학교에서 동시에 자녀가 고립되는 경우가 발생되기도 한다.

③ 주거 환경

직업군인의 분거비율은 다른 집단의 분거비율보다 훨씬 높은 수준이다. 분거로 인한 생활비는 이중지출되어 경제적 부담이 가중되며, 잦은 전출과 이동으로 이사 비용이 증가하는 등 경제적 손실이 크게 발생한다.

군인가족은 국토방위의 임무수행을 위해 전방과 해안 · 도서 지역 등 일반적인 사회집단과 분리된 특수한 지역에서 생활하는 경우가 빈번하다. 이러한 주거환경은 시장, 병원, 은행 등을 이용하는 데 많은 어려움이 발생하며, 교육 · 문화시설의 미비로 자녀 교육과 문화적 욕구를 충족하지 못해 사회적 고립에 처하기도 한다.

④ 잦은 이사

직업군인은 일정 기간이 경과하면 근무지가 바뀌어 다른 지역으로 이동한다. 이 때문에 군인가족의 주거 여건은 매우 불안정한 상태인데, 위관 장교는 8년간 평균 5~6번 정도 이사한다. 영관급 장교는 19년에 12~13번 정도로 주거지를 옮겨, 평균 1~2년에 한 번 정도는 이사를 하는 것으로 알려져 있다. 필자도 33년 간 군 생활을 하면서 근무지 이동과 관련하여 19회 이사를 한 바 있으며, 필자의 차녀 또한 군인가족이 된 지 14년이 되었는데 그동안 10회의 이사를 하고 있다.

(2) 심리적 특징

군인가족이 경험하는 심리적 어려움은 개인의 인내와 희생으로 해결하는 경향이 대부분이다. 그렇지만 군인가족이 경험하는 심리적 불안과 고충은 개인적인 문제로 끝나지 않는다. 가족 전체의 건강과 행복에 영향을 미치며, 더 나아가 부대 전투력에도 큰 영향을 미친다. 군인가족이 경험하는 심리적 특성을 살펴보면 다음과 같다.

첫째, 환경으로부터 비롯되는 심리적 불편감이다. 잦은 전방근무와 야외훈련, 자주 돌아오는 일직근무 등 부대 중심의 생활 특성으로 가정에 충실하기 어려운 환경에서 살아간다. 잦은 훈련과 부대검열, 야간근무 등으로 출퇴근이 자유롭지 못하고, 그로 인해 부모의 역할을 제대로 이행하지 못한다. 자녀와의 유대감 형성에도 제 역할을 수행하지 못할 뿐만 아니라, 급격한 전 · 후방 생활변화에 따른 대인관계의 어려움까지 복합적으로 경험한다.

둘째, 자녀양육에 대한 스트레스를 경험한다. 군은 임무수행상 위계적 특성이 매우 강한 조직이다. 군의 위계적 특성은 군인가족이 모여 사는 아파트나 관사 등 주거 환경에도 영향을 끼쳐, 가족과 그 자녀에게도 차별적인 대우가 암묵적으로 존재한다. 이러한 영향은 고스란히 자녀의 자아정체감 형성과 자녀의 학교생활에 부정적인 영향을 미친다.

셋째, 가정생활 만족도가 낮다. 분거로 인한 이중생활로 경제적 부담이 가중되고, 군인 관사나 아파트가 한 장소에 집단적으로 모여 있어 사생활 보장이 제한된다. 특히, 군인 부모의 계급에 따른 가족 내 계급화와 진급 누락으로 인한 가족갈등으로 가정생활 만족도가 낮게 나타나기도 한다.

2 자녀의 학교부적응

군대는 어떠한 악조건하에서도 부여받은 임무를 완수해야 하는 조직이다. 군대의 임무는 가족체계에도 영향을 미쳐 여러 가지 복잡한 가족문제가 발생하기도 한다. 군인가족의 문제는 대체로 몇 가지의 유형이 있는데, 그것은 자녀의 학교부적응과 관련된 문제, 부모역할 부재에 따른 가족갈등, 배우자가 받는 스트레스 등이 주요 내용이다(심윤기, 2016). 본 절에서는 군인가족체계가 군대조직의 하위체계에 위치하는 점을 고려하여 구조적 가족상담의 관점에서 접근해 보고자 한다.

1) 현상

어느 나라든지 직업군인은 부대이동이 잦다. 우리나라 장교의 경우에는 1~2년을 주기로 보직을 변경하여 전후방 각지에서 근무한다. 이러한 근무규정은 군인복무규율에 명시된 방침이자 인사제도에 해당하는데, 다양한 지역에서 근무한 경력은 차기 진급과 보직관리 측면에서 개인에게 유리하게 적용된다.

군인 부모의 이동에 따라 그 자녀도 학교를 옮겨 다녀야 하는데, 초등학생 자녀의 경우에는 전학 횟수가 민간인 자녀에 비해 훨씬 높은 수준이다. 중 · 고등학생이 되면 그 격차는 다소 줄어들긴 하지만 이는 입시공부에 전념하기 위해 일찍부터 분거생활을 하고 있기 때문에 나타난 결과다. 일부 대학생의 경우에는 어린 시절 주거지 이동이 많았던 영향으로 스트레스 상황에서 덜 불안해하고, 불확실한 상황에서 더 수용적이라고 말하기도 하지만, 대부분의 학생은 잦은 전학과 이사가 학교생활에 부정적인 영향을 주는 것으로 알려져 있다.

학교 전학이 짧은 주기로 자주 바뀌는 군인 자녀는 학교가 바뀐 후 그 학교의 수업과정을 따라가지 못해 학습장애를 경험하며, 친구관계에도 어려움이 발생한다. 그래서 군인 자녀는 진정한 모교도 없고, 진정한 동창도 없다는 말이 전해져 내려오고 있다. 대체로 군인 자녀는 부모의 특수한 직업으로 자주 이사를 다녀야 하는 현실을 이해하는 편이지만, 부정적인 반응을 보이는 자녀도 적지 않다.

- 전학으로 친구와 헤어지는 아픔과 새 친구에게 적응하는 심리적 어려움이 동시에 존재하여 학교생활에 관심이 멀어진다.
- 군인 부모는 잦은 이사와 전학에 대한 미안함 때문에 자녀를 관용적으로 대해 부모-자녀 경계선에 부정적인 영향을 준다.
- 군인 자녀에 대한 과도한 부모의 관용은 스스로 부딪히며, 개척해야 할 세계와의 접촉을 차단한다.
- 군인 자녀의 잦은 전학은 또래관계에 부정적인 영향을 미치며, 그 결과 부모체계보다 형제체계 안에 안주하게 만든다.
- 형제체계의 지나친 결속은 외부세계에서 오는 스트레스를 부모에게 투사하여 부모에 대한 반항과 거부로 나타난다.

2) 상담전략

(1) 가족규칙을 새로 세운다

군인 부모와 자녀 간 갈등에 도전하는 군인가족의 위기상담은 가족규칙을 새롭게 세우는 것으로부터 출발한다. 군인 부모의 특수한 직업적 상황을 고려하여 만든 가족규칙과 그에 따른 가족구성원의 역할정립이 매우 중요하기 때문이다. 가족규칙 없이는 자녀의 행동을 수정하기가 어려울 뿐만 아니라, 자녀를 독립적으로 성장시키는 데에도 부정적으로 작용한다.

군인 자녀를 보호하고 공정하게 통제하는 가족규칙을 가족과 협의하여 수정·보완해 나가지 않고서는 자녀를 적절히 보호하기 어렵다. 군 상담관은 이런 점을 고려하여 가족하위체계가 서로 협조하고 잘 소통될 수 있도록 온 역량을 집중하여 소력할 수 있어야 한다.

(2) 가족구조를 재구조화한다

가족원 중 한 명이 스트레스를 받으면 다른 가족원도 그 가족구성원의 변화된 환경에 적응할 필요가 있다. 이러한 적응은 하위체계에서 주로 이루어지지만 가족 전체 체계로 확산되기도 한다. 그러므로 가정 밖에서 생겨난 디스트레스를 이유로 가족상담이 이루어질 때에는 가족이 처해 있는 상황과 가족구조에 대한 평가를 근거로 가족구조를 재구조화하는 것이 중요하다.

스트레스를 받는 자녀의 적응변화를 위해 가족구조를 재구조화했음에도 불구하고 문제가 계속 발생하는 상황이 지속되면, 스트레스를 주는 가족체계 외부의 요인이 무엇인지 알아본 후 학교관계자와 논의한다.

(3) 분명하고 명확한 경계선을 갖는다

자녀에게 늘 미안한 마음을 가진 군인 부모는 자녀의 행동에 지나친 관용으로 대하는 경향이 있다. 그로 인해 부모-자녀 간의 경계선이 애매해지는 일이 발생한다. 군인 자녀가 학교에 적응하지 못해 가정 안에 안주하려는 경향이 나타나는 이유는 애매한 경계선 때문이다. 이러한 경우에는 편안한 형제체계 안에 안주하려는 경향을 외부세계로 관심을 돌리는 것이 필요하다. 왜냐하면 형제관계의 비정상적인 결속은 부모와의 관계에 좋지 않은 영향을 주기 때문이다.

어머니와 자녀의 경계선이 밀착된 경우에는 어머니의 관심이 자녀에게 집중되고, 아버지를 주변인으로 만들 수 있어 부부관계가 기능적이지 않게 된다. 이 같은 경우에 군 상담관은 어머니의 관심을 자녀에서 남편으로 돌려 부부관계가 회복되도록 조력한다. 이렇게 부모-자녀의 경계선이 애매하거나 밀착되면 이를 명확하게 재설정하는 것이 중요하다.

(4) 하위체계 교류에 집중한다

부모를 따라 자주 전학을 다니는 것이 불만이고, 학교생활과 친구관계에서 스트레스를 받는 자녀가 존재하는 경우에는 가족체계 전체가 그 영향을 받을 수 있다. 이때 군 상담관은 가족체계 간의 상호작용에 초점을 맞춰 가족위기상담으로 상담을 진행하는 것이 바람직하다. 자주 바뀌는 학교환경과 학업과정의 진도 때문에 학교생활에 대한 의미를 상실하고 학습 부적응으로 이어지는 경우에는 심리적 지지와 격려를 바탕으로 가족하위체계 교류가 활발히 이루어지도록 조력한다.

3 아내의 디스트레스

1) 현상

한 가정의 아내는 아내로서의 역할, 며느리 역할, 자녀양육을 담당하는 부모의 역할, 자신의 자아실현을 추구하는 일 등 다양한 역할을 감당한다. 군인의 아내는 남편의 특수한 부대 상황까지 추가로 챙겨야 하는 역할을 한다.

필자가 군 생활을 처음 시작한 80년대 초까지만 해도 군인가족은 특별히 하는 일 없이 남편이 벌어다 주는 월급으로 생활해도 되는 행복한 부류의 사람이라는 사회적 인식이 존재하였으나 지금은 상황이 바뀌었다. 직업군인은 군대특성상 집안의 대소사에 마음대로 참석할 수 있는 상황이 녹록지 않다. 군인 남편은 자녀양육을 포함한 가정에서의 제 역할을 제대로 할 수 없어, 대신 그 아내가 아버지 역할과 자녀양육의 역할까지 모두 감당한다.

군인 아내가 스트레스를 받는 이유가 여기에 있다. 앞서 언급한 여러 가지 역할 외에도 남편의 근무지 이동에 따른 잦은 이사와 자녀의 학교 전학, 분거생활로 인한 경제적 부담, 남편 계급에 따른 가족의 위계화, 진급 비선에 따른 불확실한 미래 등도 군인 아내가 받는 스트레스원이다. 군인 아내가 경험하는 이러한 일상의 문제는 심각한 수준의 스트레스와 함께 심리적 긴장과 불안으로 이어져 공황장애로까지 발전하는 경우가 있다.

잦은 주거 이전으로 안정된 취업 기회를 제공받지 못하는 스트레스도 이만저만이 아니다. 군인 아내의 부가적인 취업 기회의 제한은 가정경제를 어렵게 하는 요인으로 작용하여 심각한 우울을 경험하기도 한다. 장기간의 훈련과 파견에 따른 군인 남편과의 오랜 분거생활은 부부 정서에 영향을 미쳐 부부관계가 소원해지기도 한다.

고향에 계신 부모를 자주 찾아뵙지 못하고, 명절이나 집안 대소사에도 제대로 참석하기 어려워, 원가족과의 관계가 원만하지 못해 심한 죄책감까지 안고 살아야 한다. 군인 아내가 받는 이러한 스트레스는 아내 자신에게 끝나지 않고, 남편에게도 영향을 주어 부대근무에 지장을 초래하기도 한다.

2) 군인 아내의 스트레스가 미치는 영향

(1) 가족하위체계에 부정적 영향을 준다

군인 아내는 자유로운 분위기에서 스스로의 자아를 발전시키는 생활을 영위하는 것이 어려워 위축되고 움츠린 모습을 보이는 경향이 있다. 이러한 자아발전과 자아성취의 결여는 아내 또는 어머니로서의 의미와 가치를 축소하고, 부부하위체계나 부모하위체계에 부정적인 영향을 미친다.

자아성취가 제한되는 상황에서 남편으로부터 위로와 지지를 받지 못하면 부부하위체계는 제대로 제 기능을 발휘하지 못한다. 장기간 지속되는 남편과 아내의 분거생활은 부모-자녀 관계가 밀착되거나 경직되게 만들어, 가족갈등으로 이어지기도 한다.

(2) 자녀의 자율성과 독립성을 약화시킨다

군인의 아내이자 자녀의 어머니로서 주된 노력은 대부분 가정에 역점을 둔다. 그렇지만 가정이 아닌 외부적인 것에 큰 비중을 둘 경우에는 남편과 자녀를 소홀히 대하여 가족관계에 부정적인 영향을 미치는데, 그 결과 아버지는 자녀와 결탁하여 어머니를 주변인으로 소외시킬 수 있다. 어느 한 부모와 자녀가 밀착된 경계선을 가지면 그중의 한 부모는 자신이 이루지 못한 꿈을 자녀로부터 보상받고자 하여 자녀의 자율성과 독립성을 약화시키기까지 한다.

(3) 확대가족과의 갈등이 발생한다

직업 특성상 군인의 아내는 집안 대소사에 잘 참석할 수 없다. 그로 인해 남편은 죄책감을 갖고 살아가며, 아내에게 며느리의 역할을 강요하는 일이 벌어지기도 한다. 이런 경우 아내는 며느리 역할에 대한 과중함보다 남편에게서 받는 상처가 더 큰 스트레스로 작용하여 확대가족의 갈등으로 발전한다.

(4) 아내의 정서적 문제가 발생한다

분거생활로 인한 경제적 부담과 잦은 근무지 이동에 따른 자녀교육의 어려움, 자아성취의 기회가 제한되는 여건에서 생활하는 군인의 아내는 또 다른 정서적 문제가 발생한다. 아내의 역할이 많아지면 주어진 일을 모두 감당해야 하는 압박감에 시달리며 한 가지 일에 집중하지 못한다. 이러한 이유로 정신적 부담과 압박감 속에서 스트레스와 우울, 불안을 복합적으로 경험한다.

3) 상담전략

군인가족 상담전략을 살펴보면 다음과 같다.

첫째, 다양한 역할수행을 지지한다. 군 상담관은 가족구성원 간 밀착된 경계선과 경직된 경계선이 없는지 잘 살펴보고 상담에 접근하는 것이 바람직하다. 만약, 가족체계가 역기능적이라면 상담관은 먼저 가족구조를 변화시키는 데 초점을 둔다. 군인 아내가 과중한 역할 부담으로 스트레스를 받고 있다면 완벽한 역할수행에 대한 압박감을 덜어 줄 필요가 있다. 다중역할 수행에 대한 지지와 격려를 보내고, 본인 스스로 자신의 존재 이유와 의미, 가치를 발견하도록 돕는다.

둘째, 하위체계 기능을 회복한다. 군인 아내의 며느리 역할은 확대가족 관계에서 분리하여 독립된 가족관계를 이루어 나가도록 조력하는 것이 필요하다. 남편은 일체 확대가족과의 관계에 간섭하지 않도록 한다. 자아성취의 결여로 대인관계를 기피하는 경우에는 이를 명확히 인식하도록 조력하고, 부부하위체계와 부모하위체계 기능이 회복되도록 도움을 준다.

셋째, 가족의 의사소통을 증가시킨다. 부부하위체계의 경계선을 명확히 정립시키기 위해서는 지지와 상호 보완적인 의사소통이 선행되어야 한다. 군인 아내의 역할과 어머니의 역할에 집중된 관심을 자신에게 돌리고, 부부하위체계 활동에 더 많은 시간을 활용하도록 한다. 군인 아내 스스로 남편과 확대가족 그리고 주변인들로부터 소외된 약한 존재로 인식하고 있다면, 스스로 강한 존재임을 깨닫도록 조력한다. 이 과정에서 남편은 아내를 격려하고 지지하는 역할을 수행하는 것이 중요하다.

넷째, 촉진자의 역할을 수행한다. 군 상담관은 군인 아내의 힘든 세계를 가족구성원 모두가 이해하도록 자세히 설명해 줄 필요가 있다. 동시에 아내에게는 남편과 자녀의 역할도 힘들다는 것을 설명하는 등 중재자의 역할을 충실히 수행한다. 뿐만 아니라, 가족구성원 모두에게 새로운 변화를 시도하는 동력이 곧 격려와 지지임을 이해하도록 조력하고, 가족구성원의 긍정적인 심리적 자원을 찾아 이를 적극적으로 활용토록 하는 촉진자의 역할을 수행한다.

4 군인가족상담 절차

군인가족을 대상으로 하는 가족상담은 일반인을 대상으로 이루어지는 가족상담 절차와 다르지 않다. 단지 가족상담 대상자가 일반인이 아닌 군인가족이라는 점과 군인가족의 특성을 보다 잘 이해하고 있는 군 전문상담관이 상담을 진행한다는 것이 다를 뿐이다(심윤기, 2016).

1) 초기단계

(1) 접수면접

군인가족상담의 초기단계는 접수면접, 관계형성, 가족구성원의 상호작용 탐색,

상담목표 설정, 상담구조화 등의 과제를 주로 다룬다. 접수면접은 통상 전화로 이루어지는데 상담 날짜와 시간, 장소, 참석가족의 범위 등에 대해 상세히 논의한다. 어디에서 상담할 것인가도 중요한 논의 대상에 포함된다. 부대 안에 위치한 상담실은 출입이 자유롭지 못하고, 전 가족이 참석해 상담을 진행하기에 공간이 부족한 단점이 있다. 따라서 사설 민간상담소를 협조하여 할 것인지 혹은 군인가족이 현재 살고 있는 아파트나 관사 등의 숙소에서 할 것인지를 논의한다.

군인가족상담은 가족 전체를 대상으로 하기 때문에 사전 협의가 중요하다. 가족구성원 모두가 참여해야 가족의 역동성과 상호작용을 탐색할 수 있고, 가족이 처한 문제를 명확히 진단할 수 있다. 그러나 군인가족의 대부분은 가족 전체가 상담에 참여하는 것에 큰 부담을 가져, 소극적인 태도를 보이거나 상담을 취소하기까지 한다. 군 상담관은 이러한 점을 고려하여 부득이한 사정으로 상담에 불참하는 가족이 발생하면 상담내용을 녹음하여 그 가족원에게 보내 주는 등 다양한 방법을 마련할 수 있어야 한다.

(2) 가족의 안전 확보

군인가족상담의 초기에는 가족구성원의 안전을 지키는 것이 무엇보다 중요하다. 군인가족의 안전 확보는 군 상담관의 의무이자 책임으로 가족에게 닥칠 수 있는 여러 위험을 사전에 제거하거나 감소시키는 일이다. 상담이 진행되는 과정에서 가족들이 서로 비난하지 않도록 조력하고, 개방적이고 허용적인 분위기에서 서로에게 바라는 기대를 허심탄회하게 말할 수 있는 권리가 보장되어야 한다.

만약, 가출이나 자살위험이 높은 가족원이 있다면 응급을 요하는 입원을 조언할 것인지, 아니면 집중적인 가족위기상담으로 조력할 것인지를 논의하여 가족원의 안전을 우선적으로 확보한다.

(3) 상담의 구조화

군 상담관은 본격적인 가족상담과정에 들어가기 전 가족들과 일종의 협약을 맺는다. 그 내용은 일반적으로 상담목표, 상담기간 및 횟수, 회기의 빈도와 시간, 상담에 참석할 가족원 등을 포함한다. 군 상담관이 다루어야 할 상담구조화는 상담기간 동안 가족들이 자유롭게 상호작용하면서 지켜야 할 몇 가지의 규칙을 정한다. 상담과정에서 나타날 수 있는 거친 언행과 공격적인 행위, 비난, 가족원 평가 등을 금하고, 상담과정에서 나온 이야기는 비밀을 지킬 것을 약속한다.

특히, 상담과정에서 주고받은 이야기를 집에 가서 다시 꺼내지 않으며, 주고받은 이야기로 서로 다투지 않을 것을 서약서 형태로 작성한다. 지나치게 역기능적인 의사소통을 주도하는 가족원이 있는 경우에는 기본적인 의사소통에 대한 규칙을 자세히 알려 주고 이를 이행할 것을 촉구한다. 예를 들어, 상대방의 말을 중간에 가로채거나 끼어들지 않도록 하고, 남의 생각을 추론하거나 넘겨짚어 말하지 않으며, 비난하거나 불평하지 않기 등의 규칙을 세워 이를 지키도록 한다.

(4) 가족문제의 평가

군인가족상담은 가족의 근본적인 문제가 무엇인지 가족위기평가가 우선적으로 이루어질 수 있어야 한다. 가족위기평가는 효과적인 상담계획을 수립하고 상담목표를 수립하는 데 중요한 역할을 하며, 가족위기와 연관된 여러 문제적 요인을 파악할 수 있게 할 뿐만 아니라, 관련된 정보 수집을 용이하게 해 준다. 이러한 가족위기평가는 주관적 평가방법인 가계도와 가족조각기법 등이 있으나, 다양한 종류의 위기평가척도를 활용하는 객관적 방법을 동시에 활용하는 것이 효과적이다.

가족위기평가가 끝나면 본격적인 상담이 이루어진다. 첫 회기를 진행할 때 군 상담관이 주의해야 할 점은 가족이 왜 여기에 모이게 되었는지를 명확히 인식하도록 조력하는 것이다. 가족의 문제를 가족구성원이 어떻게 생각하고 바라보는지, 가족의 위기문제가 극복되기 위해서는 무엇이 변화되어야 하는지 등을 허심탄회하고 자유롭게 얘기할 수 있도록 격려한다.

가족상담이 진행되는 동안 가족이 당면한 문제에 누가 가장 강하게 개입하고 있는지, 누가 가족문제의 주도권을 쥐고 있는지, 가족문제 극복을 방해하는 가족원이 있다면 그가 누구인지 등을 관찰하여 가족의 역동성을 파악한다.

2) 중간단계

군인가족상담의 중간단계는 가족문제를 규명하는 것으로부터 시작한다. 가족문제 규명은 위기극복을 위한 상담목표를 수립하는 데 중요한 역할을 한다. 과거에 가족위기를 경험한 일이 있다면 이를 어떻게 대처하여 극복하였는지 아는 것이 중요하다. 이렇게 군인가족상담의 중간단계는 가족문제를 명확히 규명한 후, 이를 바탕으로 상담목표를 설정한 다음, 문제해결을 위한 대안을 찾는 과정으로 이루어진다.

(1) 위기문제 규명

군인가족상담은 현재 가족이 경험하는 문제를 명확히 규명하는 일이 필요하다. 군 상담관은 가족구성원 모두에게 현재의 가족위기상황을 객관적으로 바라볼 수 있도록 자상하게 안내한다. 위기에 처한 가족구성원은 각자 자신에게만 정신을 집중하고 있어 자기 외적인 존재가 문제해결에 어떤 도움이 될 것인지 깨닫지 못한다. 군 상담관은 이러한 사실을 인식하여 가족구성원 모두가 현재 처한 문제를 직시하도록 조력한다.

(2) 상호작용 탐색

군 상담관은 가족 전체 구성원이 자신의 문제를 어떻게 인식하고 있는지 이야기할 기회를 공평하게 부여하여 가족구성원 간 상호작용의 유형을 파악한다. 가족구성원 간 의견이 불일치할 때 어떻게 대처하는지, 문제해결을 위해 어떠한 방식으로 대화하는지, 가족이 오랜 기간 습관적으로 사용해 온 역기능적인 상호작용 패턴이 있다면 그것은 어떤 유형인지 등을 탐색한다. 이러한 상호작용 탐색을 통해 파악한 문제는 가족특성에 적합한 기법이나 전략을 적용하는 데 활용한다.

(3) 상담목표 설정

가족구성원 간 상호작용 탐색이 끝나고 가족문제가 명확히 규명되면 이를 바탕으로 상담목표를 설정한다. 대체로 가족상담의 목표는 가능한 한 위기를 유발시킨 문제를 신속하게 해결하는 데 적합하도록 명확하고 구체적이며, 가시적으로 설정한다. 구체적이고 실현 가능한 상담목표 설정은 가족상담의 주된 노력의 방향과 초점을 명확히 하여 상담 몰입에 기여한다. 만약, 가족구성원 각자가 생각하는 가족문제 해결을 위한 목표가 서로 상이하면 목표가 일치될 때까지 합리적인 의사소통과정을 이루어 나간다.

(4) 가족문제 해결

가족문제 해결은 가족상담과정의 핵심과제다. 가족의 문제해결은 위기극복을 위한 적절한 대안을 찾는 것으로부터 시작하는데, 위기상황에 있는 가족은 정신적으로 혼란하여 문제해결대안을 잘 생각해 내지 못하는 경향이 있다. 그래서 군 상담관은 가족구성원이 대안설정을 어려워하거나 힘들어하면 자신이 중심이 되어 여러 대안을 함께 강구하되, 최종적인 대안 선택은 가족구성원이 하도록 조력한다.

그러나 이것은 단순히 대안을 생각하지 못하는 가족을 대상으로 하는 것이므로 군 상담관이 일방적으로 이끌어 가는 방식의 대안 마련은 결코 바람직하지 않다. 군 상담관은 다양한 가족문제 해결을 위한 대안을 준비하되, 가장 적절한 시기에 그 대안을 가족구성원 모두와 공유할 뿐만 아니라, 이를 적극 실천하도록 조력한다.

3) 종결단계

군인가족상담을 종결할 때의 최종상태는 통상 가족의 문제가 모두 해결되고, 가족구성원들이 서로 만족할 뿐만 아니라, 신뢰하는 가족분위기로 변화되어 있어야 한다. 군인가족상담을 종결할 때의 기준은 대체로 다음과 같다. 첫째, 군인가족들이 만족할 만한 수준으로 상담목표가 달성되었을 때다. 둘째, 군인가족이 새롭게 습득한 대처양식으로 가족의 문제를 잘 극복할 수 있다는 자신감을 가질 때다. 셋째, 가족구성원 간 의사소통능력이 향상되어 서로 솔직하게 말하고, 상대의 말을 존중할 때다. 넷째, 가족구성원의 경계선과 가족규칙이 보다 융통성 있게 변화되었을 때다.

군인가족상담은 가족의 위기를 극복하여 위기 이전의 기능상태로 회복하는 것에 주 노력을 기울이지만, 가족의 성장과 발달이라는 한 차원 높은 잠재적 가능성을 높은 수준으로 끌어올리는 데에도 관심을 가진다. 가족의 위기를 극복한 경험을 바탕으로 스스로 성장을 이룰 수 있는 행동을 새로운 관점에서 개발해 가며, 나아가 위기상태에 놓여 있는 동료 가족을 솔선하여 돕도록 조력한다.

C·H·A·P·T·E·R 7

군 진로상담

1 진로의 이해

진로(career)란 한 개인의 생애 전 과정 동안 일과 관련된 모든 경험을 의미하는 동시에 일을 중심으로 한 개인의 전체 생애 과정을 일컫는 말이다. 한 개인이 일생동안 참여하는 일과 여가활동의 연속적인 과정을 포함하는 생활양식으로 생애의 모든 과정에서 쌓아가야 할 행로의 개념이다. 이러한 진로는 장병의 군 생활적응에 매우 중요한 요소로 작용하는데, 그 이유는 장병이라면 누구 할 것 없이 누구나 전역하여 새로운 진로를 선택해야 하는 날이 오기 때문이다(심윤기, 2016).

1) 용어 설명

진로와 관련한 용어는 매우 다양하여 유사한 용어들이 혼용 사용되고 있어 혼란을 주기도 한다. 그래서 진로 관련 용어들의 유사성과 차이점을 살펴보는 일은 중요한 과업이며, 진로 개념의 틀을 형성하는 데에도 기여한다(한국고용정보원, 2011).

- **진로(career)**: 진로의 용어는 매우 복합적이면서 종합적인 의미를 지닌다. 진로는 인생을 살아가는 과정에서 선택하는 모든 일을 뜻하며, 가장 상위의 개념에 있는 용어다. 개인이 태어날 때부터 시작하여 자신의 직업, 결혼, 가정생활, 자녀양육, 노후 생활까지의 모든 일이 진로에 포함된다. 진로는 일을 통해 무언가를 축적해 놓은 직업적 경력을 의미하는 것이어서 과거적인 의미의 용어이기도 하며, 한편으론 과거뿐만 아니라 앞으로의 생애 단계에서 쌓아가야 할 미래지향적인 개념의 용어가 되기도 한다.
- **직업(vocation)**: 직업은 일반적으로 보수를 받는 것을 전제로 하여 수행하는 일을 의미한다. 직업사전에서는 개인이 계속적으로 수행하는 경제 및 사회활동을 직업이라고 설명하고 있다. 여기서 계속적이라는 의미는 일시적인 것이 아니고 매일 · 매주 · 매월 주기적으로 행하는 경우와 계절적으로 행하는 경우, 또는 명확한 주기를 갖고 있지 않더라도 계속하고 있는 것을 의미한다.
- **진로발달(career development)**: 진로발달은 각 개인이 설정한 진로목표에 접근하고 진로목표를 달성해 가는 과정을 말한다. 진로발달은 진로지도의 목표 중 하나로 자주 지목되고 있는데, 그 이유는 이러한 개인의 진로발달이 촉진되어야 하기 때문이다.
- **진로교육(career education)**: 진로교육은 개인의 진로선택과 적응, 발달에 초점을 둔 학습을 의미한다. 학교와 가정 및 사회에서 가르치고 지도하고 도와주는 모든 활동을 포함한다. 각 개인이 자기 자신과 일의 세계를 탐색하여 자신에게 적합한 일을 선택하고, 선택한 일을 잘 수행하도록 평생 동안 진로교육이 이루어진다.
- **직업교육(vocational education)**: 직업교육이란 자기의 적성 · 흥미 · 능력에 맞는 직업을 선택한 후, 그 직업에 필요로 하는 지식 · 기능 · 태도와 일에 대한 습관 등을 개발하기 위해 이루어지는 교육을 말한다. 어떤 직업에 취업하기

위하여 준비하거나 현재의 직무를 유지 · 개선하기 위한 형식 또는 비형식 교육 등이 모두 직업교육에 포함된다.

- **직업상담(vocational counseling)**: 직업상담은 각 직업의 조건을 탐색하고 취업에 필요한 조건과 절차 등을 살피며, 선택 가능한 직업을 결정하도록 돕는 조력과정을 말한다. 우리나라는 직업상담 전문가인 직업상담사를 국가자격으로 공지하여 매년 3회의 시험과정을 시행하고 있다.
- **진로지도(career guidance)**: 진로지도는 사람들이 활동하는 생애기간 동안 그들의 진로발달을 자극하고 촉진하기 위해 상담자나 교사 등과 같은 전문가가 여러 장면에서 수행하는 포괄적인 활동을 말한다. 이러한 진로지도에는 진로계획과 의사결정, 적응문제 등을 조력하는 과정이 포함되며, 상담을 비롯한 교육, 견학, 실습 등의 여러 방법이 활용된다.

2) 진로정보

진로정보는 진로에 대한 다양하고 타당한 정보를 의미한다. 개인이 진로에서 어떤 선택이나 결정을 할 때 또는 직업적응이나 직업발달을 추구할 때 필요로 하는 모든 자료를 총칭하는 개념으로, 일과 관련된 교육적 · 직업적 · 심리사회적 정보를 말한다. 이러한 진로정보의 기능은 진로를 필요로 하는 사람이 진로에 대한 어떤 문제에 직면하여 장래 계획이나 의사결정을 할 때 자기를 둘러싼 생활환경을 이해하는 데 필요한 사실과 지식을 제공하며, 직업세계에 관한 통찰과 이해를 얻도록 도와주는 기능을 한다(지용근 등, 2009).

다양한 방법을 통해 획득된 진로정보는 정확한 평가가 이루어져야 되는데, 통상 일반적인 평가기준은 다음과 같은 요소를 포함한다. 첫째, 언제 만들어진 정보인가? 정보의 생산연도가 최근과 가까운 것을 참고해야 올바른 도움을 받을 수 있다. 둘째, 어느 곳을 대상으로 한 정보인가? 어떤 정보는 어느 한 회사나 도시 또는 지역에만 국한된 것일 수 있어 평가가 필요하다. 셋째, 누가 만든 정보인가? 누가 만든 것이냐에 따라 정보의 신뢰성이 다를 수 있다. 넷째, 어떤 목적으로 만든 정보인가? 어떤 목적으로 만든 것이냐에 따라 정보의 내용에 차이가 있다. 다섯째, 진로정보를 어떤 방식으로 제시하고 있는가? 제시하는 방법에 따라 정보효용성이 달라질 수 있다(한국교육정보지원센터, 2007).

(1) 진로정보 활용자료

진로정보의 전달은 서적, 시청각자료 등의 비상호적 매체(non-interactive media)와 컴퓨터 보조 진로지도시스템이나 면담 등의 상호적 매체로(interactive media) 크게 구분한다. 전달방법은 인쇄물, 시청각 자료, 면담, 역할극, 견학, 교과과정, 실습, 컴퓨터 등을 이용한다.

① 인쇄물

인쇄물은 가장 일반적이며 전통적인 형태의 진로정보자료에 해당한다. 제작과 보관, 유통이 용이하고 빠른 회전이 가능한 장점이 있다. 그러나 개인에게 동기부여가 어렵고 읽는 데 소요되는 노력이 많이 들며, 자료를 이용하는 사람의 역할이 수동적이 되기 쉬운 단점이 있다. 우리나라에서 진로정보를 전달하는 가장 대표적인 인쇄물은 직업사전이다. 군부대에서는 각 시 · 도교육청에서 배포되는 다양한 진로정보 관련 인쇄물을 협조하여 활용이 가능하다.

② 매체

매체를 활용하는 방법은 게시판, 전시회, 상업용 CCTV, 비디오테이프, 슬라이드, 영화, 마이크로필름 등이 있다. 이러한 매체는 각종 직업에 대한 인식이나 태도를 형성하는 데 효과적이라서 동기화 정도가 낮은 장병이나 전역예정 간부에게 효율적이다. 다양한 시청각 매체를 활용하면 학습자의 감각에 호소가 가능하여 동기를 유발할 수 있는 장점이 있다(예: 한국산업인력공단의 Job TV).

③ 상담

상담은 다양한 직업이나 직무 또는 교육기관을 대표하는 사람, 일의 세계와 교육에 관해 탐색하는 사람, 개인 대 개인, 개인 대 집단의 상담을 통해 정보를 수집하는 방법이다. 다양한 직무를 직접 수행하는 직업인이나 폭넓은 직업의 요구조건에 관하여 잘 알고 있는 인사 관리자를 직접 방문하여 상담하는 방법이 있으며, 정기적으로 열리는 전역장병 취업박람회를 찾아가 상담하는 방법도 있다.

④ 현장견학

현장견학은 공장이나 회사 등을 직접 방문하여 필요한 직업정보나 교육정보를 얻는 방법이다. 견학은 실제 상황에서 수행되는 일을 직접 관찰하고, 그러한 일에 종사하는 사람들과 이야기 나누며, 직장분위기에 젖어 볼 수 있는 기회를 가질 수 있다는 장점이 있다. 국방전직교육원에서 전역예정 간부들에게 소자본을 투자하여 창업기회를 제공하기 위해 유망 창업업체를 주기적으로 현장탐방하는 것이 좋은 예가 된다.

3) 진로정보기관

(1) 한국직업능력개발원의 커리어넷(CareerNet)

- 1999년 12월 교육인적자원부의 국고보조금을 받아 개설
- 직업사전, 자격정보, 진로지도자료, 사진 및 동영상 등의 정보를 제공
- 직업이나 학과, 자격 등을 검색할 수 있도록 각 영역을 구분하여 구성
- 대상에 따라 진로정보를 구분하여 제시

(2) 한국산업인력공단 중앙고용정보원의 고용안정정보망 워크넷(Work-Net)

- 1999년 4월 1일 개통
- 인터넷을 이용하여 구인자와 구직자를 연계시켜 줌으로써 기존의 취업알선기관의 고용안정기능을 강화
- 노동부의 지방노동관서, 시 · 군 · 구 취업지원센터, 노동부와 독립적으로 운영되던 중소기업청 등의 취업정보망을 상호 연계하여 국가 차원에서의 고용안정 인프라를 구축

(3) 중앙고용정보원의 한국직업정보시스템 노우(KNOW)

- 기존의 한국직업사전에서 발생하는 문제점을 보완하고 최신의 진로정보를 제공하기 위해 2001년 중앙고용정보원에 의해 구축
- 3가지 제공정보: 170개에 대학교에 대한 학과 정보, 600여 개 대표직업에 관한 상세정보내용 제공

(4) 진로정보센터

진로정보센터는 진로센터, 진로자료센터, 교육정보센터 등으로 불리기도 한다. 모든 교육적 · 직업적 · 재정적 지원정보를 기관 내의 한 장소에 수집하고 보관함으로써 진로 관련 정보의 활용도를 높이기 위해 운영되고 있다.

〈표 7-1〉 진로정보센터 기능

- 진로정보와 자료의 수집 · 분석 · 보관
- 진로정보와 자료의 보급 및 안내
- 상담 및 개인평가
- 산학협동(Work-study coordination)
- 교육과정 개발
- 지역사회에 대한 지원 및 협조

(5) 국방부 국방전직교육원

국방부는 전역예정 간부들의 전역 후 직업선택을 지원하기 위해 2015년 1월 국방전직교육원을 설립하였다. 장교와 준사관, 부사관 등 전역예정 간부를 대상으로 구인처 개발, 취업정보 제공, 취업상담, 취업추천, 취업박람회 개최와 같은 취업지원활동과 진로설계, 기본교육, 컨설팅, 단체교육, 주문식교육 등의 맞춤형 취업교육을 실시하고 있다.

최근 5년 이내에 전역한 육 · 해 · 공군의 전투병과는 물론 전문 기술병과로 복

무하다 전역한 인재를 전산관리하고 있으며, 업체가 필요로 하는 우수 인재를 취업 추천하기도 한다. 국방전직교육원에서 이루어지는 4주간의 전직지원 교육기간 동안 정보탐색 및 활용능력을 간부들이 함양할 수 있도록 집중적으로 지원하고 있다.

2 진로이론과 심리검사

진로상담은 진로선택이론과 진로발달이론으로 크게 구분한다. 본 절에서는 여러 가지 다양한 진로상담이론을 모두 담을 수 없어, 군 진로상담과정에 용이하게 활용할 수 있는 몇 가지 이론을 택하여 개념적인 부분만 수록하고자 한다. 진로선택이론은 특성-요인이론, 인성이론, 욕구이론 등을 알아볼 것이며, 진로발달이론은 진로발달이론, 사회학습이론, 의사결정이론 등을 살펴보겠다.

1) 진로상담이론

(1) 욕구이론

로우(Roe, 1956)는 욕구와 직업선택 행동과의 관계에 초점을 두고 직업을 분류하는 새로운 체계를 개발하였다. 그는 직업을 서비스직, 비즈니스직, 단체직, 기술직, 옥외활동직, 과학직, 문화직, 예술직 등 여덟 가지의 직업군으로 분류하였다. 뿐만 아니라, 각 직업군의 책임 · 능력 · 기술의 정도를 기준으로 고급전문관리단계, 중급전문관리단계, 준전문관리단계, 숙련직단계, 반숙련직단계, 비숙련직단계 등 여섯 가지 단계로 구분하였다.

직업군의 선택은 부모-자녀 관계에서 형성된 개인욕구에 의해 결정된다는 입장을 견지하였으며, 유전적 특성과 함께 어렸을 때의 경험을 중요하게 강조하고 있다. 예를 들어, 따뜻한 부모-자녀 관계에서 성장한 사람은 어렸을 때부터 경험을 만족시키는 독특한 욕구충족 방식을 배운다고 설명한다. 그리고 이것이 결국

인간지향적인 성격을 형성하며, 나아가 직업선택에도 동일하게 반영되어 인간지향적인 직업인 서비스직, 비즈니스직, 단체직, 문화직, 예술직 등을 선택한다고 말한다.

반면, 부모-자녀 관계가 따뜻하지 않은 가정환경에서 성장한 사람은 어렸을 때부터 부모의 자상한 배려나 관심을 못 받고 자랐기 때문에, 자신에게 어떤 문제가 있을 때 부모나 주위 사람들의 도움을 청하지 않고, 사람과의 접촉이 개입되지 않는 다른 수단을 통해 해결하는 방법을 터득한다고 설명한다. 그 결과 그들은 자연히 인간적이지 않은 직업인 기술직, 옥외활동직, 과학직 등을 선택한다고 주장하고 있다.

(2) 인성이론

홀랜드(Holland, 1992)의 인성이론은 자신의 성격성향에 적합한 자신이 좋아하는 진로를 선택한다는 내용이 핵심이다. 인성이론은 네 가지 가정에 기초한다. 첫째, 대부분의 사람은 여섯 가지 유형의 하나로 분류되는데, 그것은 실재적(Realistic), 탐구적(Investigative), 예술적(Artistic) 사회적(Social), 진취적(Enterprising), 관습적(Conventional) 유형으로 설명한다. 둘째, 환경도 여섯 가지 종류가 있는데 실재적, 탐구적, 예술적, 사회적, 진취적, 관습적 유형이 있다고 말한다. 셋째, 사람들은 자신에게 적합한 역할을 수행할 수 있는 환경을 찾는다고 말한다. 넷째, 개인의 행동은 성격과 환경의 상호작용에 의해 결정된다는 점을 강조한다.

이렇게 인성이론은 성격에 관한 유형론에 기반하고 있다. 모든 사람은 앞서 언급한 여섯 가지의 기본적인 성격유형 중 하나에 해당한다고 주장하고 있으며, 이러한 성격유형은 각자 자신의 성격유형에 맞는 환경을 찾는다고 설명한다. 예를 들어, 군대에서 일하는 것이 적합한 자의 성격유형은 연구하는 기관에서 일하는 것을 선호하는 사람의 성격유형과 다르기 때문에, 자신의 성격성향에 적합한 군 조직에서 일하면 만족감을 느낀다고 설명하고 있다.

(3) 특성요인이론

특성요인이론은 흥미나 능력과 같은 개인특성이 일하는 직업과 일치하는 경우 만족감을 느낀다고 설명하는 이론으로 개인심리학에 기초하고 있다. 대표적인 학자로는 파슨스(Parsons), 윌리엄(Wiliamson), 헐(Hull) 등이 있다. 이 이론은 과학적인 방법으로 개인과 직업을 연결시킨다(Parsons, 1909). 개인의 특성요인과 직업에서 필요로 하는 특성이 서로 밀접하게 연결될수록 직업적인 생산성과 개인의 직업만족감이 동시에 커진다는 것을 전제하고 있다.

이러한 이유로 이 이론은 과학적인 측정을 통해 개인의 다양한 특성을 식별한 후, 직업적인 특성과 연결시키는 것을 중요시한다. 이 이론에 뿌리를 둔 진로지도와 상담전략 역시 개인이 지닌 흥미와 적성을 심리검사 등의 객관적 수단을 통해 알아보는 것을 매우 중시한다. 각각의 직업에서 요구하는 성격이 무엇인지 직무분석을 실시한 후, 개인특성에 가장 적합한 직업을 선택하도록 조력하는 것에 역점을 둔다.

(4) 사회학습이론

사회학습이론은 개인을 둘러싼 사회문화적 환경이 개인의 진로선택에 영향을 미친다는 이론으로, 행동주의, 인지이론, 강화이론에 근거한다(Mitchell & Krumboltz, 1996). 이 이론은 환경과 학습경험을 모두 중요하게 여기는데, 개인이 살아가면서 실제 경험하는 사건을 통해 받은 자극이 진로선택에 영향을 준다는 입장이다. 예를 들어, 초등학교 때 씨름대회에서 1등을 한 어린이는 씨름에 대한 자신감을 얻어, 그 경험을 통해 성인이 되어서도 체육 계통으로 진로를 선택한다고 여긴다.

또 다른 하나는 연상적 학습경험이다. 예를 들어, 2016년 「태양의 후예」라고 하는 TV 인기 드라마에서 남자 군인 주인공의 모습이 너무 멋있어 관심과 흥미를 갖게 되면, 이것이 나중에 연예인이 되기 위한 진로를 결정하는 데 영향을 준다고 설명한다. 결론적으로 사회학습이론의 주된 개념은 가정, 학교, 지역사회 등의 사회적 요인이 직업선택에 영향을 미친다는 것을 강조하고 있다.

(5) 의사결정이론

타이드만과 오하라(Tiedman & O'hara, 1963)는 진로발달을 직업정체감을 형성해 가는 과정으로 여겼다. 개인의 자아정체감은 분화와 통합의 과정을 거쳐 형성되고 새로운 경험을 쌓을수록 발달하는데, 이러한 자아정체감은 의사결정과정과 함께 직업정체감 형성에 중요한 요인으로 작용한다고 보는 입장이다. 의사결정으로 이루어지는 진로선택과정은 두 단계로 구분하여 설명한다. 먼저, 예상기(Anticipation period)는 의사결정의 절차와 내용에 대해 개인이 사전에 인식하는 단계며, 적응기(Adjustment period)는 자신과 현실 간에 적응과 선택이 이루어지는 단계로 설명하고 있다.

의사결정이론이 주는 시사점은 의사결정의 첫 단계에서 군 장병에게 정보수집과 활용 방안을 구체적으로 학습시켜야 된다는 점이다. 그리고 의사결정과정은 군 생활과 관련된 구체적 사례를 들어 의사결정기능을 학습할 수 있도록 지속적으로 도와주어야 한다. 아울러 장병이 주로 사용 가능한 의사결정과정과 전략을 이해하고, 부족한 부분을 개선할 수 있도록 진로교육과 상담을 병행할 수 있어야 한다.

(6) 진로발달이론

진로발달이론은 개인심리학과 발달심리학 그리고 성격이론 등의 다양한 학문을 기초로 발전하였다(Super, 1957). 이 이론은 개인의 전 생애기간을 전체적으로 고려하여 아동 · 학생 · 시민 · 군인과 같은 생애역할과 성장기 · 탐색기 · 확립기 · 유지기 · 쇠퇴기 등의 진로성숙단계를 통합하여 생애-진로무지개(The Life-Career Rainbow) 개념으로 설명하고 있다.

진로성숙의 개념은 개인의 연령 수준에 따라 그에 적합한 발날과업의 준비성을 의미하는데, 이는 개인의 진로계획과 진로탐색, 진로결정, 직업에 대한 지식 등을 평가하는 주요 요인이다. 진로발달이론이 군 진로상담에 주는 시사점은 첫째, 진로상담의 최종목표를 직업선택으로 제한하는 것을 지양해야 한다는 점이다. 왜냐하면 진로발달이란 전 생애기간 동안 이루어지는 연속적인 과정이기 때문에 전역 후 진로에만 의미를 두어서는 곤란하다는 것이다.

이러한 측면에서 의미 있고 만족스러운 인생을 영위하기 위해서는 현재 군 장병으로서의 책임과 의무를 성실히 수행하는 것이 무엇보다 가치가 있음을 인식하도록 돕는 것이 중요하다. 두 번째는 군 장병 개개인의 진로성숙도를 분석하고, 이러한 분석결과를 바탕으로 진로성숙의 취약한 부분을 보완할 수 있는 구체적인 진로발달 프로그램을 실제 개발하고 적용하는 것이다.

2) 진로심리검사

(1) 심리검사의 필요성

우리가 살아가고 있는 21세기는 모든 것이 빠르게 변화하는 세상이다. 이러한 상황은 인간의 행동을 객관적으로 측정하는 심리검사의 필요성을 더욱 확장하고 있다. 현대인의 삶은 어떠한 이유로든 여러 유형의 심리검사를 경험하며 살아가는 현실이 되고 말았다. 기업체에서 신입사원을 채용할 때는 적성검사나 인성검사가 보편화되었고, 사원을 채용한 후 적절한 부서에 배치시키기 위해서도 각종 심리검사를 실시한다. 이러한 현상은 군대도 예외가 아니다. 조직결속과 전투력 강화를 위해 장병들의 심리검사를 입영 단계부터 적용하고 있다.

이렇게 심리검사가 일상화되고 보편화된 이유는 무엇일까? 그것은 현대사회가 가진 다양한 특성 때문인데, 정확하고 특수한 정보를 신속하고 능률적으로 수집하여 활용할 필요성이 있기 때문이다.

(2) 진로심리검사의 특징

인간은 언뜻 보기에 비슷해 보이지만 자세히 관찰하면 사람마다 지능, 적성, 성격유형, 가치관 등이 서로 다르다. 한 부모 밑에서 같은 시간대에 태어난 일란성 쌍둥이도 능력이나 취미, 성격에서 차이가 있는 것을 보면 세상에서 나와 똑같은 사람은 단 한 명도 존재하지 않는다. 이는 역설적으로 개인의 각기 다른 성격과 사고, 행동 특성을 알아내기가 쉽지 않다는 의미로 해석이 가능하다.

진로심리검사는 개인에 대한 종합적인 정보를 과학적으로 알아내는 과정이다. 개인의 지능, 학력, 적성, 성격, 흥미, 가치관 등과 같은 심리적 속성을 체계적이고 수량적으로 측정하며, 인간의 인지적 영역과 정의적 영역으로 구분하여 측정한다. 인지적 능력은 지능, 적성, 학력 등을 포함하며, 정의적 특성은 개인의 흥미, 태도, 동기, 가치, 성격 등을 포함한다(지용근 등, 2009).

진로심리검사를 시행하고 그 결과를 해석하고 활용하는 것은 고도의 전문적인 지식과 훈련 그리고 실제 경험을 종합하는 능력을 필요로 한다. 검사결과는 개인의 특성을 파악하기 위해 활용하는 객관적 자료로 이용하고, 개인의 잠재능력을 키우는 데 초점을 둔다.

(3) 진로심리검사의 종류

① 지능검사

지능검사는 개인의 일반적 지적능력을 식별하기 위해 개발된 것으로 다양한 지적 과제수행능력을 측정하는 검사다. 지능검사는 일반적 지능을 종합적으로 측정하는 일반지능검사와 특수한 정신능력을 독립적으로 측정하는 특수지능검사가 있다. 검사의 문항은 주로 언어에 의존하는 언어검사와 언어자극을 최소화한 비언어검사 등 두 종류가 있다.

지능검사는 종이 위에 제시된 검사문항을 읽고 답하는 지필검사와 피험자가 구체적인 자료를 가지고 어떤 작업이나 동작을 요구하는 동작검사가 있다. 검사를 실시할 때는 피험자 한 사람을 대상으로 하는 개인검사가 있는 반면, 한 번에 여러 사람을 동시에 실시하는 집단검사가 있다. 지능검사의 종류에는 성인용 웩슬러 지능검사(WAIS-R), 아동용 웩슬러 지능검사(WISC-Ⅲ), 유아용 웩슬러 지능검사(WPPSI-R), K-WISC-Ⅲ, 카우프만 검사 등이 있다.

② 성격검사

성격이란 인간의 사고, 느낌, 행동을 특징하는 개인의 능력, 흥미, 태도, 기질 등의 복합체다. 성격은 선천적 · 후천적 요소의 상호작용으로 결정될 뿐만 아니라, 비교적 일관되게 한 개인을 특징짓는 독특한 심리사회적인 특성이 있어, 정의적 영역과 인지적 영역까지 포함된 넓은 영역을 측정한다. 성격검사는 지능이나 적성검사처럼 지적 능력을 측정하여 획일적으로 수량화한 것이 아닌 개인이 가진 심리적 특성을 밝히고, 이를 이해하는 것을 주목적으로 한다. 성격검사에는 MBTI, CPI, KPI, 16성격요인검사, 다요인인성검사, NEO인성검사, 자아존중감검사 등이 있다.

③ 적성검사

적성이란 일반적인 또는 특수한 지식이나 기술을 숙달할 수 있는 개인의 잠재력을 말한다. 이 중 학업성취에 관련된 적성을 학업적성이라 하고, 직업 활동에 관련된 적성을 직업적성이라 한다. 그리고 특수적성으로는 사무적성, 기계적성, 음악적성, 미술적성, 언어적성, 수공적성, 수리적성 등으로 분류한다. 이렇게 개인의 적성을 구분하고 개인차를 밝히는 데 사용하는 검사가 적성검사다.

적성검사는 개인이 미처 인식하지 못한 특수한 능력이나 잠재력을 발견하고, 이를 계발하여 진로를 결정하는 데 도움을 제공하며, 미래 학업이나 직업의 성공 가능성을 예측하는 기능을 한다.

④ 직업흥미검사 및 직업가치관검사

직업흥미검사는 어떤 활동이나 대상에 대한 일종의 인간 선호도를 측정하는 검사를 말한다. 개인의 성격, 가치, 흥미의 유형이 직업적 생활유형과 일치할 때 그러한 유형의 직업을 선택하는 것을 바람직하게 여긴다.

직업가치관검사는 직업선택의 의사결정에 도움을 주고, 적합한 직업에 대한 상세한 직업정보를 탐색하는 데 활용하는 검사다. 검사의 종류에는 Holland검사, Strong검사, 노동부 직업선호도검사, 청소년용 직업흥미검사, MIQ, WVI, 직업가치관검사 등이 활용되고 있다.

⑤ 진로선택 및 진로발달검사

진로선택과 진로발달, 진로계획의 준비정도를 파악하기 위해서 여러 가지 측정도구를 사용한다. 진로선택 및 진로발달검사는 내담자의 발달단계를 태도와 능력의 두 가지 측면에서 측정한다. 내담자의 의사결정유형을 평가하고 진로를 결정하지 못하는 것이 단순한 정보 부족인지 아니면 심층적인 심리문제인지를 알아보기 위해 실시한다. 검사의 종류는 진로신념검사, CTI, 진로미결정검사, 진로정체감검사, 의사결정유형검사, 진로발달검사, 진로성숙도검사 등이 활용되고 있다.

3) 검사결과활용 시 유의사항

개인의 심리적 특성은 고정된 것이 아니라 경험 · 학습 · 성숙에 의해 변화한다. 진로심리검사는 인간의 심리적 속성을 측정하는 것이므로 무게나 길이와 같은 물리적 속성을 측정할 때에 비해 어려움이 따른다. 측정하려는 개념 자체가 모호할 뿐만 아니라 추상적인 개념을 측정하는 것이 어렵고, 실제로 측정하려는 특성과의 일치성 여부를 판단하는 것도 어렵다.

심리검사결과 점수는 일부 유전적 요인에 의한 것이 있지만 태어나서 성장하는 동안 습득된 개인의 경험, 동기, 감정 등과 같은 환경적 요인이 반영된 것도 있어 경험을 해석할 때 오류가 생기지 않도록 주의가 필요하다. 검사결과를 활용할 때 주의할 사항은 대체로 다음과 같다.

첫째, 개인정보를 보호한다. 인간은 자신의 정보를 보호받을 권리가 있다. 따라서 심리검사결과를 사용하고자 할 때는 정보내용이 개인의 사생활을 담고 있다는 사실을 늘 유념해야 한다. 한 개인에 대한 특성을 알아내는 것이 잘못이라거나 유해하다는 것은 아니지만, 심리검사로 인해 얻은 정보가 부적절한 방법으로 사용되지 않도록 유의해야 한다.

둘째, 검사 동의절차를 준수한다. 군 상담관은 다음의 경우를 제외하고는 진로검사를 실시하기 전 장병 내담자로부터 반드시 동의를 얻어야 한다. 정부나 국방부 규정에 의거하여 검사가 요구되는 경우, 부대활동의 일부로 꼭 시행되어야 하는 경우, 군에 재취업 및 고용 등과 같이 동의의 뜻이 분명히 내포된 경우에는 예외로 한다.

셋째, 객관적으로 공정하게 분류한다. 진로심리검사 자료를 분류해야 할 때 자칫 잘못하면 장병 내담자에게 커다란 충격을 줄 수 있다. 예를 들어, 성격결함과 같은 용어를 사용하여 어느 한 장병의 성격을 분류하면 이러한 분류는 본인이나 주변 사람에게 일생 동안 좋지 않은 영향을 줄 수 있다. 그러므로 검사결과를 바탕으로 내담자를 분류할 경우에는 객관성과 합리성이 유지되도록 심사숙고해야 한다.

넷째, 검사결과를 공정하게 활용한다. 진로심리검사는 각 개인의 심리적 특성을 이해하기 위한 하나의 도구다. 그러므로 심리검사결과 분석을 통해 자신을 이해하고 잠재역량이나 심리적 강점을 향상하는 데 활용될 수 있어야 한다. 검사결과를 맹목적으로 과신하거나 회의적인 태도로 불신하는 것은 진로문제를 해결하는 데 도움을 주지 못한다.

3 군 진로상담의 개념

군 상담의 중요성이 크게 대두되기 시작한 것은 2005년 발생한 연천 GP총기난사 사건과 논산훈련소 인분사건으로부터 비롯되었다. 이 두 사건이 발생된 이후 육군은 전문상담관 제도를 새로 도입하여 2020년도까지 660여 명의 전문상담관을 전후방 각 부대에 배치하는 목표를 두고 추진 중이다.

진로와 관련한 여러 연구에 의하면 우리나라 청소년은 진로문제를 가장 많이 고민하는 것으로 조사된 바 있다. 청소년이 가장 고민하는 문제는 진로 38.7%, 공부 16.2%로 조사되었으며, 대학생활 중 느끼는 가장 큰 고민거리도 진로문제가 37.7%로 조사되었으며, 최근에는 무려 72.4%까지 증가한 것으로 나타났다(심윤기, 2016). 이러한 조사결과에도 불구하고 현재 군에서는 진로전문상담관이 운용되지 않는 실정이다.

한국군상담학회(2009)에서 병사를 대상으로 군 복무 중 가장 고민이 되는 것이 무엇인가에 대한 설문조사가 이루어졌다. 조사결과 병사들은 병영생활 중 가장 고민을 많이 하는 사항으로 진로문제를 거론하였다. 군에서 전역하기 전 상담이 가능하다면 진로상담을 받겠다고 응답한 장병은 설문조사 인원의 절반을 넘었다. 이렇게 병사의 큰 고민거리는 진로문제에 있음에도 불구하고 현재 군에서는 자살과 부적응에 집중한 상담을 주로 실시하고 있다.

본 절은 이러한 점을 고려하여 군 진로상담에 대한 지침을 제공하여 향후 군 진로상담이 활성화되도록 하는 데 기여하고자 마련하였다. 국방부(2012)의 『군 사회복지』, 김충기 등(2011)의 『진로상담과 진로교육』, 정경조(2014)의 『군 병사를 위한 진로상담체제 모형』 등을 참조하였다.

1) 기능과 필요성

(1) 기능

군 진로상담은 군 조직과 병영문화뿐만 아니라 군의 구조적이고 기능적인 특징과 조직구성원의 특성 등이 종합적으로 반영되어 정의되어야 한다. 집단주의적 특징과 위계적이고 권위주의적인 군대 문화, 전투적 사고와 위험성의 공존, 폐쇄적이고 획일적인 특징 등을 충분히 고려하여 설명되어야 한다.

군에 입대한 장병은 발달특성상 청소년 시기에 해당한다. 진로발달과 진로선택에 있어 매우 중요한 시기에 군 복무를 하는 상태다. 장병들은 기성세대와 다른 신세대만이 지닌 심리적 특성이 존재하는데, 이러한 여러 특성과 환경을 고려하여 군 진로상담을 정의하면, '군의 특성을 바탕으로 진로 전문상담자 또는 진로교육을 받아 일정한 자격을 갖춘 군 간부가 장병의 진로발달을 촉진하고, 부대적응과 부대목표를 달성하기 위해 조력하는 활동'이라고 말할 수 있다.

군 진로상담 대상으로는 장교, 준사관, 부사관, 병 · 군무원, 군인가족 등을 모두 포함한다. 이 중 군인가족은 군의 구성원이 아니기 때문에 상담대상으로 선정함에 이견이 있을 수 있으나 군인가족의 전방생활, 빈번한 이사, 격리된 생활공간과 생활방식 등 그들만의 특수한 삶을 고려할 때, 군 진로상담 대상으로 포함하는 것이 합리적이다.

현재 군 복무를 하고 있는 병사들 중 연령이 22~23세 되는 자는 56.0% 정도로 전체 과반수 이상을 차지한다. 이 중 20~21세 되는 병사는 36.8%, 24~25세는 5.8%, 26세 이상은 1.5%를 차지한다(국방부, 2012). 이들은 대부분 복학을 준비해야 하는 시기이며, 어떤 병사는 전역 후 곧바로 직업을 선택해야 하는 시기에 놓여 있다. 이러한 병사들을 대상으로 실시하는 군 진로상담은 진로발달을 촉진하고 군 생활 적응에도 기여하여 부대목표 달성에 큰 도움이 된다.

군 진로상담의 기능은 첫째, 장병 자신의 성숙과 더불어 장래 성취해야 할 목표를 수립하고 진로역량을 준비하는 순기능의 특징을 지니고 있다. 자신의 적성과 흥미, 주위 환경 등을 면밀히 검토하고, 미래 희망에 맞추어 진로를 선택할 수 있는 잠재능력을 개발하도록 촉진한다.

둘째, 군 진로상담은 미래 지식기반사회의 빠른 변화에 적응하기 위해 필요한 과제다. 국제화 · 세계화의 치열한 경쟁에서 이기기 위해서는 다양한 전문지식이 요구되며, 이는 직업선택의 핵심요소로 작용한다. 1~2년이라는 시간에도 많은 변화가 이루어지는 현대의 환경여건과 세계의 흐름은 지식과 정보의 부가가치 창출을 계속 요구한다. 장병이 복무하는 짧은 기간에도 진로의 변화가 지속적으로 이루어지고 있음을 고려할 때, 진로와 관련한 다양한 정보를 복무 중에도 계속 제공할 필요가 있다.

셋째, 군 진로상담은 상담과정을 통해 군에 대한 긍정적인 의식이 함양되도록 기여한다. 군 진로상담이 활발히 이루어지면 군에 대한 국민의 인식도 긍정적으로 변화될 가능성이 크다. 가정이나 학교에서 해결하지 못한 자녀의 복잡한 진로문제를 군 복무 중 해결하여 국민들로부터 높은 사랑과 신뢰를 받을 수 있다.

(2) 필요성

군 진로상담은 장병의 합리적 의사결정능력을 증진하고, 진로정보의 탐색과 활용능력을 함양하며, 자신에 대한 이해 증진을 돕는 데 필요하다. 장병의 군 생활 만족감을 증진하고, 궁극적으로 부대 전투력을 향상시키는 데 기여한다. 군 진로상담의 필요성을 좀 더 살펴보겠다.

① 자기이해

현대사회는 과학기술의 발달로 각종 산업이 고도로 분화되고 있다. 직업의 종류도 수없이 많아지고 있고 전문화되는 추세다. 일의 내용도 복잡하고 직업의 종류에 따라 요구되는 능력과 적성, 기능, 역할도 다양하게 변화하고 있다. 이처럼 다양한 직업세계에서 자신에게 적합한 직업을 선택하여 직업생활을 영위한다는 것은 결코 쉬운 일이 아니다. 군 진로상담은 자신에게 맞는 일과 직업을 선택하기 위해 장병 자신의 가치관과 능력, 성격, 적성, 흥미, 신체적 특성 등에 대한 올바른 이해를 요구한다.

② 직업세계의 이해

다가오는 2060년도가 되면 현존하는 직업의 약 80% 정도가 없어지고 새로운 직업이 생겨나며, 존속하는 직종도 일하는 방법이 새롭게 바뀔 것으로 전망한다. 이러한 상황에서 미래를 예측하여 자신에게 맞는 진로를 준비하고 선택하는 일은 결코 쉬운 일이 아니다. 그래서 일과 직업세계에 대한 객관적인 정보와 이에 대한 체계적인 탐구를 바탕으로 직업선택이 이루어져야 한다.

필자의 군 생활과 지휘관 경험을 고려하면 일과 직업세계에 대한 장병의 직업정보와 지식수준은 매우 낮은 상태다. 설령 그들이 직업세계를 알고 있다 해도 피상적이고 단편적인 것이 대부분이다. 이러한 점을 고려하면 일과 직업세계의 다양한 측면과 변화양상을 군 장병에게 이해시키는 군 진로상담은 매우 중요한 과업이 아닐 수 없다.

③ 직업관 형성

군 진로상담의 중요한 목표는 장병으로 하여금 일과 직업에 대한 올바른 가치관을 갖도록 하는 것이다. 이러한 가치관은 성장해 오는 동안 나름 형성되었지만, 왜곡되었거나 잘못된 부분은 지도와 상담을 통해 올바로 수정할 필요가 있다. 왜냐하면 일이란 부를 창출하는 원천일 뿐만 아니라, 삶을 유지하는 생계의 수단이고, 사회봉사와 자아실현의 중요한 과업이 되기 때문이다.

우리나라의 입시경쟁이 치열한 원인 중의 하나는 직업이 사회봉사나 자아실현의 수단이기보다 돈과 권력, 명예를 획득하는 수단으로 보는 가치관에서 비롯되었기 때문이다. 아직도 우리 사회는 권력지향적인 직업가치관뿐만 아니라, 블루칼라 직업에 대한 천시 풍조와 화이트칼라 직업에 대한 지나친 선호가 자리한다. 군 진로상담이 중요한 이유는 이렇게 일이 갖는 본래적인 의미를 깨닫도록 조력하고, 올바른 직업관과 직업의식이 고취되도록 촉진하는 역할을 할 수 있기 때문이다.

④ 진로의사결정능력 증진

진로상담의 최종 결과는 그것이 크고 작든 간에 어떤 결과물의 형태로 나타난다. 자신에 대한 이해와 직업세계에 대한 정보를 바탕으로 최종적으로 진로선택을 결정한다. 그 과정에서 진로의사결정이 합리적이냐 아니냐에 따라 자신에게 적합한 진로를 선택할 수도 있고 그렇지 않을 수도 있다. 아무리 훌륭한 자신의 능력과 직업정보를 가지고 있다 해도, 이를 적절히 활용해 최선의 선택을 할 수 없다면 올바른 진로결정이 이루어졌다고 할 수 없다.

진로를 결정하는 일은 개인의 일생을 통해 성취해야 할 중요한 과업이다. 그럼에도 불구하고 진로선택이 매우 불합리한 과정을 거쳐 결정되는 경우가 존재한다. 군 진로상담은 편견에 의한 진로선택과 부모의 요구로 진로가 선택되는 것을 예방하고, 왜곡된 정보에 의해 불합리한 결정을 내리지 않도록 도움을 준다. 뿐만 아니라, 올바른 진로결정을 하도록 장병과 협력하여 의사결정능력을 증진한다.

⑤ 진로정보활용능력 증진

군 진로상담은 정보제공이 매우 큰 비중을 차지한다. 그것은 직업세계를 정확히 이해한 후 진로선택이 이루어져야 하기 때문이다. 군 진로상담은 장병이 원하는 진로정보 서비스를 적극적으로 제공해야 하지만, 그보다는 장병 스스로 필요한 진로정보를 탐색하고 활용하는 능력을 배양하는 것이 더 중요하다.

현대를 일컬어 지식정보사회라고 하는 것은 일상생활에 있어서 지식과 정보가 그만큼 중요한 역할을 차지하고 높은 가치를 창출하기 때문이다. 군 진로상담은 고도화된 정보화시대를 살아가는 장병에게 스스로 진로정보를 탐색하고 활용하는 능력을 길러 주는 역할을 한다.

(3) 기대효과

군 장병의 고민 중 많은 비중을 차지하는 것은 진로와 관련되어 있다. 한 조사에서는 전역 후 진로가 고민된다고 응답한 장병이 46.4%로 가장 많이 나타났고, 부대생활 부적응 19.8%, 상관 및 선임병과의 대인관계 9.2%, 신체 및 건강문제 6.1%, 이성문제 4.8% 순으로 나타났다(정경조, 2014).

이러한 조사결과를 보더라도 군 진로상담을 통해 나타나는 기대효과는 매우 크다는 것을 알 수 있다.

첫째, 군 생활에 대한 긍정적인 동기유발을 가져온다. 장병들의 진로는 대부분 생각만 하고 있거나 결정되지 않은 상태에 있다. 군 진로상담을 통해 진로목표가 분명해지면 군에서 자기 관리와 자기통제가 보다 잘 이루어질 수 있을 뿐만 아니라, 군 복무기간을 진로의 준비기간으로 인식하여 군 생활을 보다 의미 있고 가치 있게 보내는 데 기여한다.

둘째, 생산적인 군 복무를 하도록 촉진한다. 장병들은 군 진로상담을 통해 진로계획이나 진로목표에 대한 밑그림을 그릴 수 있다. 진로정체감과 자아정체감을 높여 합리적인 진로포부를 가질 수 있으며, 진로목표를 달성하기 위해 스스로 노력을 기울이도록 촉진한다. 긍정적인 자아개념과 자아존중감 형성에도 기여하여 군 생활 만족감을 높인다.

셋째, 사고예방에 기여한다는 점이다. 개인 병사가 지닌 애로사항과 고민이 장기간 해결되지 않을 경우에는 크고 작은 사고로 이어지는 경향이 있다. 군 복무기간 동안 자신의 진로에 대한 기대와 희망을 갖고, 각종 시험과 자격증 취득을 위한 활동에 집중한다면 이는 곧 부대적응으로 이어져 각종 사고를 예방하는 데 기여한다.

4 군 진로상담절차

1) 상담과정

군 진로상담이 전개되는 절차는 일반상담이 이루어지는 방식과 별반 다르지 않다. 군 진로상담은 일반적으로 여섯 가지 과정으로 이루어지며, 장병과의 관계형성, 분류, 진로문제 탐색, 목표설정, 문제해결, 상담종결 등으로 이루어진다.

(1) 관계형성

일반상담은 상담 초기에 관계형성이 이루어지는데, 이를 위해서 제일 먼저 고려되어야 할 사항은 내담자의 정서상태다. 장병은 진로상담을 위해 상담실을 찾아오더라도 나름 기대와 불안을 동시에 가지고 있을 수 있어 친밀한 상담관계를 형성하는 것이 무엇보다 중요하다. 만약, 장병이 지나치게 긴장되어 있거나 불안한 모습을 보이면 그러한 감정을 완화시키는 작업을 우선적으로 처리하는데, 적극적인 경청을 포함해 공감, 무조건적인 존중 등이 요구된다.

(2) 장병분류

장병 내담자를 진로의사 결정 수준에 따라 분류하는 것은 그리 간단하지 않다. 장병은 다양한 특성과 욕구를 지니고 있어 효과적인 상담을 위해서는 획일적인 진로상담모형이나 단순한 진로상담기법을 적용시키는 것은 바람직하지 않다. 차별적인 진단과 처치를 기본으로 적용할 때 개인의 진로욕구에 부합되는 적절한 상담효과를 기대할 수 있다(김봉환 등, 2001). 진로욕구의 성격에 따라 장병의 상태는 다음과 같이 분류한다.

〈표 7-2〉 장병의 분류

분류	내용
진로결정 장병	자신의 진로선택을 위해 준비된 장병
진로미결정 장병	진로의사결정을 위한 지식과 정보가 부족한 장병
우유부단한 장병	성격적인 특성으로 진로에 관심이 없는 장병

진로결정 장병은 자신의 진로선택을 위해 준비된 자를 말한다. 진로미결정 장병은 자신이나 직업세계에 대해 더 많은 정보가 필요하여 진로의사결정이 다소 지연되는 자를 말한다. 그러나 비록 진로선택은 못하고 있지만 진로과업으로 인한 압력이나 스트레스는 없는 상태다. 진로미결정 장병의 진로의사결정이 이루어지기 위해서는 자기의 장단점과 흥미, 성격 등에 대해 충분한 이해와 다양한 직업정보를 갖도록 하는 것이 중요하다. 우유부단한 장병은 일반적으로 진로결정을 하지 못하는 성격적인 문제가 있어, 진로문제보다도 성격적인 문제를 먼저 다루는 것이 요구되는 자를 말한다.

(3) 진로문제 탐색

진로상담을 진행하는 과정에서 처음으로 봉착하는 문제는 장병의 진로문제를 파악하는 일이다. 단순히 호소하는 문제를 확인하는 수준을 넘어 진로문제가 왜 발생하였는지를 이해하는 것은 진로상담과정에서 매우 중요하다. 이 장병은 왜 진로를 결정하지 못하는 것인가? 왜 군 복무에 자신이 없는가? 이런 문제에 장병이 어떻게 대답하느냐에 따라 상담방법은 다르게 진행되어야 한다.

장병의 진로문제를 이해하기 위해서는 여러 영역의 다양한 정보가 필요하다. 신로문제에 관련한 내용을 포함하여 내담자의 사고 · 정서 · 행동을 포함하는 심리상태와 성격, 대인관계, 지능, 진로성숙도를 탐색할 뿐만 아니라, 자아정체감, 진로의사결정의 수준, 자기에 대한 이해 정도 등도 탐색한다. 이러한 정보는 일반적인 정보와 진로계획정보, 진로발달정보 등으로 구분하여 활용한다.

- **일반정보**: 일반정보는 장병의 진로문제나 진로목표를 이해하기 위해 필요한 정보로 지능, 적성, 흥미, 직업가치관, 직업정체감 수준 등이다. 장병 내담자가 진술하는 직업적 · 교육적 · 개인적 · 사회적 영역의 문제와 불안의 정도, 자신감 수준, 정서상태도 포함한다.
- **진로계획정보**: 진로계획정보는 군 진로상담을 필요로 하는 장병의 유형을 분류하기 위해 필요한 정보로 진로문제해결능력, 진로에 대한 편견, 진로결정에 대한 압박, 직업능력에 대한 자신감, 일에 대한 지식의 부족 등 진로선택을 방해하는 요소를 포함한다. 이 범주에 속하는 정보를 바탕으로 장병의 진로의사결정능력을 평가한다.
- **진로발달정보**: 진로발달에 관한 정보는 장병의 진로경험이나 진로의식, 진로탐색이나 실천에 필요한 능력을 평가하기 위해 필요하다. 장병이 과거에 일한 경험, 교육이나 훈련의 경험, 그리고 여가활용 방식 등을 평가한다. 일의 경험에 관해서는 군 입대 전 마지막으로 했던 일, 가장 좋았던 일, 가장 싫었던 일 등을 파악하며, 교육경험에 대해서는 현재까지 받았던 교육이나 훈련을 평가한다.

(4) 진로목표 설정

진로목표를 설정할 때 주의할 사항은 구체적이고 가시적으로 평가할 수 있는 형태로 목표가 진술되어야 한다는 점이다. 목표가 명확하지 못하면 상담효과를 평가할 수 없을 뿐만 아니라, 장병이 노력할 구심점을 찾지 못하여 상담의 방향성을 잃을 수 있다. 반면, 구체적이고 분명한 목표는 장병으로 하여금 자신의 진로문제가 해결될 수 있다는 기대와 희망, 자신감을 갖도록 하는 데 기여한다.

진로목표를 설정할 때는 장병과 논의하는 과정이 꼭 필요하다. 이는 장병으로 하여금 상담하는 이유와 방향을 인식하고, 상담에 적극적으로 참여토록 한다. 상담목표는 대체로 다음과 같은 과제형태로 제시한다.

① 진로결정자

- 결정된 진로를 준비하는 일
- 충분한 진로정보를 확인하는 일
- 진로를 결정한 과정을 탐색하는 일
- 장병의 잠재 가능성을 확인하는 일
- 합리적으로 내린 결정인지 확인하는 일

② 진로미결정자

- 자기를 탐색하는 일
- 진로를 탐색하는 일
- 의사결정을 연습하는 일
- 직업정보를 활용하는 일
- 자신의 능력을 파악하는 일

③ 우유부단자

- 자존감을 회복하는 일
- 불안이나 스트레스를 감소하는 일
- 긍정적 자아개념을 확립하는 일
- 자아정체감을 형성하는 일
- 타인평가에 지나친 민감성을 갖지 않는 일

(5) 진로문제 해결

진로문제를 해결하기 위한 방법은 군 상담관이 적용하는 이론적 배경에 따라 달라진다. 비슷한 개념의 이론을 적절히 통합하고 절충하며, 장병의 의사결정 수준에 따라 차별적으로 적용하여 조력한다.

① 진로결정자

- 목표를 위해 정보를 수집하고 구체적인 실천방안을 모색한다.

- 진로결정과정에서 발생하는 불안을 줄이고 자신감을 향상시킨다.
- 결정된 진로를 실천하는 과정에서 부딪히는 문제를 해결한다.
- 잠재된 능력을 개발해 효과적으로 진로에 적용하도록 한다.
- 자신의 진로결정을 준비하는 현장견학의 기회를 갖는다.

② 진로미결정자

- 진로를 결정하지 못하는 것이 단순한 정보 부족 때문인지 확인한다.
- 체계적인 진로상담을 진행하여 실제 의사결정과정을 돕는다.
- 지나치게 많은 관심 분야가 있을 때는 의사결정기술을 익힌다.
- 자신의 흥미와 적성을 포함한 다양한 정보를 수집하여 결정범위를 좁히고, 자신의 능력과 기대를 일깨워 스스로 진로를 결정하도록 조력한다.

③ 우유부단자

- 부적응의 대처양식과 태도가 변화되도록 조력한다.
- 진로정보를 다양하게 확보하여 흥미를 가지도록 조력한다.
- 스스로 자신의 문제해결능력을 부정적으로 평가하지 않도록 조력한다.
- 자신에 대한 부정적 인식으로 진로의사결정이 어렵다는 것을 알도록 한다.

(6) 상담종결

군 진로상담의 종결은 진로탐색과 준비를 효율적으로 실천하는 태도와 방법을 재확인하고 그동안 진행된 상담을 정리하는 과정이다. 장병과 합의한 상담목표 달성 여부를 확인하고, 앞으로 닥칠 진로문제를 예측하고 대비한다. 상담과정에서 일어났던 변화를 정리하고, 진로목표 달성 정도를 평가한다. 남아 있는 진로문제에 대해서도 논의하며, 상담종결에 대한 의견을 나눈다.

추수지도는 상담종결 후 진로선택과 의사결정에 대한 만족감을 유지하고 있는지 여부를 확인한다. 결정한 진로를 어떻게 준비하고 또 의사결정을 실제 병영생활에서 어떻게 실천하고 있는지 확인하고 대처한다.

C·H·A·P·T·E·R 8

군 심리검사

1 신인성검사

군에서 심리검사를 시행하는 주된 목적은 군 복무기간 동안 심리적 어려움과 부적응을 경험하는 장병들을 객관적이고 과학적인 도구를 사용해 식별하고, 이를 통해 사고를 사전에 예방하고 차단하기 위함이다. 군 심리검사가 최초로 시행된 것은 1961년 '정신박약 진단검사'를 개발하면서부터이며, 1968년부터는 이를 신병들에게 적용하기 시작하였다.

1991년에는 경기도 지역의 장병을 대상으로 다면적인성검사인 MMPI를 활용하였으며, 1995년부터는 육군 입영장정을 대상으로 확대 시행되었다. 2001년부터는 육군본부와 한국무형자원연구소가 공동으로 연구개발한 '육군표준인성검사'를 적용하였고, 2009년부터는 한국국방연구원(2013)에서 개발한 '신인성검사'를 사용하기 시작하였다.

1) 개발과정

군은 지난 1995년부터 현역복무부적합 장병을 선별하기 위해 KMPI를 시행하였으나 각종 사건사고는 줄어들지 않았다. 그 결과 시행 중이던 군 인성검사에 대한 신뢰성이 수면 위로 떠오르게 되었으며, 육 · 해 · 공군이 서로 다른 검사도구를 사용하는 문제들도 드러났다. 뿐만 아니라, 각급 부대별로 검증되지 않은 많은 심리검사도구가 무분별하게 사용되는 문제까지 드러나 빨리 개선해야 한다는 목소리가 커지게 되었다. 이러한 여러 가지 문제점과 현실적인 요구로 한국국방연구원에서는 신인성검사도구를 개발하게 되었으며, 2009년부터 각급 부대에서 사용하기 시작하였다.

2) 검사의 구성

신인성검사는 복무적합도검사, 군 생활적응도검사, 적성적응도검사, 관계유형검사, 간부용 복무적응도검사 등이 주로 이루어진다.

〈표 8-1〉 신인성검사의 종류

대 상		검사 종류	시행 단계	시행 시기	검사 목적
병사용	신검자	복무적합도검사	징병검사단계	만 19세	입대 가능 여부 파악
	입영대대 병사		입영신검단계	입영 후 3일 이내	정신과적 문제 파악
	훈련병	군 생활적응도검사	신병교육단계	입소 3~4주차	심리적 어려움 파악
	하사 이하 장병	적성적응도검사	자대복무단계	일병 이하 연 2회 상병 이상 연 1회	복무부적응 예측 개인 성격특성 파악
	전 병사	관계유형검사	자대복무단계	반기 1회	관계유형 파악
간부용	위관장교 중/상사	복무적응도검사	자대복무단계	연 1회	스트레스 수준 평가

신인성검사는 부대지휘에 참고가 되는 다양한 정보를 제공하고, 각종 사고를 예방하는 데 도움을 줄 뿐만 아니라, 활기차고 명랑한 병영생활을 영위할 수 있게 하는 심리검사도구로 각 척도별 특징을 제시하면 다음과 같다.

〈표 8-2〉 신인성검사의 하위척도별 특징

척도 구분	특징
정신병리척도 (정신병, 신체화, 성격)	정신병리와 관련된 문제가 나타날 가능성이 있는 장병을 식별하여 입영에서 제외시키는 척도
적응 및 사고 관련 척도(적응, 사고)	군 생활 적응 정도와 사고를 일으킬 가능성에 대해 판별하고 행동상의 문제가 있는지 여부를 식별하는 척도
일반성격특성척도	군 장병이 성공적으로 군 생활을 할 수 있는 건강한 특성을 지니고 있는지를 식별하기 위해 만들어진 척도
반응왜곡탐지척도	자신을 더 잘 보이거나 혹은 더 부정적으로 보이기 위해 왜곡 반응을 하는 것을 탐지하는 척도
상호인식검사	집단 내에서 타인의 인식을 파악할 수 있는 척도
인지능력검사	인지능력을 측정하는 척도

2 스트레스진단검사

1) 개발목적

스트레스는 개인의 능력을 능가하는 내 · 외적 요구에 대한 개인의 정서적 · 행동적 · 신체적 반응을 말한다. 군 생활을 하면서 받는 스트레스는 장병의 사기를 저하시킴은 물론 부대목표 달성에도 부정적인 영향을 미치며, 군 기강을 저해하고 각종 사고를 유발하는 전투력 약화의 주요 요인으로 작용한다(심윤기, 2018).

장병들이 받는 스트레스로 인한 부적응은 개인의 문제로 끝나는 것이 아니라 부대 전체로 확산하는 특징이 있다. 이러한 점을 고려하여 장병들이 받는 스트레스 유발요인을 과학적이고 실증적으로 진단하여 자살이나 탈영, 총기사고 등의 악성사고로 이어지지 않게 예방하고자 스트레스 진단도구가 개발되었다.

2) 개발과정

군 입대 장병은 낯선 부대환경과 자유롭지 못한 병영생활, 가족과 애인 및 친구들을 자주 볼 수 없는 환경, 지시와 통제 위주의 업무, 상명하복의 조직체계, 위계적 대인관계 등으로 많은 스트레스를 받는다. 스트레스진단검사 척도는 국방부에서 제시한 모델을 바탕으로 개발되었는데, 스트레스의 원인조사와 스트레스진단 문항의 적절성검사가 포함되었다. 국방부에서 제시한 스트레스진단검사 모델은 다음과 같다.

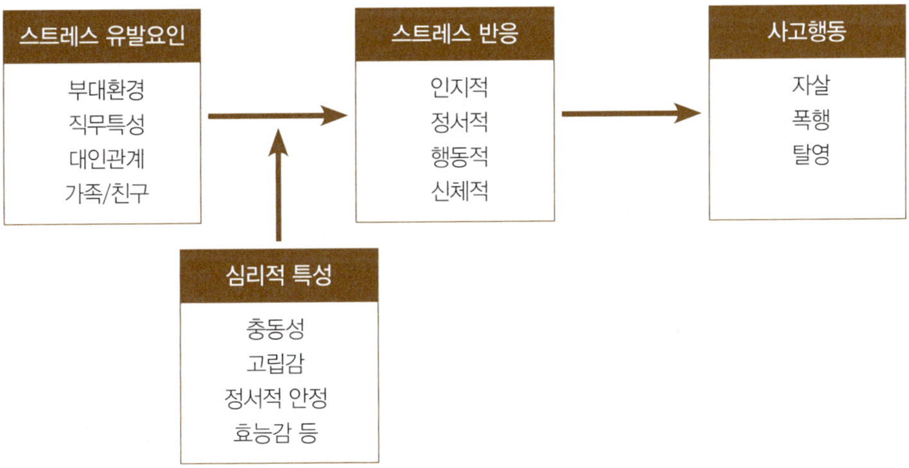

[그림 8-1] 스트레스진단검사 모델

출처: 국방부(2008).

스트레스진단검사도구 개발연구에는 스트레스의 원인조사와 분석에 1,000여 명의 장병이 참여하였으며, 문항의 적절성검사를 위해서 1,500여 명이 참여하였다. 스트레스 진단기준을 설정하기 위해서는 3,700여 명이 참여하였으며, 위관장교 560여 명을 대상으로 사전징후에 대한 조사도 함께 이루어졌다. 이렇게 하여 검사문항은 사고 행동과의 연관성을 고려하여 총 110문항으로 선정하였다.

3) 검사의 구성

병사용 스트레스진단검사는 크게 진단과 처방 프로그램으로 구분되어 있다. 1차에는 스트레스를 진단한 후, 2차에는 검사결과에 맞는 스트레스 처방을 제시한다. 1차 스트레스 진단과정은 검사대상인 병사가 스트레스를 검사하는 각 문항에 응답하며 그 결과는 자동으로 저장된다. 그리고 2차 스트레스 처방은 병사가 검사를 완료한 파일을 불러와서 각 요인별로 스트레스 수준에 적합한 '처방 프로그램'을 제공받는다(김용주 등, 2008). 병사용 스트레스 진단요인과 문항구성은 다음과 같다.

〈표 8-4〉 스트레스 요인과 문항구성

변인	환경특성(26)				대인관계(20)				신상문제(16)				심리적 특성(30)				반응(18)			
요인	부대환경	직무특성	상급자특성	업무과중	간부관계	선임병관계	동료관계	후임병관계	복무염증	콤플렉스	여친문제	가정문제	효능감	충동성	고립감	정서안정	사고와해	신체증상	정서변화	행동변화
문항	6	6	7	7	6	6	4	4	5	4	3	4	8	8	7	7	5	5	4	4

4) 검사절차

스트레스진단검사는 병사가 직접 컴퓨터 앞에 앉아 모니터를 보면서 각 문항을 읽고 다음과 같은 순서로 체크한다. 첫째, 스트레스진단 프로그램을 실행한다. 현재 자신이 소속되어 있는 부대와 계급, 이름, 군번 등을 입력한다. 둘째, 검사방법에 대한 안내문을 읽고 어떻게 설문에 응답하는지 충분히 이해한 후, '다음'을 클릭하며, '마침'이라는 항목이 제시될 때까지 계속 진행한다. 셋째, 110문항에 모두 응답하고 나면 검사가 모두 종료된다.

3 개인안전지표

1) 개발과정

개인안전지표는 육군에서 '자살안전지표'라는 명칭으로 개발되었으며, 이후에는 '개인안전지표'라는 명칭으로 사용되었다. 개인안전지표는 매년 부대에서 자살사고가 지속적으로 발생함에도 불구하고, 그에 대한 실효성 있는 예방대책이 제한되어 과학적인 측정을 통해 실용적으로 사용할 목적으로 개발되었다(김용주 등, 2008).

개인안전지표는 2003년부터 2007년까지 5년에 걸쳐 개발되었는데, 자살한 병사 166명의 자료와 모범병사 373명을 대상으로 개인 · 가정 · 사회 · 부대 차원에서의 자살보호요인을 심층적으로 분석하였다. 자살우려자의 자살요인을 과학적으로 분석하고, 이를 바탕으로 자살가능성을 예측하는 검사항목이 구성되었다.

육군은 2009년부터는 개인안전지표를 군 인트라넷에 탑재하여 사용하고 있다. 이후 한국군 자살예방프로그램을 개인안전지표에 새로이 접목시켜 자살위험성이 높은 병사를 선별해 내도록 개선되었다. 특히, 개인안전지표 결과만 가지고 자살위험요인을 식별하기 어려운 병사를 판별하기 위해서, 그들에 대한 심층적인 상담이 가능하도록 상담방법과 상담기록지 등이 활용되었다.

2) 검사절차

개인안전지표검사를 위해서는 다음과 같은 순서로 진행한다. 첫째, 부대 인트라넷을 통해 육군안전센터 홈페이지에 접속한다. 개인안전지표 화면의 오른쪽 상단에 있는 '진단지 작성' 아이콘을 클릭하면 '병사용 항목'과 '관리자용 항목'이 표시된다.

둘째, 용도에 따라 자신의 진단지 작성을 하려면 '병사용 항목'을 클릭하고, 각 병사들의 진단결과를 확인하려면 '관리자용 항목'을 클릭한다. 병사의 경우에는 검사문항에 따라 마지막까지 체크한 후 '확인'을 클릭한다.

셋째, 간부가 검사결과를 확인하려면 '검사조회'를 클릭한 후, 확인하고자 하는 대상의 이름을 클릭한다. 왼쪽 상단 팝업창의 '안전지표결과'를 클릭하면 분석결과가 컴퓨터 바탕화면에 나타나며 결과지를 출력한다.

3) 검사해석

인트라넷 진단지에 자살우려자의 신상정보를 입력하면 자동적으로 계산되어 4개 집단군 중 하나의 결과가 다음과 같이 제시된다.

〈표 8-5〉 자살요인별 집단군

집단	(알파)군	(베타)군	(감마)군	(엡실론)군
세부	군 생활 스트레스 등 부대요인의 영향으로 자살한 집단	업무부담 등 부대 요인의 영향으로 자살한 집단	가정불화 등 가정적 요인으로 자살한 집단	이성과의 결별 등 개인적 요인으로 자살한 집단

(1) (알파)군

(알파)군은 군 생활 스트레스 등 부대요인으로 자살한 집단을 설명한다. 이들의 특성은 독자인 경우가 거의 없으며 내성적인 성격을 지니고 있다. 한 가지 이상의 질병이나 정신질환 가능성이 크며, 군 생활 적응능력은 낮은 편이다. 군 생활 중 선임병과의 갈등을 일으킬 가능성과 도움배려 병사로 선정될 가능성이 크다.

(2) (베타)군

(베타)군은 업무부담 등 부대요인으로 자살한 집단을 설명한다. 이들은 학력 수준이 높은 편이며, 절반 이상이 행정병 보직을 받아 일을 한다. 업무능력이나 동료와의 관계 등 군 적응능력은 높은 편이나, 수행하는 업무가 많아 간부와의 갈등이 발생하곤 한다. 상담이 필요한 병사로 분류되거나 병영캠프에 입소하는 비율은 대체로 낮은 편이다.

(3) (감마)군

(감마)군은 가정적 요인으로 자살한 집단을 설명한다. 이들은 내성적인 성격이 많고 자살을 시도한 경험이 있다. 편부나 편모 또는 계모나 계부인 경우가 많고, 가정이 화목하지 않은 경우가 대부분이다. 가정의 경제적 형편 역시 어려우며, 부대에서는 대인관계의 어려움을 경험하고 업무능력이나 적응력도 낮은 편이다.

(4) (엡실론)군

(엡실론)군은 이성과의 이별 등 개인적 요인으로 자살한 집단을 설명한다. 이들은 가정적 · 사회적 · 부대요인 등에서 문제가 없는 경우가 대부분이다. 이성과의 이별이나 성격결함 또는 정신질환과 같은 개인적인 특성이 자살의 주요 원인으로 지목되기도 한다.

4 인터넷중독검사

1) 개발목적

육군은 정보통신부와 협력하여 인터넷중독 진단검사도구를 개발하였다. 검사도구를 개발하게 된 목적은 장병들의 건전한 인터넷 이용문화를 활성화하고, 장병들의 인터넷중독 여부 등을 참고하여 병영관리에 효율성을 가져오기 위함이었다. 2007년부터 육군 홈페이지에 척도를 탑재하여 사용하였으며, 2008년부터는 인트라넷용을 추가로 개발하여 야전부대에서도 활용할 수 있도록 하였다. 인터넷중독 진단 시스템은 육군 인트라넷 서버가 탑재되어 있는 부대라면 어느 부대든지 활용이 가능토록 하였다.

2) 검사절차

첫째, 육군 인트라넷에 접속한 후 본인 인증을 한다.
둘째, 61개 문항을 마우스로 클릭하여 표시하며 수정이 가능하다.
셋째, 검사 후에는 인트라넷 상에서 바로 검사결과를 확인한다.

3) 검사해석

인터넷중독검사 결과는 위험군, 관리군, 일반군으로 제시하고 있다. 이 중 위험군은 별도의 상담을 통한 관리가 필요한 집단군이며, 위험군과 잠재군도 일반관리 대상이 된다. 인터넷 중독검사에 대한 해석표를 제시하면 다음과 같다.

〈표 8-6〉 인터넷중독검사 해석

구분	수준	해석
외로움 (12개 문항)	위험	외로움, 고독, 소외감을 느끼는 상태
	잠재	일상 수준의 외로움, 고독감, 소외감이 있다.
	일반	대인관계가 원만하며 조직 친화력이 강하다.
자신감 (13개 문항)	위험	부정적, 소극적이며 성취욕구가 적은 편이다.
	잠재	다소 부정적, 소극적이며 성취욕구가 보통이다.
	일반	긍정적, 적극적이며 성취욕구가 많은 편이다.
통제력 (9개 문항)	위험	계획성이 부족하고 자기통제력이 취약하다.
	잠재	계획성과 자기통제력이 다소 부족한 성향이다.
	일반	계획성이 있고 차분하며 통제력이 강하다.
소계(S) 심리종합	위험	심리적 취약성이 많고 주변의 관심이 필요하다.
	잠재	비교적 안정되나 취약성이 내재된 수준이다.
	일반	안정적이며 특이한 사항은 발견되지 않는다.
현실갈등 (8개 문항)	위험	인터넷 사용욕구가 많고 중독위험이 높다.
	잠재	인터넷 사용욕구와 중독 위험성이 있다.
	일반	뚜렷하게 식별되는 문제점이 없는 수준이다.

구분	수준	해석
인터넷중독 경험여부	위험	중독경험이 있다.
	잠재	중독 가능성이 있다.
	일반	문제로 식별된 것이 없다.
종합판정	위험	상담조치가 필요하다.
	잠재	상담 및 교육이 필요하다.
	일반	상담이 불필요하다.

PART 2

군 집단상담 프로그램

C·H·A·P·T·E·R 1

장병의 긍정심리를 위한 프로그램

긍정심리학의 창시자인 셀리그먼(Seligman)은 긍정심리학이 개인의 성장 주도성과 희망을 중요시하며 자신의 가치를 명확히 하여, 삶을 보다 더 의미 있게 만들어 갈 수 있다고 강조한다(이용주 외, 2015). 긍정성은 긍정정서와 긍정사고로 나뉘는데 긍정정서를 자주 느끼는 사람은 긍정적으로 사건을 해석하고 역경과 스트레스에 효과적으로 대처한다. 긍정사고는 창의적이고 통합적이며 효율적으로 사고할 뿐만 아니라, 다양한 가능한 대안들을 생각해 내는 역할을 하는 것으로 알려지고 있다.

본 프로그램은 군대의 개인 및 조직 차원에서 긍정심리학적 관점을 적용하여 긍정정서와 긍정사고를 높이는 데 목표를 둔 프로그램이다. 개인의 적응과 만족도를 증진시키고 군 복무 중 겪는 어려움을 극복하는 데 기여될 수 있도록 이용주(2017)의 프로그램을 군 상황에 맞게 일부 수정 · 보완하여 재구성하였다.

프로그램의 회기별 내용

구분	중점	세부내용
1회기	프로그램 설명 및 신뢰감 쌓기	• 프로그램 소개 및 서약서 작성 • 별칭 정하기 • 집단 규칙 정하기 • 나 소개하기
2회기	나의 강점 찾기	• 나 탐색하기 • 소중한 나 • 자신의 대표 강점 찾기
3회기	긍정의 힘	• 실패, 거절 경험 및 극복 경험 다루기 • 긍정 대화법
4회기	감사하기와 용서하기	• 감사와 관련된 활동 • 용서에 관한 강의 및 단계
5회기	행복으로 가는 길	• 나의 행복지수검사 • 소망 키우기 • 서로에게 긍정적 피드백 주기

[1회기: 프로그램 설명 및 신뢰감 쌓기]

목표	• 집단에 참여한 장병 간 친밀감과 신뢰감을 형성한다. • 장병으로 하여금 프로그램의 목표와 내용을 이해한다.

활동과정	진행내용	소요시간	준비물
도입	• 집단 리더에 대한 간략 소개 • 현재 느끼는 감정 나누기 • 프로그램 목표, 내용, 전체 일정 및 회기별 진행 과정 설명, 서약서 작성 • 진솔하고 적극적으로 참여하도록 격려하기	10분	서약서 필기도구 워크북 ☞ 1-①
전개	1. 집단구성원 소개 및 별칭 짓기 – 프로그램 진행 동안 불리고 싶은 것으로 가능한 한 자신의 긍정적인 특성(장점)으로 별칭 명찰 만들기 – 두 명씩 짝지어서 각자의 별칭 선택 이유에 대해 설명하고, 다른 집단원들에게 짝의 별칭과 그 이유를 소개하기 2. 집단 규칙 정하기 – 기본규칙 소개: 비밀 지키기, 지각, 결석하지 않기 – 함께 지키기를 원하는 규칙 정하기 3. 활동지를 통해 나를 좀 더 소개하는 시간 갖기 – 현재 자신의 근황이 어떤지, 자신의 좋아하는 것들이 무엇인지 이야기를 나눔으로써 자신에 대한 이해를 높이고 이를 바탕으로 현재보다 더 행복해지도록 도움을 받을 수 있음을 알리기	60분	명찰 자기소개 워크북 ☞ 1-②
마무리	• 오늘 프로그램에 대한 집단원들의 소감 나누기 • 첫 회기 참여자들에 대한 칭찬과 감사 나누기 • 과제: 오늘 하루 좋았던 일 3가지씩 쓰기 • 다음 회기 프로그램 설명	10분	

☞ 워크북 I-① 서약서 작성하기

서 약 서

소중한 시간을 내어 함께해 주셔서 감사합니다. 본 집단상담 프로그램은 자신을 믿고 행복한 삶을 살아가는 법을 배우기 위한 중요한 만남의 장입니다.

본 프로그램은 5회기에 걸쳐 이루어질 것이며, 이 모임을 통해 더 나은 자신의 모습과 행복한 삶을 위한 즐거운 만남이 되도록 서로를 존중하고 도움을 줄 수 있는 우리의 약속을 정하고자 합니다. 본인은 아래의 사항을 지킬 것을 약속합니다.

1. 나는 내 마음속에 있는 생각이나 느낌을 솔직하게 표현하겠습니다.
2. 나는 다른 집단원이 이야기를 할 때에는 끼어들거나 방해하지 않고 귀 기울여 잘 듣겠습니다.
3. 나는 다른 집단원이 하는 말을 편견이나 비판 없이 있는 그대로 듣겠습니다.
4. 나는 프로그램 중에 알게 된 집단원의 개인적인 사실에 대해 비밀을 지키겠습니다.
5. 나는 매회 모임에 지각이나 결석을 하지 않고 성실히 참여하겠습니다.
6. 나는 우리 집단에서 나를 포함해 모두의 성장을 위해 적극적으로 참여하겠습니다.

위의 내용에 동의합니다.

년 월 일

이름: 서명:

☞ 워크북 Ⅰ-② 자기소개 활동지

나 소개하기

1. 내 취미와 특기는?

___

___

2. 내가 가정과 사회에서 하고 있는 역할들은?

___

___

3. 최근에 가장 행복했던 일은?

___

___

4. 되고 싶은 내 모습은?

___

___

5. 최근에 가장 기억에 남는 사건은?

___

___

6. 최근에 가장 강렬하게 느낀 감정은?

___

___

7. 집단 상담에서 변화되고 싶은 내 모습은?

___

___

[2회기: 나의 강점 찾기]

목 표	• 자신의 성격에서 강점과 긍정적인 면을 살펴봄으로써 긍정적인 자아를 발견하고 긍정적인 정서를 함양한다.

<table>
<tr><th>활동과정</th><th>진행내용</th><th>소요시간</th><th>준비물</th></tr>
<tr><td>도입</td><td>• 별칭 기억하며 인사 나누기
• 현재 느끼는 감정 나누기
• 과제발표(희망자 2~3명)
• 오늘 프로그램 소개 및 진행 과정 설명
• 진솔하고 적극적으로 참여하도록 격려하기</td><td>10분</td><td>명찰</td></tr>
<tr><td>전개</td><td>1. 소중한 나
– 내가 가장 소중하다고 느꼈을 때를 떠올리며 그 이유를 적어 보고 발표하기
– 진행자가 소중한 나의 중요성과 주위에 미치는 영향력을 간략히 설명하기
– '소중한 나'가 되기 위한 결심 한마디씩 하기
2. 자신의 대표 강점 찾기
– 활동지를 참고하여 대표 강점 3가지 찾아보기
– 대표 강점이 발휘된 경험이나 약점이 강점으로 발휘된 경험에 대해 짝끼리 나누고 발표하기
– 우울한 사람의 경우 강점보다는 약점을 더 잘 생각해 내는데, 이는 대인관계에서도 자신 및 상대방의 약점에 초점을 맞추고 관계를 형성하여 어려움을 가지게 되므로 진행자는 참여자들의 강점을 파악하는 것의 중요성을 강조하기
3. 자신의 미래 계획 발표하기
– 나의 재능과 연관하여 미래에 내가 꼭 하고 싶은 것을 생각하고 발표하기
– 집단원들의 긍정적 피드백으로 더욱 용기 주기</td><td>60분</td><td>필기도구
A4용지

대표강점
워크북
☞ 2–①</td></tr>
<tr><td>마무리</td><td>• 오늘 프로그램에 대한 집단원들의 소감 나누기
• 회기 참여자들에 대한 칭찬과 감사 나누기
• 과제: 감사한 일 3가지 쓰기
• 다음 회기 프로그램 설명</td><td>10분</td><td></td></tr>
</table>

☞ 워크북 2-① 대표 강점 찾기 활동지

구분		내용
지혜 (슬기로움)	창의성	다른 사람은 잘 생각하지 못하는 새로운 생각을 잘해요
	호기심	주변의 일이나 대상에 관심과 흥미가 많아요
	개방성	마음이 열려 있어서 다른 사람의 생각을 잘 받아들여요
	학구열	공부하는 것, 새로운 것을 배우는 것이 즐거워요
	지혜	슬기로운 생각을 잘해서 다른 사람에게 도움이 되는 일을 해 줘요
자애 (인자함)	사랑	다른 사람이나 동식물을 소중하게 여기고 사랑해요
	친절성	평소에 상냥한 말투와 친절한 행동으로 사람들을 대해요
	사회지능	주변의 분위기나 다른 사람의 마음과 입장을 잘 헤아릴 수 있어요
용기	용감성	겁이 없는 편이고, 옳다고 생각하는 일은 꼭 해내고 말아요
	끈기	어떤 일을 한번 시작하면 끝까지 열심히 해내요
	진실성	친구나 가족들에게 거짓말을 하는 일이 없어요
	활력	명랑한 성격이고, 언제나 활기와 에너지가 넘치는 것 같아요
자기조절 (참을성)	용서	친구나 가족이 나에게 잘못해도 금방 용서해 줄 수 있어요
	겸손	잘난 체를 하지 않는 성격이고, 누가 나를 칭찬해 주면 부끄러워요
	신중성	어떤 일을 결정할 때 곰곰이 생각하고 결정해서 나중에 후회하는 일이 별로 없어요
	자기조절	슬프거나 기쁘거나 화가 날 때 나의 마음을 스스로 잘 조절해요
정의	시민정신	질서와 규칙, 약속을 잘 지키며 생활해요
	공정성	친구들이나 가족들을 공평하게 대해요
	리더십	친구들이 나를 믿고 따라서 학급 임원이 되기도 했어요
초월	감상력	책을 읽거나 음악, 그림을 감상하는 일이 정말 즐겁고 행복해요
	감사	나는 부모님이나 친구들, 선생님, 주변 사람들에게 감사할 일이 많아요
	낙관성	나는 내가 하는 일들이 잘 될 거라는 믿음을 가지고 노력해요
	유머감각	재미있는 말과 행동으로 사람들을 즐겁게 해 줄 때가 많아요
	영성	교회(절, 성당)에 열심히 다니고, 평소에 기도(불공)를 열심히 드려요

[3회기: 긍정의 힘]

목표	• 실패와 거절 및 극복 경험을 통해 자신이 처한 상황을 보다 낙관적으로 생각하도록 한다. • 대인관계에서 자신의 진솔한 마음을 전달하며 상대와 잘 지낼 수 있는 긍정 대화법을 익힌다.

활동과정	진행내용	소요시간	준비물
도입	• 별칭 기억하며 인사 나누기 • 현재 느끼는 감정 나누기 • 과제발표(희망자 2~3명) • 오늘 프로그램 소개 및 진행 과정 설명 • 진솔하고 적극적으로 참여하도록 격려하기	10분	명찰
전개	**1. 실패, 거절 경험 및 극복 경험 다루기** – 3~4명의 참여자끼리 모여서 극복하기 어렵다고 생각을 했던 문제가 해결되거나 실상 크게 문제가 되지 않았던 경험을 떠올리기 – 3~4명의 모둠으로 과거에 있었던 어려움을 극복한 경험과 그 경험의 긍정적 측면 찾기 – 자신이 사용하고 있는 낙관적인 사고방법 소개하기 **2. 긍정 대화법** – 긍정 대화법은 예스맨을 의미하는 것이 아니라 불만을 얼마나 효과적으로 잘 표현하느냐에 달려있음을 알리기 – 짝끼리 가족이나 친구에게 부정적인 대화로 인해서 관계가 소원해졌던 경험 나누기 – 긍정 대화법의 규칙과 예를 설명하기(워크북) – 두 명씩 짝을 지어 긍정 대화법 연습하기 – 최근 집단원이 경험한 긍정 대화를 떠올려 보고 발표하기	60분	필기도구 긍정 대화법 워크북 ☞ 3-①
마무리	• 오늘 프로그램에 대한 집단원들의 소감 나누기 • 회기 참여자들에 대한 칭찬과 감사 나누기 • 과제: 감사일기 쓰기 • 다음 회기 프로그램 설명	10분	

☞ 워크북 3-① 긍정 대화법 활동지

■ **긍정 대화법 소개**

다른 사람과의 관계를 보다 부드럽고 긍정적으로 바꿔 주는 것이 바로 긍정 대화법이다. 긍정 대화법은 불만을 긍정적인 형태로 타인에게 전달함으로써 긍정적인 결과를 낳도록 하는 방법으로, 상대에게 화난 감정이 누그러지고 마음의 평온을 찾은 후에 써야 한다.

■ **긍정 대화법 공식**

– 나는 네가 한 ~행동 때문에 ~한 감정을 느껴서 나는 ~한 구체적 영향을 받게 되었어.

=〉 행동에 대한 비난 없는 서술(①) + 나에게 미친 구체적 영향(②) + 내 감정(③)

=〉 ② 와 ③은 바뀌어도 됨

■ **너-전달법**

– 너 때문에 짜증 나.

– 네가 달리기를 잘못해서 우리 반이 졌어.

■ **나-전달법**

– 나는 네가 내 학용품을 나에게 물어보지도 않고 마음대로 사용해서(①) 화가 나.(③)

왜냐하면 네가 쓰는 동안 나는 사용할 수가 없었거든.(②)

■ **긍정 대화법 연습**

1. 찬우는 분식집에서 1시에 만나기로 했으나 미숙이가 두 시간 늦게 나타났다. 만일, 당신이 찬우라면?
   - 너-전달법: ______________________________
   - 나-전달법: ______________________________
2. 가족이나 친구에게 부정적인 대화로 관계가 소원해졌던 경험이나 오히려 안 좋은 상황에서 긍정 대화를 통해서 상황을 잘 넘어갔던 경험을 나누기

[4회기: 감사하기와 용서하기]

목표	• 감사의 의미와 방법을 배우고 감사가 미치는 긍정적인 영향을 체험한다. • 인간관계에서 해결되지 않은 갈등에 대해서 되돌아보고 진정한 용서의 의미를 알고 실천한다.

활동과정	진행내용	소요시간	준비물
도입	• 별칭 기억하며 인사 나누기 • 현재 느끼는 감정 나누기 • 과제발표(희망자 2~3명) • 오늘 프로그램 소개 및 진행 과정 설명 • 진솔하고 적극적으로 참여하도록 격려하기	10분	명찰
전개	1. 감사와 관련된 활동 – 감사의 유익과 감사한 일을 떠올리고 표현할 때 느낌이 어떤지 살펴보고 감사한 분에게 편지 쓰기 2. 용서와 관련된 활동 – 용서의 유익과 후회했던 일, 용서하지 못한 일을 회상하며 서로 나누고 용서를 위한 결심 발표하기	60분	필기도구 감사하기 워크북 ☞ 4-① 용서하기 워크북 ☞ 4-②
마무리	• 오늘 프로그램에 대한 집단원들의 소감 나누기 • 회기 참여자들에 대한 칭찬과 감사 나누기 • 과제: 감사일기 쓰기 • 다음 회기 프로그램 설명	10분	

☞ 워크북 4-① 감사하기 활동지

■ **감사의 유익**

감사는 자신의 안녕과 복지에 기여하는 도움이나 혜택을 준 인격 대상 또는 비인격 대상에 느끼거나 표현하는 고마움을 말한다. 평소 감사를 많이 느끼는 사람들은 그렇지 못한 사람들에 비해 삶에 대한 만족도가 높고, 낙관적이며 스트레스 수준이 낮다. 감사는 좋은 기억들과 나쁜 기억들 중에서 고마운 마음이 부각되고 또 지속될 수 있도록 한다.

■ **감사 음미하기**

짝과 함께 내 주변의 감사한 사람에 대한 회상과 그 이유를 나눈다. 감사한 이야기를 나누며 생기는 고마움, 흐뭇함, 행복감을 음미해 본다.

■ **감사한 분에게 짧은 편지 써 보기**

____

____

☞ 워크북 4-② 용서하기 활동지

■ **용서의 유익**

용서는 인간으로서 가장 하기 힘든 활동 중의 하나이다. 진정한 용서는 상대방이 아니라 자신을 자유롭게 하는 것이다. 엔라이트(Enright)는 용서의 단계를 4단계로 나누었다.

1) 분노 발견하기
2) 용서하기로 결심하기
3) 용서를 위한 작업하기
4) 감정의 감옥에서 해방되기

■ **후회했던 일, 용서하지 못한 일 회상하며 서로 나누기**

– 가장 최근에 나를 화나게 한 일화를 짝끼리 나누기
– 기억에 남는 용서한 일화와 그때의 감정을 떠올리며 짝끼리 나누기

■ **용서하는 내가 되기 위한 결심 한마디**

____

[5회기: 행복으로 가는 길]

목표	• 삶 속에서 이루고자 하는 목표를 발견하고, 삶의 의지를 다진다.		
활동과정	진행내용	소요시간	준비물
도입	• 별칭 기억하며 인사 나누기 • 현재 느끼는 감정 나누기 • 과제발표(희망자 2~3명) • 오늘 프로그램 소개 및 진행 과정 설명 • 진솔하고 적극적으로 참여하도록 격려하기	10분	명찰
전개	1. 나의 행복지수 검사 – 나의 현재 행복지수는 1~10 중에서 어디인지 발표하기 – 행복지수가 높은 참여자의 특징을 관찰하고 발표하기 – 진행자는 행복은 자전거나 피아노 치기처럼 '일부러 익혀야 하는 기술'이며, '연습할수록 증가하는 삶의 습관'이라는 것을 강조하기 2. 행복 키우기 활동 – 워크북을 참고하여 자신이 의식하지 못한 채 행복감을 주는 활동을 하고 있다는 것을 깨닫게 하고, 노력에 따라 행복과 같은 긍정적 감정은 행복감을 주는 활동을 통해 높아질 수 있음을 느끼게 하기 3. 나에게 응원의 메시지를 큰 소리로 돌아가면서 외치기	60분	필기도구 행복 키우기 워크북 ☞ 5–①
마무리	• 전체 프로그램에 대한 리뷰 – 그동안 함께 배우고 나눈 이야기 – 프로그램 참여하며 변화된 내용과 마치는 소감 나누기 • 마지막 회기 참여자들에 대한 칭찬과 감사 나누기 – 진행자를 포함해서 서로에게 해 주고 싶은 말을 돌아가며 나누기	10분	A4용지

☞ 워크북 5-① 행복 키우기

■ 더 행복한 오늘

1. 하루 중 내가 무엇을 할 때 가장 기분이 좋은가요?

2. 내가 가장 잘하는 것이 무엇인가요?

3. 어떤 활동을 했을 때 가장 의미가 있다고 느껴지나요?

■ 더 행복한 내일

1. 지금보다 행복해지기 위해 오늘 당장 할 수 있는 일을 2~3가지 적어 보세요.

2. 나에게 하는 응원의 메시지를 적어 보세요.

C·H·A·P·T·E·R 2

장병의 자아분화를 위한 프로그램

군 복무 중인 병사들은 대체로 후기 청소년기에 해당하며, 자아정체감을 바탕으로 인생관, 가치관을 확립하고 타인과의 성숙한 대인관계를 구축하는 단계에 있다. 입대 전 부모와의 관계가 원만하고 의사소통이 명료하며, 가정이 친밀할수록 군 생활 적응력이 높다는 연구(구성본, 2010)가 있지만, 엄격한 규율과 통제된 공간에서 규칙적인 집단생활에 적응하지 못하는 병사는 심한 스트레스와 우울을 경험하여 전투력이 약화되는 문제로 연결되기도 한다. 이렇게 개인에게서 나타나는 부적응 증상과 문제행동은 자아가 분화되지 못한 데에서 비롯된다고 보웬(Bowen, 1982)은 주장하였다.

본 프로그램은 자아분화를 통해 군 생활 적응뿐만 아니라, 이후 삶의 발전에 중요한 가교역할을 제공하기 위해 도입하였다. 신천지(2018)의 프로그램을 참고하여 군 상황에 맞게 일부 내용을 수정 · 보완하여 재구성하였다.

프로그램의 회기별 내용

구분	중점	세부내용
1회기	프로그램 설명 및 신뢰감 쌓기	• 둘씩 짝지어서 서로 대화 후 짝 소개 • 별칭 만들기 • 프로그램에 대한 전반적인 설명 및 규칙 정하기 • 자아분화 정도를 측정하기
2회기	자아분화 향상을 위한 자기이해	• 원가족의 맥락을 통한 가족 이해하기 • 우리 가족 가계도 그리기와 발표를 통한 확대가족 속에서의 '나'를 발견하기 • 가족 역기능 및 가족 투사과정 이해하기
3회기	현재의 우리 가족 이해하기와 탈삼각화 모색하기	• 최근에 있었던 우리 가족의 갈등에 대해 기술하기 • 가족 투사과정 이해하기 • 자기에게 초점을 맞추어 자신이 가족갈등에 기여하는 부분이 무엇인지 인식하기 • 우리 가족의 삼각관계 형태에 대해 구체적으로 발견하기
4회기	진짜 바라는 내 모습 찾기	• 진짜 원하는 내 모습 탐색과 목표를 위한 실천방안 찾기 • 건강한 가족관계를 위해 바람직한 자기주장 소개하기
5회기	마무리하기	• 행복한 가정을 위한 나의 행동 대안 모색하기 • 집단원들 서로 긍정적 피드백 주고받기

[1회기: 프로그램 설명 및 신뢰감 쌓기]

목표	• 자기소개를 통해 친밀감을 형성한다. • 프로그램에 대한 소개를 통해 프로그램에 대한 이해와 기대감을 갖는다. • 자아분화와 가족관계에 대한 바른 이해를 도모한다.

활동과정	진행내용	소요시간	준비물
도입	• 집단 리더에 대한 간략한 소개 • 프로그램 목표, 내용, 전체 일정 및 회기별 진행 과정 설명, 서약서 작성	10분	서약서 필기도구 워크북 ☞ 1-①
전개	**1. 집단구성원 소개 및 별칭 짓기** – 프로그램 진행 동안 자신을 잘 나타내며 불리고 싶은 것으로 별칭을 짓고 명찰 만들기 – 두 명씩 짝지어서 각자의 별칭 선택 이유에 대해서 설명하고 다른 집단원들에게 짝의 별칭과 그 이유를 소개하기 – 별칭 외우기 게임(예: 꽃잎 옆 바람 옆 솔잎 옆 갈대...) **2. 집단 규칙 정하기** – 기본규칙 소개: 비밀 지키기, 지각, 결석하지 않기 – 함께 지키기를 원하는 규칙 정하기 **3. 자아분화 정도 측정과 현재의 자아분화 점수를 통한 본인의 자아분화 정도 이해하기** – 자아분화 척도지 작성하기 (워크북 1-②) – 자아분화 정도 점수를 통한 본인의 자아분화 정도 이해하기(워크북 1-③) – 자아분화 개념과 단계 설명하기 **4. 보웬(Bowen)이론 강의 (워크북 1-④)** – 가족투사과정, 삼각관계, 다세대 간 전이를 통해 자아분화가 가족관계에 미치는 영향 살피기	60분	자아분화 척도 설문지 A4용지 워크북 ☞ 1-② ☞ 1-④
마무리	• 오늘 프로그램에 대한 집단원들의 소감 나누기 • 다음 회기 프로그램 설명 • 3세대 가족 역사 알아 오기	10분	

☞ 워크북 I-① 서약서 작성하기

서 약 서

소중한 시간을 내어 함께해 주셔서 감사합니다. 본 집단상담 프로그램은 자아분화를 통해 가족관계에 대한 바른 이해를 도모하여 가족관계 개선을 목적으로 실시하는 것입니다.

본 프로그램은 5회기에 걸쳐 이루어질 것이며, 본인은 아래의 사항을 지킬 것을 약속합니다.

1. 나는 내 마음속에 있는 생각이나 느낌을 솔직하게 표현하겠습니다.
2. 나는 다른 집단원이 이야기를 할 때에는 끼어들거나 방해하지 않고 귀 기울여 잘 듣겠습니다.
3. 나는 다른 집단원이 하는 말을 편견이나 비판 없이 있는 그대로 듣겠습니다.
4. 나는 프로그램 중에 알게 된 집단원의 개인적인 사실에 대해 비밀을 지키겠습니다.
5. 나는 매회 모임에 지각이나 결석을 하지 않고 성실히 참여하겠습니다.
6. 나는 우리 집단에서 나를 포함해 모두의 성장을 위해 적극적으로 참여하겠습니다.

위의 내용에 동의합니다.

년 월 일

이름: 서명:

☞ 워크북 I-② 자아분화척도 작성하기

문항	전혀 아니다	아니다	보통 이다	그렇다	매우 그렇다
1. 나는 중요한 결정을 내릴 때 마음 내키는 대로 결정하는 일이 많다.					
2. 나는 말부터 해 놓고 나중에 가서 그 말을 후회하는 일이 많다.					
3. 나는 비교적 내 감정을 잘 통제해 나가는 편이다.					
4. 나는 화가 나면 물불을 가리지 않고 행동하는 편이다.					
5. 나는 욕을 하고 무엇이든 부수고 싶은 충동을 자주 느낀다.					
6. 나는 다른 사람들과의 싸움에 잘 말려드는 편이다.					
7. 나는 대수롭지 않은 일에도 화를 자주 내는 편이다.					
8. 나는 남이 지적할 때보다 내가 틀렸다고 여길 때 의견을 더 잘 바꾼다.					
9. 나는 대다수 사람들의 의견보다 내 의견을 더 중시한다.					
10. 논쟁이 일더라도 필요할 때에는 내 주장을 굽히지 않는다.					
11. 내 말이나 의견이 남의 비판을 받으면 바로 바꾼다.					
12. 내 계획이 주위 사람들의 인정을 받지 못하면 잘 바꾼다.					
13. 주위의 말을 참작은 해도 어디까지나 내 소신에 따라 결정한다.					
14. 자라면서 부모님이 나에 대해 근심을 하는 것을 많이 보았다.					
15. 부모님은 내가 미덥지 못해서 지나치게 당부하는 일이 많았다.					
16. 우리 부모님은 형제들 중 유독 나 때문에 속을 많이 썩었다.					
17. 부모님은 내게만 문제가 없다면 아무 걱정이 없겠다는 말을 많이 하였다.					
18. 내가 처한 상황은 부모님이 전부 입버릇처럼 말해 오던 그대로다.					
19. 내 걱정이나 근심은 옛날에 부모님이 말씀하신 그대로다.					
20. 부모님과 떨어져 살면 대단히 불편할 거라 생각한다.					
21. 가정을 떠나는 것이 독립할 수 있는 좋은 기회다.					

문항	전혀 아니다	아니다	보통 이다	그렇다	매우 그렇다
22. 나는 부모님 슬하에서 하루빨리 독립했으면 하는 생각이 많았다.					
23. 부모님과 자주 다투기보다는 안 보는 것이 상책이라 생각한다.					
24. 나는 자라면서 집을 나가고 싶은 충동을 많이 느꼈다.					
25. 나는 자라면서 부모님과 별로 대화를 나누지 않았다.					
26. 내가 자랄 때 우리 가족은 자기 본분을 다했다.					
27. 우리 가족은 심각한 일이 있어도 가족 간에 금은 잘 가지 않는다.					
28. 가족 간에 말썽이 있어도 서로 상의해 가면서 잘 해결해 왔다.					
29. 우리 가정에는 소리를 지르거나 주먹다짐을 하는 일은 드물었다.					
30. 가정에 어려운 일이 생겨도 부모님은 차분하게 잘 처리하셨다.					
31. 우리 가정은 대체로 화목하고 단란했던 편이다.					
32. 우리 가족은 각자 의견이 달라도 서로 존중해 준 편이다.					
33. 나는 어릴 때 다른 가정에서 태어났으면 하는 생각이 들었다.					
34. 우리 가족은 사소한 문제에도 잘 싸웠다.					
35. 부모님은 나를 낳았을 뿐, 교육에는 별 관심이 없었다.					
36. 우리 가족은 서로에게 별 관심이 없었다.					

☞ 워크북 I-③ 자아분화 정도 이해

점수: 전혀 아니다(1점)~매우 그렇다(5점)
자아분화 총점이 높을수록 자아분화 수준이 높은 것으로 해석함
문항 중 2, 4, 5, 6, 7, 11, 12, 14, 15, 16, 17, 18, 19, 20, 22, 23, 24, 25, 34, 35, 36은 역채점 문항임

■ 자아분화 개념과 단계 설명

자아분화란 자기 자신에 대한 지식이 있고, 자신이 누구인가라는 물음에 대한 정체감과 정의를 갖고 있는 사람이다. 자기 자신의 신념이나 생각이 타인과 다를 때, 타인의 인정을 받기 위하여 그들에게 의지하지 않는다. 그러면서도 자기 자신을 타인에게 의존하지 않고, 타인을 공격하지 않으면서 타인들과 좋은 관계를 맺는다.

보웬(Bowen)은 분화의 정도를 0~100의 임의적인 수치로 표현하였다.

- 0~25 수준에 속하는 사람은 감정적 세계에 살고 외부반응에 민감하다. 생각과 감정을 구별할 능력이 없으며, 자아개념의 발달이 약해 '나'라는 개념보다는 자신이 의존할 수 있는 의존관계를 찾는 데 삶의 에너지를 대부분 소모한다.
- 25~50 범주에 속하는 사람은 확실한 '나'라는 자신에 대한 신념과 믿음에 대한 자신이 없으므로 사회적 규범, 사랑, 집단에 자신을 맡기고 타협하는 사람이다. 타인에게 좋은 인상을 심어 주고, 그들에게 인정을 받는 것에 예민하다. 그러나 자신의 분화 수준을 높일 수 있는 능력을 가지고 있다.
- 50~75 범주에 속하는 사람은 지적 기능이 발달하여 감정과 지적 원리의 차이점을 알 수 있으며, 좋은 의견과 가장 기본이 되는 문제에 대한 신념을 갖고 있다. 타인과의 관계에서도 융합되지 않으면서 밀접하며 일관성 있는 태도를 보인다. 때로 심한 스트레스 상황에서는 정신병리 현상을 보일 수 있다.
- 75~100 범주에 속하는 삶은 하나의 가상적 · 이론적 상태이며, 어릴 때부터 독립적인 개체로 잘 분리되어 있어 자신의 가치관과 신념을 뚜렷하게 갖고 있다. 자신과 타인에 대하여 객관적인 사고를 하기 때문에 타인과의 관계에서도 의존적이지 않고 자유롭고, 적절한 현실감으로 이상을 꿈꾸며, 감정을 잘 통제할 줄 안다.

☞ 워크북 I-④ Bowen의 이론 강의

보웬(Bowen)은 대부분의 경우 가족문제는 가족구성원이 자신의 원가족에서 심리적으로 분리하지 못하는 데서 기인한다고 보았다. 그래서 가족구성원을 이러한 자아집합체로부터 분리 독립시켜 자율적으로 기능할 수 있도록 도와야 한다고 강조하고 있다.

■ 가족투사과정

가족투사과정은 가족구성원들이 자신이 갖고 있는 정서적인 어려움을 해결하지 못하여 자신의 불안을 다른 가족구성원에게 전가하는 것을 말한다. 부모가 가지고 있는 갈등이나 문제를 해결하지 못하고 자녀에게 넘기는 것이 가족투사과정인 것이다. 부부의 갈등이나 원가족으로부터 해결되지 않은 문제를 갖고 있어서 불안이 있는 부모는 자신의 불안을 자극하는 자녀의 모습에 민감하게 반응한다. 자녀의 모습에 민감하게 반응하는 것이 지신의 불안 때문이라는 것을 모르는 어머니는 자녀에게 문제가 있다고 인식하고 자녀를 다그치게 된다.
늘 부모의 투사 대상이 되는 아이는 어머니의 감정과 행동에 예민하게 반응하며, 부모의 눈치를 살피게 된다. 또한, 독립적으로 행동하지 못하고 부모의 의견에 따르게 되고 나중에는 타인의 시선에 민감하고 의존적인 아이로 성장하며 낮은 분화 수준을 갖는다.

■ 삼각관계

자신의 내면에서와 대인관계에서 일어나는 불안 또는 정서적 긴장을 중요시하는데, 스트레스 상황으로 불안이 고조되었을 때 당황하고 불안해진 두 사람이 불안정한 상태를 벗어나고자 제삼자를 끌어들여 안정을 되찾으려고 하는 것을 삼각관계라 한다.

■ 다세대 간 전이과정

자아분화 정도가 한 세대에서 형성되는 것이 아니라, 이전의 여러 세대에서 가족투사과정으로 계속 이어져 내려온 것이라는 개념이다. 세대 간에 가족들의 분화 수준과 기능을 연결하는 행동양식을 다세대 간 전이과정이라 한다.

[2회기: 자아분화 향상을 위한 자기이해]

목표	• 가족들과의 관계를 이해하고 분석함으로써 현재의 자신을 이해하고, 가족관계에 대한 통찰력을 얻는다.

활동과정	진행내용	소요시간	준비물
도입	• 별칭 기억하며 인사 나누기 • 현재 느끼는 감정 나누기 • 오늘 프로그램 소개 및 진행 과정 설명 • 진솔하고 적극적으로 참여하도록 격려하기	10분	
전개	1. 우리 가족 가계도 그리기(워크북 2-①) - 가족구성원에 대한 정보를 기록하고 도식화하기 2. 가계도 발표하기 - 진행자는 다시 한번 비밀 유지에 관해 구성원들에게 언급하며, 따뜻하고 편안한 분위기에서 발표자들이 믿고 오픈할 수 있도록 도와주기 - 발표자는 도식화된 가계도를 보여 주며 가족 정보와 가족들의 관계유형, 주요 사건이 나에게 미친 점 등을 발표하기 3. 가족 역기능 발견하기 - 발표 후 집단원들은 가족 중 문제아로 간주되는 대상이 있었는지, 그를 보호하는 사람은 누구였는지와 같은 질문들을 통해 상세하게 가족을 탐색하기 위한 질문하기(워크북 2-②) - 가계도에 대한 질문과 분석을 통해 집단원들이 가족에 대한 통찰력을 얻도록 하기	60분	필기도구 가계도 그리기 워크북 ☞ 2-① ☞ 2-②
마무리	• 오늘 프로그램에 대한 집단원들의 소감 나누기 • 다음 회기 프로그램 설명	10분	

☞ 워크북 2-① 가족가계도 그리기

가족구조 작성기호

- □ 남성
- ○ 여성
- ⧈ 남성 중심 인물
- ◎ 여성 중심 인물
- 출생일→43:62←사망일
- ⊠ 남성 사망

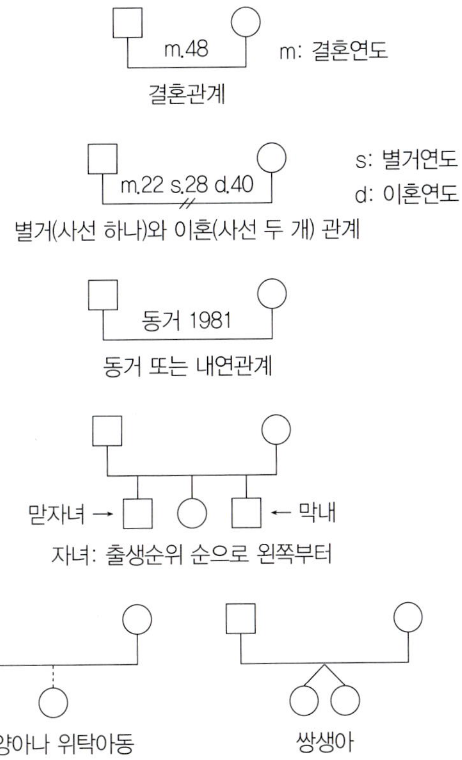

가족 관계 표현

- 친밀 또는 융합
- 융합된 갈등관계
- 빈약관계 또는 갈등
- 친밀
- 이별 또는 단절
- 소원

■ 나의 원가족 가계도 그리기

☞ 워크북 2-② 가계도 질문하기

■ 원가족 이해를 위한 질문

1. 원가족의 분위기는 어떤가요?
2. 가계도를 작성하면서 새롭게 알게 된 가족의 정보는 무엇인가요?
3. 가계도 작성 시 가장 어려웠던 점은 무엇인가요?
4. 가족 중 갈등 가운데 있었거나 서로 이야기하지 않는 구성원이 있나요?
5. 가족구성원 중 친밀한 사람은 누구이며, 도움이 필요할 때 나를 돕는 대상은 누구인가요?
6. 부모님 사이에 갈등이 생길 경우 부모님은 그 갈등을 어떻게 해결하나요?
7. 성장 과정에서 형제, 자매 중에 부모님의 특정 관심 대상은 누구였나요? 그 대상에 대해 어떤 느낌이 드나요?
8. 나의 행동이나 말투, 습관 등에서 부모님과 닮은 영역이 있나요?

[3회기: 현재의 우리 가족 이해하기와 탈삼각화 모색하기]

목표	• 가족들의 관계유형, 가족 규칙, 삼각관계, 가족 역기능들을 발견함으로써 가족에 대한 체계적인 이해를 갖는다. • 자아분화를 위해 필요한 변화가 무엇인지를 명료화한다.

활동과정	진행내용	소요시간	준비물
도입	• 별칭 기억하며 인사 나누기 • 현재 느끼는 감정 나누기 • 오늘 프로그램 소개 및 진행 과정 설명 • 진솔하고 적극적으로 참여하도록 격려하기	10분	
전개	1. 가족갈등 발표하기 – 최근에 있었던 우리 가족의 주요 갈등을 느낌 그대로 자유롭게 발표하기(갈등의 내용, 원인에 대해서) 2. 발견하기 – 발표한 내용분석을 통해 본인이 가족의 갈등원인을 누구에게 돌리고 있는지 발견하기(가족의 삼각관계 발견하기) 3. 가족 속의 나(워크북 3–①) – 가족관계향상과 자기성찰 높이기	60분	필기도구 가계도 그리기 워크북 ☞ 2–① ☞ 2–②
마무리	• 오늘 프로그램에 대한 집단원들의 소감 나누기 • 다음 회기 프로그램 설명	10분	

☞ 워크북 3-① 가족 속의 나

■ 가족 속의 나

가족관계향상과 자기성찰을 높이기 위해 자신의 성장 과정에서 부모에게 받았던 욕구와 기대로 인해 자기에게 생긴 긍정적 부정적 감정을 알아본다. 그 과정에서 생긴 긍정적 · 부정적 감정을 알아보고, 그 과정에서 해결하지 못한 감정이 자신의 성격 형성에 어떤 영향을 미쳤는지 알 수 있도록 한다.

	긍정적인 부분	부정적인 부분
부모 혹은 영향력이 큰 인물로부터 받은 언어적 · 비언어적 메시지와 그 당시 감정		
내 성격에 미친 영향력		

■ 부모에게서 자신이 가장 듣고 싶은 말?

____

____

____

■ 집단원들끼리 서로 듣고 싶은 말을 직접 해 주고, 그 말을 듣고 난 후 감정 이야기하기

____

____

____

[4회기: 진짜 바라는 내 모습 찾기]

목표	• 진짜 바라는 자기 모습을 찾고, 목표달성을 위해 세부계획을 세우고 실천한다. • 가족관계 속에서 건강하게 자기주장을 한다.

활동과정	진행내용	소요시간	준비물
도입	• 별칭 기억하며 인사 나누기 • 현재 느끼는 감정 나누기 • 오늘 프로그램 소개 및 진행 과정 설명 • 진솔하고 적극적으로 참여하도록 격려하기	10분	
전개	1. 진짜 '나'는 누구인가? – 내가 바라는 내 모습을 찾고, 그 모습을 위해 현재 무엇을 하고 있는지 체크하고, 자기통제를 통해 목표 달성을 위한 세부행동을 명시하고 자기보상계획을 세우기 2. 자기주장 – 건강한 가족관계를 위해 자기주장의 의미와 경험을 나누고 연습하기	60분	워크북 ☞ 4-① 자기주장 워크북 ☞ 4-②
마무리	• 오늘 프로그램에 대한 집단원들의 소감 나누기 • 긍정적인 자기개념을 확립하기 위한 실천방안을 실제 연습해 보기 • 다음 회기 프로그램 설명	10분	

☞ 워크북 4-① 내가 바라는 나 되기

나의 바람	현재 내가 하는 행동	목표를 위한 세부행동	보상

☞ 워크북 4-② 자기주장

구분	공격적인 자기주장	소극적인 자기주장	적극적 자기주장
행동 특징	자기의 입장만 배려하고 자기의 욕구를 성취하기 위해 타인의 욕구와 인권을 무시함	타인의 입장만 배려하며 자기의 욕구와 권리를 솔직하게 표현하지 못함	자기의 입장을 배려하고 타인의 권리와 인격을 고려하며 자기의 욕구를 성취함
감정	처음에는 승리감, 우월감 다음에는 죄의식	자신에 대한 실망감과 자책, 상대방에 대한 원망과 증오	자기존중감 향상
결과	자신의 욕구는 성취하지만 상대방에게 분노와 복수심을 심어 주고 관계가 파괴됨	자신의 욕구를 성취하지 못하고 대인관계가 소원해짐	자신의 욕구를 성취하고 상호 존경하게 됨
상황	야, 너 정신이 있니 없니? 그런 속없는 소리를 하다니, 네가 대학생이냐?	음... 글쎄 뭐, 어쩔 수 없네. 그래, 내가 해 줄게.	남의 숙제를 대신 해 준다는 것은 교수님을 속이는 것 같아서 내가 해 줄 수가 없구나. 아무리 하기 어렵더라도 네가 스스로 하는 것이 좋겠다.

■ **자기주장 훈련**

→ 두 사람씩 짝을 지어 자기주장을 연습하기

구분	공격적인 자기주장	소극적인 자기주장	적극적인 자기주장
상황 (가족 간의 갈등, 의견 차이 등)			

[5회기: 마무리하기]

목표	• 본인이 가족과의 관계 변화를 위해 할 수 있는 일들을 계획한다. • 각자의 경험한 내용을 토대로 새로운 미래를 모색한다.

활동과정	진행내용	소요시간	준비물
도입	• 별칭 기억하며 인사 나누기 • 현재 느끼는 감정 나누기 • 오늘 프로그램 소개 및 진행 과정 설명 • 진솔하고 적극적으로 참여하도록 격려하기	10분	
전개	**1. 가족의 변화를 위해 개인이 할 수 있는 일을 계획하기** – 지금보다 더 행복한 가족과의 관계를 위해 본인이 현재 실천할 수 있는 일을 2~3가지 쓰고, 돌아가면서 발표하면 집단원들은 박수로 지지와 격려하기 **2. 가족에게 편지 쓰기** – 가족에게 그동안 하지 못했던 이야기를 편지에 쓰기 **3. 새로운 나** – 10년 후 자신의 모습 탐색하기(워크북 5–①) **4. 집단원들에게 긍정적 피드백을 서로 주고받기** – 지금까지 함께한 집단원들에게 전하고 싶은 칭찬을 A4용지에 돌려 가면서 적기	60분	필기도구 A4용지 새로운 나 워크북 ☞ 5–①
마무리	• 전체 프로그램에 대한 리뷰 – 지금까지의 활동을 돌아보고 기억에 남는 프로그램과 자신에게 도움이 되었던 활동은 무엇인지 이야기해 보고, 변화된 내용과 마치는 소감 나누기 • 마지막까지 회기에 참여한 참여자들에 대한 칭찬과 감사의 마음 전하기 • 앞으로 자신의 목표와 관계를 잘 헤쳐 나갈 수 있도록 격려의 포옹과 함께 지지의 말 전하기	10분	

☞ 워크북 5-① 새로운 나

자신의 새로운 미래 모습을 계획할 수 있도록 대인관계영역, 가족영역, 자신영역, 직업영역 등으로 나누어 10년 후의 자신의 모습을 탐색하고 이를 집단원들과 함께 나누도록 한다.

10년 후 나의 미래 모습 설계

대인관계

____

____

____

____

가족관계

____

____

____

____

직업/일

____

____

____

____

C·H·A·P·T·E·R 3

동물매개를 통한 장병 대인관계능력향상 프로그램

군 조직은 다양한 구성원들로 이루어져 있다. 낯선 환경에서 낯선 사람들과 관계를 맺으며 통제된 생활을 하는 관계로 많은 스트레스를 경험하기도 한다. 위계적인 군대문화 속에서 나타나는 대인관계 갈등은 분노와 좌절, 두려움, 불안 등의 부정정서를 유발하여 단결을 저해하고, 전투력을 약화시키는 원인으로 작용한다. 육군본부(2008)는 군 부적응으로 인한 폭행사고의 원인 중 대인관계 갈등이 무려 65%에 달한다고 발표하였다.

본 프로그램은 군대 내 대인관계과정에서 일어나는 갈등을 인식하고, 그 갈등에 잘 대처하도록 도움을 주기 위해 도입하였다. 박신영(2017)의 프로그램을 필자의 임상경험을 바탕으로 동물매개 프로그램으로 재구성하였다. 동물매개의 다양한 기대효과 중 사회적 · 정서적 효과는 반려동물과의 상호작용을 통해 자기효능감을 높이고 의사소통 및 사회적응력 향상에 기여한다(Chandler & Cynthia, 2006).

본 프로그램은 군 조직 내에서 긍정적인 의식변화를 유도할 수 있을 것으로 기대한다. 동물과 함께 하는 동물매개활동, 동물매개치료 및 생명존중교육 등 다양한 프로그램에 대한 자료는 한국반려동물교육협회(hotdogschool@naver.com)를 통해 문의가 가능하다.

프로그램의 회기별 내용

단계	회기	주제	세부내용
도입 (공감대 형성)	1회기	마음의 문 열기	• 프로그램 소개 및 대상자 간 친밀감 형성 • 활동에 대한 기대와 목표 나누기
자기탐색 및 타인의 이해	2회기	나의 애착 대상 찾기	• 애착의 개념 이해하기 • 자신의 주요 애착 대상 찾기
	3회기	내 안의 너	• 대인관계 개념의 이해 • 자신의 대인관계 특징과 문제점 나누기
대인관계향상을 위한 이해와 수용	4회기	대인관계를 경험하라!	• 대인관계에서 성공한 경험 공유하기 • 타인에 대한 이해와 개방 수위 높이기
	5회기	긍정적인 대인관계 만들기	• 자신의 감정 바르게 표현하기 • 긍정적인 내적 작동모델 수용하기
마무리 (자아성장)	6회기	새로운 나	• 프로그램을 통해 변화된 자신을 표현하기 • 긍정적 자기 · 타인표상 강화하기

[1회기: 마음의 문 열기]

목표	• 대인관계능력향상 프로그램의 목적과 동물매개치료 집단의 운영방법을 이해한다. • 자연스럽게 자기를 개방하여 서로 신뢰감을 형성한다. • 구성원 간 공감대를 형성하고 개인의 목표를 설정한다.

활동과정	진행내용	소요시간	준비물
도입	• 활동사와 대상자 및 집단구성원 소개하기 • 본 프로그램의 운영방법 안내하기 • 치료도우미견을 접할 때의 주의사항 안내하기 • 서약서 작성하기	10분	워크북 ☞ 1-①
전개	1. 장점 관련 별칭 짓고 자기소개하기 – 자신의 장점을 찾고 장점과 관련된 별칭을 지은 후 준비된 이름표에 별칭을 적고 꾸민다. – 돌아가며 별칭을 지은 이유와 자기소개를 한다.	30분	명찰 필기도구 워크북 ☞ 1-② ☞ 1-③
	2. 프로그램 참여 이유와 기대 목표 나누기 – 프로그램의 목적과 달성하고 싶은 목표를 세운다. 3. 지금 나의 위치는? – 현재 나의 모습에 가까운 정도를 척도점수로 나타내고 목표점수 정하기	20분	
	4. 치료도우미견과 인사하기 – 치료도우미견을 키워 본 경험이 있는지 이야기 나눈다. – 치료도우미견과 인사하는 법을 알려 준다. – 만지면 좋아하는 부위와 싫어하는 부위를 알려 준다. 5. 치료도우미견에게 간식 주기 – 치료도우미견에게 간식 주는 방법을 알려 준다. – 한 사람씩 다가가 치료도우미견에게 간식을 주고, 쓰다듬을 수 있게 한다.	40분	치료견 리드줄 보상물 손세정제 물티슈
과제부여	• 좋아하는 동물 3종류와 그 이유를 준비하게 한다.		
마무리	• 치료도우미견을 만나 쓰다듬은 느낌 말해 보기 • 타인에게 고마움 또는 감사함 표현하며 마무리하기	10분	

☞ 워크북 I-① 서약서 작성하기

서 약 서

우리의 만남은 동물매개활동을 통하여 새로운 변화와 발전을 목표로 만들어진 모임입니다. 이곳에서 우리는 한층 더 당당해지고 멋있어진 자신의 모습과 전우들의 모습을 보게 될 것입니다. 우리는 치료도우미견과 함께 활동하는 이 모임을 통해 더 나은 자신의 모습과 새로운 가능성을 만나게 될 것입니다. 보람 있고 즐거운 만남이 되기 위하여 서로를 존중하는 우리의 약속을 정해 봅시다.

1. 내 마음에 있는 생각이나 느낌을 솔직하게 표현합니다.
2. 전우들이 하는 말을 비판이나 편견 없이 있는 그대로 듣습니다.
3. 여기서 나눈 이야기는 절대로 밖에서 말하지 않습니다.
4. 전우가 이야기할 때에는 끼어들거나 방해하지 않고 잘 듣습니다.
5. 치료도우미견은 장난감이 아닌 소중한 생명체이기에 소중히 여깁니다.
6. 프로그램이 진행되는 시간을 엄수하고, 성실히 참여하겠습니다.
7. 부여된 과제는 성실히 수행하겠습니다.

위의 내용에 동의합니다.

년 월 일

이름: 서명:

☞ 워크북 I-② 내가 원하는 변화는?

■ 프로그램 참여 이유와 기대 목표 나누기

내가 원하는 변화는?

나에게 중요한 것!
작고 분명한 변화!
구체적이고 행동적인 것!
생활에서 실천 가능한 행동!
최종적 결과보다는 지금 시작할 수 있는 것!

■ 내가 원하는 변화(목표) 적어 보기

위 5가지를 고려하여 내가 원하는 목표를 적어 보세요. 마지막 집단상담을 종결할 때 나에게 어떤 변화가 있으면 이 프로그램에 참여하기를 잘했다고 생각할까요?

■ 내가 원하는 변화(목표)를 나타낼 수 있는 별칭: ______________________

☞ 워크북 I-③ 지금 나의 위치는?

지금 나의 위치는 어디일까요?

■ 내가 원하는 모습과 가장 거리가 멀고 힘든 상황일 때를 1점, 내가 원하는 모습을 이루고 문제가 해결되었을 때를 10점이라고 한다면, 현재 나는 몇 점에 있을까요?

10점						
9점						
8점						
7점						
6점						
5점						
4점						
3점						
2점						
1점						
점수 / 회기	1회	2회	3회	4회	5회	6회

■ 집단상담이 끝났을 때 내가 원하는 목표점수는?: ______________________________ 점

[2회기: 나의 애착 대상 찾기]

목표	• 애착의 주요 개념 이해하기 • 나의 애착유형을 찾아 공유하기 • 어린 시절 애착 대상 경험을 인식하고 공유하기

활동과정	진행내용	소요시간	준비물
도입	• 따뜻한 분위기를 조성하며 인사 나누기 • 지난 회기를 마친 이후의 느낌 나누기 • 본 회기의 목표 설명하기	10분	필기도구
전개	**1. 성인 애착에 대한 기본 개념 이해** – 애착은 생애 초기 한 개인과 가장 가까운 사람과 맺는 강하고 지속적인 정서적 유대관계이다. **2. 나는 어떤 유형에 속하는지 서로 이야기 나눈다.** (안정적 애착, 몰두 애착, 거부 애착, 두려움 애착)	40분	워크북 ☞ 2-①
	3. 어린 시절 양육자 또는 친밀했던 대상과의 경험을 형상화하는 활동하기 **4. 내 마음의 액자 만들기** – 어린 시절, 청소년 시절에 애착 관계를 기억하며 칸 꾸미기 (즐거웠던 일, 슬펐던 일, 행복했던 일, 힘들었던 일)	20분	워크북 ☞ 2-②
	5. 치료도우미견에게 감정 표현하기 – 치료도우미견과 인사하고 보상물을 주며 집중시킨다. – 치료도우미견에게 마음카드를 사용하여 자신의 감정을 말해 본다.	30분	치료견 리드줄 보상물 손세정제 워크북 ☞ 2-③
과제부여	• 가족이나 친구에게 나의 강점을 찾아서 적어 온다.	5분	
마무리	• 이야기를 들어 준 치료도우미견에게 고마움 표현하기 • 내용 요약 및 소감 나누기	10분	

☞ 워크북 2-① 성인애착모델 4가지

나는 어떤 유형일까요?

■ 나는 어떤 유형에 속하는지 서로 이야기 나누어 보세요.

안정적 애착	거부(회피) 애착

몰두(집착) 애착	두려움 애착

■ 활동을 하고 나서 느낀 감정을 말해 보세요.

☞ 워크북 2-② 내 마음의 액자 만들기

내 마음의 액자 만들기

- 칭찬과 격려를 받았던 기억을 되살려 그림이나 글로 표현하고 옆 사람에게 그 행동을 보여 주세요. 어떤 감정들이 내면에 있는지 솔직하게 표현하고 보여 주세요.

아주 즐거웠던 일(신뢰감 & 기쁨)	가장 행복했던 일(친밀감 & 존중)
가장 슬펐던 일(수치심 & 비애)	**많이 힘들었던 일(갈등 & 비보호)**

☞ 워크북 2-③ 치료도우미견에게 감정 표현하기

치료도우미견에게 감정 표현하기

- 치료도우미견과 마음카드를 활용하여 감정 표현해 보기!

마음카드는 상황카드 30장, 감정카드 25장, 가치카드 25장 등 총 80장으로 구성되어 있습니다. 마음카드는 다양한 경험을 이야기하고 들여다 볼 수 있는 도구입니다.

1) 6장의 카드를 골라주세요.
2) 치료도우미견에게 카드에 제시된 이미지를 활용하여 이야기를 해 주세요.
3) '~구나'라고 자신의 감정을 표현해 주세요.

[3회기: 내 안의 너]

목표	• 타인에 대한 개념 알기 • 친밀한 관계에서 나타나는 자기 모습 이해하기

활동과정	진행내용	소요시간	준비물
도입	• 서로 악수하며 별칭 부르며 인사하기 • 본 회기의 목표를 설명한다. – 타인 관계 속에서 자신을 알아본다.	10분	명상카드 명상음악 은은한 조명
전개	**1. 빈 의자 기법 활용** – 통합적 관점에서 현재 경험한 대인관계의 어려움에 대해 이야기 나눈다. **2. 친구나 가족이 보는 나의 모습을 알아보기**	40분	워크북 ☞ 3-① 빈 의자
	3. 관계망을 통하여 타인과 나의 관계를 파악하기 – SNS 활용하여 나의 대인관계를 파악한다. **4. 군 생활에서의 문제점 서로 이야기하기** **5. 군 생활에서 갈등이 생겼을 때 해결방법을 나누기**	30분	A4용지 필기도구
	6. 치료도우미견의 감정 알기(강아지의 신체언어) – 치료도우미견의 신체언어를 알아본다. – 치료도우미견의 다양한 사진을 보여 주고, 그 몸짓이 의미하는 뜻을 감정카드에서 골라보도록 한다. **7. 치료도우미견과 스킨십을 한다.** – 치료도우미견의 이름 부르며 만져 보기 – 치료도우미견과 '허그'하기	30분	치료견 리드줄 보상물 손세정제 물티슈
마무리	• 오늘 프로그램에 대해 집단원들과 감정 나누기 • 치료도우미 동물과 집단원들이 서로 인사를 나누며 다음 회기 약속하기	10분	명상카드 명상음악 은은한 조명

☞ 워크북 3-① 참고자료

빈 의자 기법

- 빈 의자 기법을 활용하여 통합적 관점에서 현재 경험한 대인관계의 어려움에 대해 이야기 나누도록 합시다.
- 상담자는 빈 의자를 내담자 앞에 두고 상상의 인물, 즉 내담자에게 상처를 준 사람과 대화하도록 안내한다. 또한, 내담자가 그 인물이 되어 의자에 앉아서 대답한다.
- 필요시, 의자 대신 보조 자아를 등장시켜 그 인물의 역할을 맡도록 할 수 있다.
- 비특정인, 예를 들어 울고 있는 아이, 과거에 상처받던 상황의 자기 모습, 어린 시절 늘 지니고 다녔던 인형, 슬픔에 잠긴 사람, 앉아서 떨고 있는 사람 등을 상상하고 자신을 투영해 볼 수도 있다. 의자 이외에 침대, 창가, 탁자, 식탁 등도 같은 이미지로 사용할 수 있다.

"빈 의자기법은 다음과 같이 진행합니다.
우리는 이런저런 상상들을 많이 합니다.
저는 이제부터 여러분을 상상의 세계로 안내할까 합니다.
여기 빈 의자가 하나 있습니다. 누군가가 앉아 있습니다.
누구일까요? 여러분에게 상처를 준 사람이 앉아 있다고 상상해 볼까요?
어떻게 앉아 있나요? 표정은 어떤가요?
시선은 어디를 보고 있나요? 뭐라고 첫마디를 건네겠습니까?
그러면 그 사람은 뭐라고 대답하나요?
눈을 감아도 좋습니다.
자, 이제 그 사람에게 정말로 하고 싶었던 이야기를 해 보세요."

[4회기: 대인관계를 경험하라!]

목표	• 대인관계에서 반복되어 온 상호작용방식 이해하기 • 타인에 대한 이해 수준 높이기		
활동과정	**진행내용**	**소요시간**	**준비물**
도입	• 명상음악 듣고 마음 챙기기 • 서로 악수하고 별칭 부르며 인사하기 & 칭찬하기 • 본 회기의 목표 설명 – 표현의 4단계 강의를 듣고 연습하기	10분	명상음악 PPT 활용
전개	1. 대화의 기술방법 강의(PPT) 2. 표현의 4단계 연습하기 3. 타인의 상호작용방식 확인하기 4. 타인과 갈등 시 대처방식 나누기 5. 신체표현을 통해 친구와 상호작용하기	30분	명상음악 PPT 활용 워크북 ☞ 4-①
	6. 나-전달법(I-message) 연습하기 – 나-전달법(I-message)을 통해 표현방법을 습득한다. – 게임을 통해 나-전달법을 연습한다. – 조별 활동을 통해 긍정적 피드백을 나눈다. – 자신과 상대방의 장점을 찾아서 칭찬을 선물한다.	30분	A4용지 필기도구 워크북 ☞ 4-②
	7. 치료도우미견 빗질하며 손질하기 – 견종별로 적당한 도구를 고른다. – 치료도우미견의 죽은 털을 제거하며 구석구석 빗질해 준다. 8. 치료도우미견 마사지해 주기 – 수고한 치료도우미견을 위해 T-TOUCH 방식으로 마사지를 해 주며 긴장을 이완시킨다.	40분	치료견 리드줄 보상물 손세정제 물티슈 콤브러시 슬리커 브러시
마무리	• 나-전달법을 통하여 타인을 이해하게 된 이후의 소감 나누어 보기 • 함께한 치료도우미견에게 고마움 표현하기	10분	

☞ 워크북 4-① 효과적인 자기표현

표현의 4단계- 효과적인 자기표현

표현의 4단계

- 1단계: 욕구(필요) – 내가 필요하거나 원하는 것 말하기
- 2단계: 느낌(감정) – 자신의 느낌 말하기
- 3단계: 관찰 – 있는 그대로의 사실, 상황 묘사
- 4단계: 요청, 부탁 – 지금 할 수 있는 부탁

사랑의 관계 형성을 위한 3가지 요소

- 따뜻한 마음(존중, 배려, 신뢰)
- 열정(기쁨, 보람, 즐거움)

건강한 언어 습관 익히기

- 진솔하게 표현하기
  - 비판적이고 듣기 힘든 말을 들었을 때 습관적이고 자동적인 반응이 아니라, 자기 마음에서 일어나는 것을 명료하게 인식하면서 진솔하게 표현하여, 상대방으로부터 저항이나 반항이 아닌 협력적인 반응을 얻을 수 있도록 한다.
- 공감적으로 듣기
  - 욕구, 느낌, 관찰, 요청을 바탕으로 공감적인 태도로 상대방이 어떤 식으로 말을 하건 자신의 중심을 잃지 않으면서 주의 깊게 귀를 기울여 경청하기

☞ 워크북 4-② 나-전달법 연습하기

나-전달법(I-message)

나-전달법의 이해

- 해리스(Harris)의 나-전달법(I-message) 기법이란 감정적 문제에 대해 바로 문제를 해결하기 위해 상대의 행동이나 문제를 딱 집어서 말을 하는 것이 아니라, 자신의 현재 감정에 대해 말을 하는 방식으로 문제를 해결하는 화법이다. 문제에 대한 현재 자신의 감정을 말함으로써 상대가 자연스럽게 현재의 문제와 실수를 자각하고 인정하여 문제를 해결할 수 있도록 돕는 기법이다.

직면하는 나-전달법의 3요소

- 자신에게 문제가 되는 행동을 진술함
- 그 행동이 자신에게 어떤 영향을 미치는지 진술함
- 그 행동 및 영향으로 인해 자신은 어떤 감정을 갖게 되는지 진술함

나-전달법의 내용

- 나의 생각과 감정을 전달할 때는 '나'를 주어로 말한다.
- 상대방의 행동과 상황을 그대로 비난 없이 말한다.
- 상대방의 행동이 나에게 미치는 영향을 구체적으로 말한다.
- 그 상황에 대하여 내가 느끼는 바를 솔직하게 말한다.
- 원하는 바를 명확하게 말한다.
- 전달할 말을 건넨 후 상대방의 말을 잘 듣는다.

[5회기: 긍정적인 대인관계 만들기]

목표	• 자신의 다양한 감정을 바르게 표현하기 • 타인의 입장을 존중하고 이해 및 경청하기

활동과정	진행내용	소요시간	준비물
도입	• 영상 체조 따라 하기 • 서로 악수하고 별칭 부르며 인사 및 칭찬하기 • 본 회기의 목표 설명하기 – 공감에 대한 강의를 듣고 실습하기	15분	체조 영상 PPT 활용
전개	**1. 대인관계에서 공감에 성공한 경험 공유하기** – 공감을 통한 대화 기술하기 – 공감하기 캠페인 활동(Hug하기)	30분	
	2. 역할극을 통해 내면의 긍정적 가능성 탐색하기 – 역할 대본 또는 활동지를 제공한다. **3. 긍정적 대인관계자원 찾기** **4. 긍정적 내적 작동모델 수용하기** – 타인과의 갈등을 긍정적으로 해석해 보기	30분	워크북 ☞ 5–① ☞ 5–②
	5. 치료도우미견에게 장난감 만들어 주기 – 못 쓰는 천을 3~5cm 넓이로 4개를 준비한다. – 4개의 천을 묶은 후 동서남북 방향으로 펼친다. – 한 가닥씩 교차로 땋는다. – 길이가 20cm 정도 되면 묶음으로 마무리한다. **6. 치료도우미견과 장난감을 던지고 가져오는 놀이하기** – 장난감을 물고 놓는 법이 익숙해지면 장난감을 던져서 가져오게 한다. – 놀이를 계속하며 놀아 준다.	25분	치료견 리드줄 보상물 손세정제 물티슈 옷가지 가위
마무리	• 공감하기 캠페인으로 Hug한 느낌 나누기 • 내적 작동모델에 대한 긍정적인 탐색으로 자신에 대해 발견한 소감 나누기	20분	

☞ 워크북 5-① 역할극 활동지

역할극 활동지

- 집단지도자는 지금까지 집단상담에서 집단원들이 이야기했던 내용을 바탕으로 가상의 대화 상황을 설정해서 제시한다.
- 역할극 참여자들이 구체적인 상황을 설정하고, 역할극을 마친 후 다른 집단원의 피드백을 들을 수 있도록 한다.

[상황 1] 처음 만난 낯선 사람과 단둘이서 대화하는 상황	[상황 2] 팀 과제를 하는 중 의견이 나뉘어 대화를 통해 서로 협의가 필요한 상황
[상황 3] 오랜만에 친구를 만나 서로의 안부를 물으며 대화를 시작하는 상황	[상황 4] 나에게 급한 사정이 생겨서 친구와 약속한 일정을 바꿔야 하는 상황
[상황 5] 전공이나 동아리 첫 모임 술자리에서 돌아가면서 서로를 소개하는 상황	[상황 6] 내가 친해지고 싶은 사람을 만나 대화를 시작하는 상황
[상황 7] 같은 학과 동기나 선후배를 우연히 만나 인사하고 대화하는 상황	[상황 8] 나와 친구의 서로에 대한 오해를 풀기 위해 대화하는 상황
[상황 9] 집단원이 제시하고 싶은 대화 상황이 있는 경우, 더 적을 수 있도록 함	[상황 10] ______________________ ______________________

☞ 워크북 5-② 내적 작동모델 수용하기

내적 작동모델 수용하기

• 경청하기: 상대방의 말속에 숨어 있는 감정을 공감하고 마음을 깊게 안아 주며 들어 주는 것

1. 날짜를 적는다.	2. 친밀감을 원하는 대상의 이름을 적는다.
3. 사건을 구체적으로 적는다.	4. 그때 당신의 모습을 기억하며 부정적인 감정과 표현을 적는다.
5. 행동으로 표현한다.	6. 친밀한 대상과 함께 화해하는 모습을 상상한다.
7. 상처받은 그 무엇에 나는 용서를 청한다.	8. 마음을 비우는 종이컵을 그린다.
9. 종이컵 안에 상처받은 것을 넣는다.	10. 종이컵을 부수어 버린다.
11. 지금의 나의 감정과 생각은 어떠한지 이야기 나눈다.	12. 서로의 인터뷰한 것을 교환하여 보여 주고 함께 불태운다.
13. '수고했어', '정말 잘했어'라고 격려와 칭찬을 해 준다.	

[6회기: 새로운 나]

목표	• 프로그램을 통한 경험과 이해 통합하기 • 변화된 자신의 모습 발견하기

활동과정	진행내용	소요시간	준비물
도입	• 영상 체조 따라 하기 • 서로 포옹하며 인사하고 칭찬해 주기 • 본 회기의 목표 설명하기 – 새로운 나의 모습 만들기	15분	체조 영상 PPT 활용
전개	**1. 프로그램을 통해 변화된 자신의 모습 표현하기** **2. 긍정적 자기표상, 타인표상 강화하기** – 긍정적인 환경에서 충분히 머물도록 하기	20분	워크북 ☞ 6–① ☞ 6–②
	3. 소망나무 협동화 만들기 **4. 나에게 편지 쓰기** **5. 보내지 못한 편지 쓰기** – 감사함의 편지, 용서의 편지, 갈등의 편지 – 내 주변 사람들에게 안부를 먼저 물어보는 편지	30분	도화지 색연필 사인펜 A4용지 필기도구
	6. 치료도우미견에 대해 이야기 나누기 – 그동안 함께 활동해 준 치료도우미견의 장점을 다른 조 참여자들과 공유한다. – 지난 회기 중 자신의 마음처럼 잘되지 않았던 부분을 소개한다. – 치료도우미견에게 고마움을 표현하며 준비한 좋아하는 간식과 장난감을 선물한다.	25분	치료견 리드줄 보상물 손세정제 물티슈 간식 장난감
마무리	• 지금까지 대인관계를 통해 알게 되었던 소감 나누기 • 전체 회기를 마무리하며 단체 기념사진 촬영하기	20분	카메라

☞ 워크북 6-① 변화된 나의 모습 관찰하기

내적 작동모델 수용하기

- 친밀한 정서적 관계일 때 표현을 어떻게 하시나요?
- 신체적 · 정서적 표현은 어떻게 변화되었는지요?
- 상황이 바뀔 때 언어적 표현은 어떻게 달라졌는지요?
- 갈등, 분노, 혐오의 감정을 느낄 때는 어떻게 표현하시나요? 행동으로 보여 주세요.
- 변화된 내적 감정은 무엇인가요?
- 원가족으로부터 경청할 때 달라진 점은 무엇인가요?
- 서로 입장 바꿔서 표현하기를 연습해 보아요.

☞ 워크북 6-② 변화된 나의 모습 관찰하기

내적 작동모델 수용하기

[실습]

긍정적 내적자원(자신감, 기쁨, 행복, 사랑스러움, 기타 등)
신체비언어, 몸짓, 언어, 행동에 변화된 것이 있다면 적어 보세요.

C·H·A·P·T·E·R 4

동물매개를 통한 장병 적응능력향상 프로그램

군에 입대하는 병사들의 평균 연령은 대략 19~25세 정도가 된다. 이 중 80% 정도는 만 21세 미만에 해당한다. 이 시기는 후기 청소년기로 자아의식의 발달과 부모로부터의 독립 · 통제된 환경으로부터 이탈하고자 하는 심리적 특성을 지니고 있어, 여러 가지 발달과업과 그에 따른 심리 · 사회적 갈등을 경험한다(김민순, 2014). 이러한 시기에 입대한 병사들은 가족과 분리되고 급격한 생활방식의 변화와 엄격한 규율, 국방의 의무 등 다양한 분야에서 많은 스트레스를 경험한다.

본 프로그램은 박신영(2018)의 프로그램을 도입하여 군 상황에 맞게 재구성하였다. 반려동물과의 상호작용을 통한 공감과 소통을 통해 군 병사들의 심리적 안정을 제공하고, 우울과 긴장감을 해소하는 데 기여함은 물론 자아존중감과 자기효능감을 증진시켜 군 적응에 도움을 줄 것으로 기대한다.

동물매개활동과 매개치료, 생명존중교육 등 동물과 함께 하는 다양한 프로그램에 대한 정보와 자료는 한국반려동물교육협회(hotdogschool@naver.com)를 통해 획득이 가능하다.

프로그램의 회기별 내용

단계	회기	주제	세부내용
알아가기	1회기	서로 알아가기	• 프로그램 소개 및 대상자 간 친밀감 형성 • 치료도우미견 만나기
공감하기	2회기	클리커 트레이닝	• 치료도우미견과 소통하는 법 배우기 • 기본 복종훈련 해 보기
	3회기	보물찾기	• 치료도우미견과 개별 보물찾기 • 팀별 보물찾기
함께하기	4회기	원반던지기	• 원반 잡는 법과 던지는 방법 배우기 • 치료도우미견과 원반 주고받기 연습
	5회기	장애물 넘기	• 시범을 보이고 장애물 넘는 연습하기 • 치료도우미견과 개별 보물찾기
추억하기	6회기	추억액자 만들기	• 프로그램을 통해 변화된 자신을 표현하기 • 함께한 치료견과 병사들에게 감사 인사 전하기

[1회기: 서로 알아가기]

목표	• 대인관계향상 프로그램의 목적과 동물매개치료 집단의 운영방법을 이해한다. • 구성원 간 공감대를 형성하고, 개인의 목표를 설정한다. • 치료도우미견에 대한 이해와 주의사항을 숙지한다.

활동과정	진행내용	소요시간	준비물
도입	• 활동사와 대상자 및 집단구성원 소개하기 • 본 프로그램의 운영방법 안내하기	10분	PPT
	• 치료도우미견 접할 때의 주의사항 안내하기 • 서약서 작성하기		워크북 ☞ 1-①
전개	1. **장점 관련 별칭 짓고 자기소개하기** – 준비된 용지에 자신의 별칭을 정한다. – 돌아가며 별칭을 지은 이유와 자기소개를 한다. – 프로그램 참여 기대와 달성하고 싶은 목표를 세운다. 2. **동물매개에 대해 배워보기** – 동물매개중재(Animal – Assisted Intervention: AAI) – 동물매개활동(Animal – Assisted Activity: AAA), – 동물매개치료(Animal – Assisted Therapy: AAT) – 동물매개교육(Animal – Assisted Education: AAE)	30분	명찰 필기도구 워크북 ☞ 1-②
	3. **치료도우미견과 인사하기** – 치료도우미견과 인사하는 법을 소개한다. – 만지면 좋아하는 부위와 싫어하는 부위를 설명한다. 4. **치료도우미견에게 간식 주기** – 치료도우미견에게 간식 주는 방법을 알려 준다. – 한 사람씩 다가가 치료도우미견에게 간식을 주고, 쓰다듬을 수 있게 한다.	40분	치료견 리드줄 보상물 손세정제 물티슈 워크북 ☞ 1-③
마무리	• 치료도우미견을 만나 쓰다듬은 느낌 말해 보기 • 함께한 병사들과 치료견에게 고마움 또는 감사함을 표현하며 마무리하기	10분	

☞ 워크북 Ⅰ-① 서약서 작성하기

서 약 서

본 프로그램은 군 장병들의 건강하고 활기찬 군 생활을 위해 마련한 동물매개 활동입니다. 우리는 치료도우미견과 함께 소통하고 공감하는 활동을 통해, 나 자신의 긍정적인 모습과 새로운 가능성을 만나게 될 것입니다. 보람 있고 즐거운 만남이 되기 위해 서로를 존중하는 우리의 약속을 정해 봅시다.

1. 본 활동에서 나누었던 이야기는 어떤 내용도 외부에 발설하지 않도록 하겠습니다.
2. 전우들이 하는 말을 비판이나 편견 없이 있는 그대로 듣겠습니다.
3. 내 마음에 있는 생각이나 느낌을 솔직하게 표현하겠습니다.
4. 전우가 이야기할 때에는 끼어들거나 방해하지 않고 잘 듣겠습니다.
5. 치료도우미견은 장난감이 아닌 소중한 생명체이기에 소중히 여길 것입니다.
6. 프로그램이 진행되는 시간을 엄수하고, 성실히 참여할 것입니다.

위의 내용에 동의합니다.

년 월 일

이름: 서명:

☞ 워크북 Ⅰ-② 동물매개 관련 용어와 개념 정의

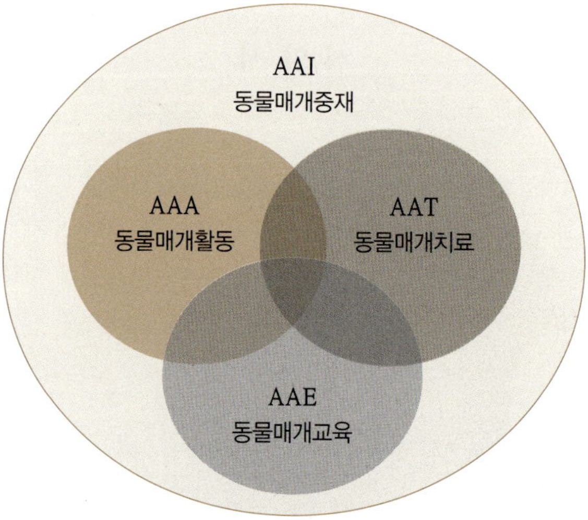

동물매개중재(AAI)의 범위

동물매개 관련 용어와 개념 정의

- 동물매개중재(Animal – Assisted Intervention: AAI)
  : 동물을 활용하여 대상자에 영향을 주는 모든 활동
- 동물매개활동(Animal – Assisted Activity: AAA)
  : 대상자와 상호반응을 하는 여가 활동으로 반드시 전문가가 필요한 것은 아님
- 동물매개치료(Animal – Assisted Therapy: AAT)
  : 치료 효과를 얻을 수 있도록 전문가에 의한 치료 목표달성을 위한 프로그램
- 동물매개교육(Animal – Assisted Education: AAE)
  : 특정한 교육 목적에 따라 동물을 이용하는 목표 지향적인 교육 전문 프로그램

☞ 워크북 I-③ 치료견이 좋아하는 부위와 싫어하는 부위

치료견의 어느 부위를 만질까요?

- 치료도우미견의 그림을 보여 주며, 만지면 예민할 수 있는 부위와 만지면 좋아하는 부위를 알려 준다.

- 치료도우미견의 다양한 사진을 보여 주고, 그 몸짓이 의미하는 뜻을 감정카드에서 골라보도록 한다.
- 집단원들이 직접 그림을 보며 치료견을 만졌을 때 좋아하는 부위를 표시해 보게 한다.
- 직접 그림을 보며 치료견을 만졌을 때 싫어하거나 예민해 할 수 있는 부위를 표시해 보라고 한다.

[2회기: 클리커 트레이닝]

목표	• 치료도우미견과 소통하는 법 배우기 • 기본 복종훈련 해 보기 • 치료도우미견과 훈련하면서 자존감 향상하기		
활동과정	**진행내용**	**소요시간**	**준비물**
도입	• 따뜻한 분위기를 조성하며 인사 나누기 • 지난 회기를 마친 이후의 느낌 나누기 • 본 회기의 목표 설명하기	10분	필기도구
전개	**1. 클리커 트레이닝의 기본 개념 배우기** – 캡쳐링, 타켓팅, 쉐이핑, 큐잉에 대해 배운다.	20분	워크북 ☞ 2–①
	2. 클리커 트레이닝 연습하기 – 여러 동작에 맞추어 클리커를 누르는 타이밍 포착 연습을 진행한다. **3. 클리커 도구를 직접 사용하여 익숙해지기** – 차징(charging) 연습하기 **4. 클리커 도구로 병사들과 연습하기** – 병사들과 짝을 지어 퀴즈를 내고 퀴즈를 맞히면 클리커를 누르고, 간식을 건네는 게임을 한다.	30분	워크북 ☞ 2–②
	5. 클리커 트레이닝으로 치료도우미견 훈련해 보기 – 캡처링으로 '앉아' 동작을 해 본다. – 쉐이핑으로 '엎드려' 동작을 해 본다. – 타겟팅으로 '하우스'를 해 본다. – 큐잉으로 '오른쪽'과 '왼쪽'을 구별하도록 한다.	30분	치료견 리드줄 보상물 손세정제
마무리	• 클리커 트레이닝의 장점에 대해 서로 이야기 나누기 • 치료도우미견을 훈련해 보았던 소감 공유하기	10분	

☞ 워크북 2-① 클리커 트레이닝

클리커 트레이닝의 개념 이해

- 클리커 트레이닝의 4가지 스킬에 대해 알아보아요.
- 캡처링, 타겟팅, 쉐이핑, 큐잉으로 만들 수 있는 동작들이 무엇이 있는지 그림이나 글씨로 표현해 주세요.

캡처링(capturing)	타겟팅(targeting)

쉐이핑(shaping)	큐잉(queing)

☞ 워크북 2-② 클리커 트레이닝 연습하기

클리커 트레이닝 연습하기

- 컵에 클리커를 누르고 간식을 넣는 연습하기

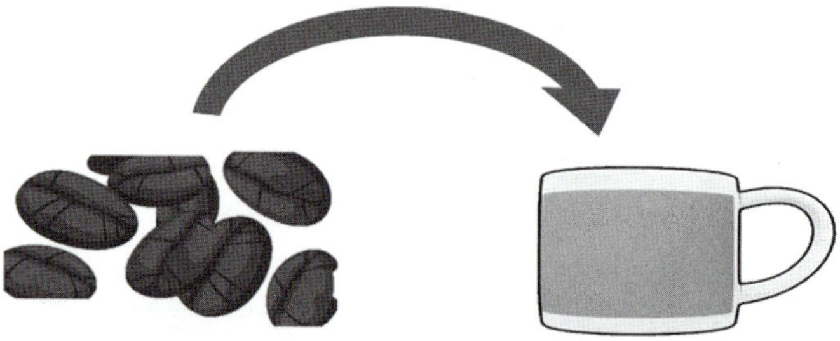

- 먼 거리에서 움직이며 클리커를 누르고 간식을 담요에 던지는 연습하기

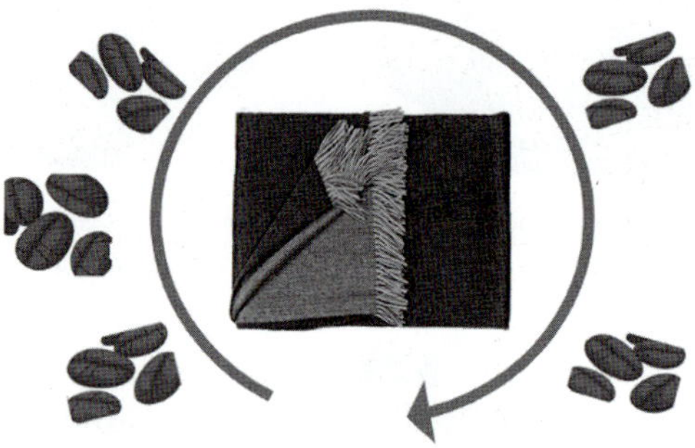

- 공을 떨어뜨려서 공이 지면에 닿는 순간, 클리커를 누르는 연습하기

[3회기: 보물찾기]

목표	• 치료도우미견과 함께 보물을 찾으며 협력을 향상한다. • 보물찾기 활동을 하며 자발적 참여를 통한 자기주장을 향상한다.

활동과정	진행내용	소요시간	준비물
도입	• 서로 악수하면서 별칭 부르며 인사하기 • 본 회기의 목표 설명하기 – 타인 관계 속에서 자신을 알아본다.	10분	명상카드 명상음악 은은한 조명
전개	• 개에게 후각을 사용하는 노즈워크 활동의 중요성에 대해 전달한다. • 팀을 나누고 장소의 범위와 활동 규칙 및 시간을 정한다.	20분	PPT 메모지 워크북 ☞ 3-①
	• 활동사들은 미리 실외의 정해진 장소에 보물을 숨겨 둔다. • 치료도우미견이 보물찾기를 도울 수 있도록 보물쪽지에 애견간식을 작게 부착한다. • **치료도우미견과 함께 보물찾기** – 대상자와 치료도우미견이 함께 보물을 찾는다. – 보물을 찾은 대상자에게는 적혀 있는 내용의 보상물을 수여한다.	40분	보물쪽지 보상물 치료견 리드줄
	• **팀별 보물찾기 게임** – 한 팀이 보물을 숨기고 나머지 팀은 다른 장소에서 치료도우미견과 함께 산책을 한다. – 산책에서 돌아와 보물을 찾고 찾은 개수를 기록한다. – 역할을 바꾸어서 다시 한번 실행하고 서로 찾은 개수를 비교하여 더 많은 보물을 찾은 팀에 보상물을 제공한다.	40분	리드줄 보물쪽지 보상물 배변봉투
마무리	• 보물찾기에 있어 치료도우미견의 활약이 어떠했는지 대 이야기 나누기 • 보물을 숨기는 것과 찾는 것에 대한 소감을 비교하면서 이야기 나누기	10분	보상물 손세정제 물티슈

☞ 워크북 3-① 노즈워크(nose work) 활동

노즈워크(nose work)의 중요성

- 본능적으로 타고난 감각과 능력을 발휘할 기회
- 차분함과 집중력 향상(반면, 훈련은 스피드, 정확성, 통제력, 흥분 위주)
- 보호자와의 더 밀접한 관계(예: 상황적 리더십)
- 무료함 극복 → 스트레스 해소 → 신체적 · 정신적 건강 유지
- 각종 문제행동 극복에 효과적

실내에서 할 수 있는 노즈워크(nose work) 놀이

ㅇ 구석구석 간식 숨기기
ㅇ 종이에 싸서 여기저기 펼쳐 놓기
ㅇ 코담요 이용
ㅇ 킁킁볼 등 장난감 이용
ㅇ 하우스 이용

야외에서 할 수 있는 노즈워크(nose work) 놀이

ㅇ 산책로 초입에 간식 숨기기(산책에 두려움이 있는 치료도우미견에게 적합)
ㅇ 코너와 전봇대 등을 이용한 숨기놀이
ㅇ 흙, 풀밭 등을 이용해서 간식 숨기기
ㅇ 보호자 찾기 놀이

[4회기: 원반던지기]

목표	• 원반 던지는 방법을 배우고 연습하면서 협력을 향상한다. • 원반던지기 활동을 통해 자기통제를 향상한다.		
활동과정	**진행내용**	**소요시간**	**준비물**
도입	• 서로 악수하며 별칭 부르며 인사하고 칭찬해 주기 • 지난 회기에 했던 보물찾기 활동에 대해 기억나는 에피소드 이야기 나누기 • 한 주간 군 생활에 어떠한 일들이 있었는지 이야기 나누기	15분	명상음악
전개	**1. 원반던지기 소개** – 원반의 유래와 종류에 대해 설명한다. – 각종 그립법에 대해 소개한다.	25분	PPT 활용 워크북 ☞ 4–①
	2. 원반던지기 연습 – 활동사가 시범을 보이고 대상자가 따라 해 보도록 한다. **3. 원반 주고받기 연습** – 활동사와 대상자가 거리를 두고 서서 원반 주고받는 연습을 한다. – 점점 거리를 넓혀 가며 연습한다.	30분	치료견 리드줄 보상물 원반
	4. 팀별 원반던지기 게임 – 각 팀은 원반을 주고받을 수 있도록 두 줄로 열을 맞추어 선 뒤 서로 주고받고, 왕복 릴레이를 시작한다. – 먼저 완수하는 팀에게 보상물을 제공한다. **5. 치료도우미견과 원반 주고받기** – 활동사가 먼저 치료도우미견에게 원반을 던지고 가져오게 하는 시범을 보인다. – 대상자가 치료도우미견에게 원반을 던지고 가져오도록 해 본다.	40분	치료견 리드줄 보상물 원반
마무리	• 원반을 주고받을 때의 느낌 이야기해 보기 • 수고한 치료도우미견을 빗질과 손질로 마무리해 주기 • 다음 회기 프로그램 설명하기	10분	손세정제 물티슈 콤브러시 슬리커

☞ 워크북 4-① 원반 잡는 방법과 던지는 방법

원반 잡는 방법과 던지는 방법

■ Back Hand 그립법

■ Fore Hand 그립법

볼팅(capturing)	리바운드(targeting)
핸들러의 신체 일부를 밟고 뛰어오르는 동작	핸들러의 신체 일부를 밟고 내려오는 동작
스톨(shaping)	**플립(queing)**
핸들러의 신체 일부 위에서 중심을 잡는 동작	원반을 잡기 위해 점프하여 도는 동작

[5회기: 장애물 넘기]

목표	• 치료도우미견과 함께 장애물 넘기 활동을 통해 협력하는 능력을 향상한다. • 여러 가지 장애물을 극복하는 과정에서 자기통제를 향상한다.

활동과정	진행내용	소요시간	준비물
도입	• 서로 악수하며 별칭 부르며 인사하고 칭찬해 주기 • 본 회기의 목표 설명하기 • 본 회기를 위한 준비운동으로 영상 체조하기	15분	체조 영상
전개	1. 어질리티(장애물 넘는 훈련) 소개 – 어질리티의 유래와 방법을 소개한다. – 각종 장비와 도구를 설명한다.	30분	PPT 활용 워크북 ☞ 5-①
	2. 장애물 넘는 방법 알기 – 대상자에게 각각의 장애물에 대한 활동 방법을 설명하고 시범을 통해 방법을 알려 준다. – 활동사와 함께 장비들을 연속해서 통과할 수 있을 정도로 익숙해질 때까지 연습한다. – 대상자와 활동사가 함께 치료도우미견을 데리고 장애물을 통과하는 연습을 한다.	30분	어질리티 장비 치료견 보상물 리드줄
	3. 장애물 넘기 – 치료도우미견과 활동사 대 치료도우미견과 대상자 중 어느 쪽이 빨리 돌아오는지를 경기한다. – 이긴 사람에게 보상물을 제공한다. 4. 팀별 장애물 넘기 – 치료도우미견과 대상자와 활동사가 셋이 한팀이 되어 다른 팀과 장애물 넘기 경기를 한다. – 팀별로 시간을 재어 가장 빠른 팀에게 보상물을 제공한다.	25분	어질리티 장비 치료견 리드줄 보상물
마무리	• 장애물 넘기 활동에 있어 가장 중요한 것이 무엇인지를 이야기해 보기 • 개인별 장애물 경기와 팀별 장애물 경기가 어떻게 달랐는지 이야기해 보기	20분	손세정제 물티슈

☞ 워크북 5-① 어질리티 활동 소개

어질리티 장비와 방법 소개

- 어질리티란, 핸들러가 개를 지휘하여 주어진 특정한 장애물 코스를 통과하면서 시간과 정확도를 기하기 위해 다른 개들과 경쟁하는 도그스포츠이다.

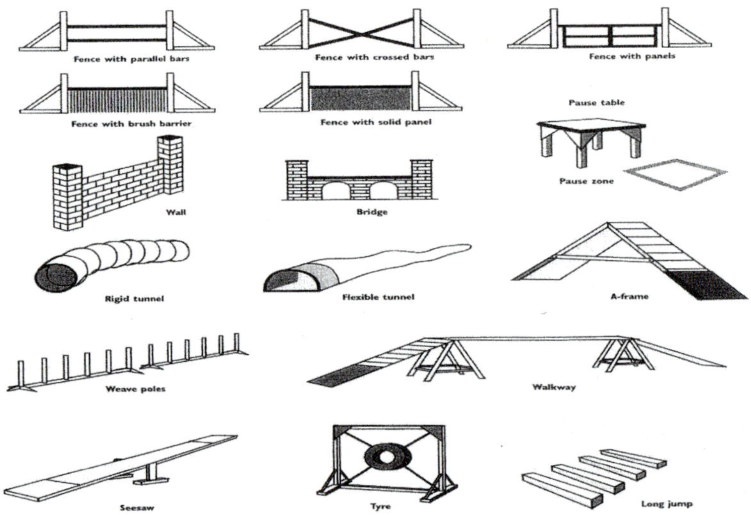

자료: (사)한국애견협회.

경기종목	사용 장애물	장애물 수	방향 전환
BE 1	허들	8~10번	2회 이상
BE 2	허들, 터널	8~12번	
NO 1	허들, 터널, 타이어	10~14번	
NO 2	허들, 터널, 타이어, 자루터널, 슬라롬 6폴	12~15번	
JP 1	허들, 터널, 타이어, 자루터널, 슬라롬 10~12폴, 폭비, 벽	15~17번	
JP 2		17~19번	
JP 3		19~22번	
AG 1	허들, 터널, 타이어, 자루터널, 슬라롬 10~12폴, 폭비, 벽, 도그워크, 시소, A프레임	15~17번	
AG 2		17~19번	
AG 3		19~22번	

[6회기: 추억액자 만들기]

목표	• 그간의 활동에 대해 정리하고 자신의 생각을 이야기하며 자기주장능력을 향상한다. • 자신과 타인의 변화에 대해 인식하고 피드백을 나누며 자신의 변화를 인식한다.

활동과정	진행내용	소요시간	준비물
도입	• 영상 체조 따라 하기 • 서로 악수하며 별칭 부르며 인사하고 칭찬해 주기 • 본 회기의 마지막 목표를 설명하기 – 새로운 나의 모습 만들기	15분	체조 영상
전개	1. 추억 동영상 시청하기 – 그동안 활동했던 사진들과 동영상을 시청하며 이야기 나눈다. 2. 치료도우미견에 대해 이야기 나누기 – 그동안 함께 활동해 준 치료도우미견에게 감사의 마음 전하기 – 치료도우미견과 함께 했던 지난 회기 중 자신의 마음처럼 잘되지 않았던 부분에 대해 이야기 나누기	30분	영상자료 치료견 리드줄 보상물
	3. 추억 액자 만들기 – 활동 중 가장 마음에 드는 사진을 골라 인쇄한다. – 화분의 꽃잎 부분에 사진을 붙여 추억의 액자 화분을 완성한다. 4. 상장(칭찬카드) 만들어서 주고받기 – 활동에 열심히 참여한 자신에게 칭찬카드를 쓴다. – 활동사와 대상자가 서로 카드를 써서 주고받는 시간을 갖는다. – 치료견에게도 고마움과 애정을 표현한 상장과 간식을 선물한다.	45분	카드 도화지 색연필 치료견 리드줄 보상물 프린트 워크북 ☞ 6-① ☞ 6-②
마무리	• 전체 회기를 마무리하며 단체 기념사진 촬영하기 • 동물매개 프로그램에서 제일 좋았던 활동에 대해 이야기하기 • 상담사와 치료도우미견에게 종결인사 하기	20분	카메라 다과

☞ 워크북 6-① 추억 액자 만들기

추억의 액자 화분 만들기

- 그동안 함께 했던 치료도우미견과 추억할 수 있는 사진을 골라 액자 화분을 만들어 본다.

☞ 워크북 6-② 상장(칭찬카드) 만들기

- 장려상: 활동에 열심히 참여한 자신에게 주는 상장을 만든다.
- 우수상: 함께 상호교감을 해 준 치료도우미견에게 주는 상장을 만든다.
- 감사상: 함께 활동한 병사들과 활동사에게 고마움을 담은 상장을 만든다.

C·H·A·P·T·E·R 5

장병의 다문화 역지사지를 위한 프로그램

21세기의 큰 흐름 중 하나는 전 세계가 다문화 국가로 변해 가고 있다는 사실이다. 인종과 언어, 종교의 다양성은 이제 어느 특정한 나라에만 주어진 현실이 아닌 엄연한 실제 현상이 되었다. 이러한 세계적인 다문화의 큰 흐름과 우리의 현실을 감안하면 우리 군은 이미 다문화 군대로 전환할 준비가 되어 있어야 한다. 일반 장병과의 문화적 갈등을 차단하고 다문화장병이 지닌 다양한 강점을 활용한 대책들이 강구되어 한 단계 격상된 전투력이 유지되도록 준비될 필요가 있다.

그런 차원에서 본 프로그램은 조은형(2012)의 프로그램을 군 상황에 맞게 일부 내용을 수정 · 보완하여 재구성하였다.

프로그램의 회기별 내용

구분	주제	세부내용
1회기	타문화에 대한 이해	• 공통점과 차이점 찾기 • 나와 다른 장병과의 공통점과 차이점 • 우리나라와 다른 나라의 공통점과 차이점 • '틀린 것'과 '다른 것'에 대해 토론하기
2회기	긍정적 자아 찾기	• 나를 탐색하기 • 신체적 · 성격적 특징 찾기 • 칭찬릴레이 • 순서를 정해 서로 칭찬주인공이 되어 칭찬하기
3회기	소수자의 눈으로 공감하기	• 우리 사회의 소수자가 겪는 어려움을 생각해 보고 모둠별로 역할극 꾸미기 • 역할극 발표 및 생각과 느낌 나누기
4회기	타인의 권리 존중	• 신문, 뉴스에서 나의 권리와 타인의 권리가 충돌하는 상황 알아보기 • 나의 권리와 타인의 권리 생각해 보기 • 해결방법을 만화로 표현하기
5회기	더불어 살아가며 공존하기	• 더불어 행복한 나라 법전 만들기 • 나라 이름, 국기, 법, 문화 등 모둠원과 상의하여 나라 세우고 법 만들기 • 최고의 '더불어 행복한 나라' 뽑기

[1회기: 타문화에 대한 이해]

목표	• 타문화에 대한 다름의 의미를 이해하고 서로 존중하는 마음을 가진다.

<table>
<tr><th>활동과정</th><th>진행내용</th><th>소요시간</th><th>준비물</th></tr>
<tr><td>도입</td><td>• 별칭 짓기
– 집단상담 프로그램을 하면서 어떤 별칭으로 불리고 싶은지 스스로 정한다.
• 사진 속 인물을 살펴보고 두 인물의 공통점과 차이점 찾기
• '틀리다'와 '다르다'에 대하여 토론하기</td><td>20분</td><td>사진자료</td></tr>
<tr><td rowspan="2">전개</td><td>1. 공통점과 차이점 찾기
– 나와 옆 장병과의 공통점과 차이점에 대해 찾아보기
– 공통점과 차이점 발표하기
2. 우리나라와 다른 나라의 공통점과 차이점 찾기
– 모둠별로 서로 다른 국기가 있는 미션지를 받고 우리나라와 미션지에 적힌 나라의 공통점과 차이점을 의논하여 워크북에 적고 발표하기</td><td>25분</td><td>워크북
☞ 1–①

워크북
☞ 1–②</td></tr>
<tr><td>3. '틀리다' 과 '다르다' 에 대하여 토론하기
– '틀리다'의 의미 알아보기
: '틀리다'를 활용하여 문장을 만들어 A4용지에 적어 보기,
각 모둠별로 쓴 문장에 대하여 서로 의견 나누기
– '다르다'의 의미 알아보기
: '다르다'를 활용하여 문장을 만들어 A4용지에 적어 보기,
각 모둠별로 쓴 문장에 대하여 서로 의견 나누기</td><td>25분</td><td>A4용지</td></tr>
<tr><td>마무리</td><td>• 오늘 프로그램에 대한 나의 감정 나누기
• 다음 회기 프로그램 설명하기</td><td>10분</td><td></td></tr>
</table>

☞ 워크북 1-① 차이점과 공통점

■ 나와 옆 장병의 차이점과 공통점을 찾아 적어보세요.
예) 피부가 검다, 체육활동을 좋아한다, 같은 지역에 산다 등

공통점(같거나 비슷한 점)	차이점(다른 점)
찾은 개수:	찾은 개수:

☞ 워크북 1-② 우리나라와 다른 나라의 공통점과 차이점

■ 우리나라와 미션지에 적힌 나라의 공통점과 차이점을 알아보자.
예) 같은 대륙이다, 올림픽 개최국이다, 월드컵 개최국이다 등

공통점(같거나 비슷한 점)	차이점(다른 점)
찾은 개수:	찾은 개수:

[2회기: 긍정적 자아 찾기]

목표	• 나의 탐색을 통해 나에 대한 긍정적인 생각을 가진다.

활동과정	진행내용	소요시간	준비물
도입	• 「당신의 이름은 몇 개입니까?」 동영상 보기 – 동영상을 보고 물음에 답하기 예) 나를 표현할 수 있는 것들에는 무엇이 있나요? 여러분의 별명, 아이디는 무슨 뜻을 담고 있나요?	10분	지식채널e 동영상
전개	1. 나를 탐색하기 2. 나의 신체적 · 성격적 특징 찾기 – 조용히 2분간 거울을 들여다보고 나의 신체적 특징을 살펴봅시다. – 2분간 두 눈을 감고 나의 성격은 어떠한지 생각해 봅시다. – 나의 신체적 · 성격적 특징을 활동지에 적어 봅시다. – 다른 사람과 구별되는 나만의 특징은 무엇이 있나요?	25분	거울 워크북 ☞ 2–①
	3. 칭찬릴레이 4. 모둠별로 칭찬릴레이하기 – 각 모둠별로 순서를 정해 돌아가며 한 명씩 칭찬주인공이 된다. – 칭찬주인공 외 나머지 모둠원은 에코마이크를 들고 순서대로 칭찬주인공을 칭찬한다. – 칭찬하는 말을 할 때에는 직전에 말한 장병의 말을 반복한 후, 나의 칭찬거리를 말한다. 5. 칭찬릴레이 후 소감 발표하기 – 나는 어떤 칭찬의 말을 들었나요? – 칭찬주인공이 되었을 때 어떤 느낌이 들었나요? – 다른 장병을 칭찬할 때 어떤 생각을 하였나요? – 장병의 칭찬하는 말을 듣기 전과 후, 나에 대한 생각이 어떻게 달라졌나요?	25분	스톱워치 에코마이크
마무리	• 학습 내용 정리하기 – 「장미꽃 보석」 이야기 듣기 – 오늘 활동을 통해 느낀 점, 새로 알게 된 점은 무엇인가요?	20분	워크북 ☞ 2–②

☞ 워크북 2-① 나를 탐색하기

■ **나의 신체적 · 성격적 특징을 적어보세요.**

예) 코 옆에 점이 있다, 사교성이 좋다 등

신체적 특징	
성격적 특징	
기타	

☞ 워크북 2-② 읽기 자료

장미꽃 보석

보석상을 하는 한 부호가 있었습니다. 그는 외국 여행을 하는 길에 매우 아름답고 크며, 귀해 보이는 다이아몬드를 발견하고는 큰돈을 주고 그것을 구입했습니다. 크고 진귀한 다이아몬드를 갖게 된 그는 매우 흡족했습니다. 그리고 고국으로 돌아가 자신이 구입한 금액의 몇 배의 가격으로 그 보석을 팔게 될 것이라는 생각에 더욱 기분이 좋았습니다.

그는 자신의 보석상으로 돌아온 뒤 보석을 팔기 위해 조심스럽게 다이아몬드를 다시 한번 살펴보았습니다. 그러다가 그는 그만 소스라치게 놀라고 말았습니다. 살 때는 전혀 찾지 못했던 작은 흠집을 발견한 것이지요.

그는 낙심하며 중얼거렸습니다. "아! 이런 낭패가 있나. 그렇게 많은 돈을 주고 산 보석에 흠이 있는 것은 못 보았다니... 어쩌지? 이런 흠집이 있다면 몇 배의 이익은커녕 처음 사 온 값도 받지 못 할 텐데."

보석상은 어떻게든 다이아몬드를 팔려고 시도해 보았으나, 아무도 사려고 하지 않았습니다. 보석상은 날마다 고민을 하며 생각에 잠겼습니다.

"작은 흠 하나로 가치가 한없이 떨어진 다이아몬드를 원래대로 돌려놓을 수는 없을까?"

그러던 어느 날, 그는 마침내 다이아몬드를 버리기로 마음먹었습니다. 다이아몬드를 볼 때마다 속만 상할 뿐, 좋은 해결방법이 떠오르지 않았기 때문이었습니다. 그런데 그 순간 보석상의 머릿속에 한 가지 생각이 떠올랐습니다. 다이아몬드의 작은 흠을 이용해 장미꽃을 조각해 보자는 것이었어요. 어차피 버리려고 마음먹었으니 버리기 전에 후회라도 없기를 바라는 마음이었습니다. 결과는 어땠을까요? 장미꽃 다이아몬드는 처음 산 가격의 몇 배나 되는 비싼 가격으로 그 가치가 올랐고 사람들은 서로 더 많은 돈을 주겠으니 그 보석을 팔라고 했습니다. 이렇게 흠집이 있던 보석은 장미꽃 조각으로 인해 대단한 가치를 지닌 보석으로 다시 태어났습니다. 그것은 흠집을 지닌 보석의 단점을 장점으로 바꾼 보석상과의 만남이 있었기 때문입니다. 우리 한 명 한 명이 이 다이아몬드라고 생각해 보면 어떨까요?

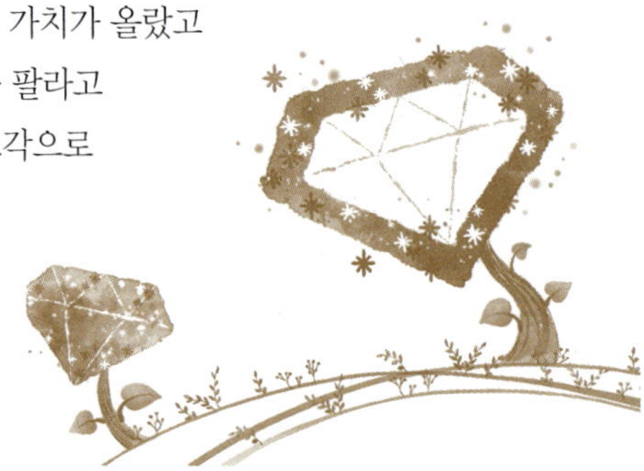

[3회기: 소수자의 눈으로 공감하기]

목표	• 우리 사회의 소수자들이 겪는 어려움을 알고, 그들의 감정에 공감할 수 있는 능력을 기른다.

활동과정	진행내용	소요시간	준비물
도입	• 국가인권위원회 「모든 사람은」 광고 보기 • 광고 보고 물음에 답하기 – 광고는 무엇을 말하고자 하나요? – 우리 사회의 소수자는 어떤 사람들이 있을까요?	15분	광고영상 (http://edu.humanrights.go.kr/04_sub/body01_2.jsp)
전개	1. 사회적 소수자의 하루 역할극 꾸미기 2. 우리 사회의 소수자들이 겪는 어려움 알아보기 – 각 모둠별로 우리 사회의 소수자(여성, 어린이, 노약자, 장애인, 다문화가정, 성적 소수자, 북한이탈주민 등)에 대한 이야기를 나누어 보고 그들이 겪고 있는 어려움에 대해 이야기한다.	25분	
	3. 역할극 꾸미기 – 사회적 소수자가 겪는 어려움, 그들이 느끼는 감정을 생각하며 역할극을 꾸민다. 4. 역할극 발표하기 5. 사회적 소수자의 하루 역할극 발표하기 – 모둠별로 돌아가며 역할극 발표를 한다. – 역할극을 지켜보는 학생들은 발표하는 모둠의 역할극을 보며 어떤 사람들의 이야기인지, 그들이 겪는 어려움이 무엇인지, 나라면 어떤 기분일지 등을 워크북에 정리한다.	25분	워크북 ☞ 3-①
마무리	• 오늘 활동을 통해 느낀 점과 새로 알게 된 점에 대해 이야기 나누기	15분	

☞ 워크 북 3-① 사회적 소수자의 하루

■ 다른 모둠의 장병들이 발표하는 역할극을 보고 정리해 보세요.

모둠	사회적 소수자	겪고 있는 어려움은?	나라면 어떤 기분일까요?

[4회기: 타인의 권리 존중]

목표	• 서로의 권리가 충돌할 때 서로 존중하며 슬기롭게 해결하는 능력을 기른다.		
활동과정	**진행내용**	**소요시간**	**준비물**
도입	• '아파트 층간소음' 뉴스 보기 • 뉴스 보고 물음에 답하기 – 뉴스의 보도 내용은 무엇을 말하고 있나요? – 이웃들은 서로 어떤 입장인가요? – 어떻게 해결해야 할까요?	15분	KBS뉴스 동영상 (http://news.kbs.co.kr/society/2012/10/30/2559556.html)
전개	1. 권리가 충돌하는 상황 알아보기 2. '권리'의 뜻 알아보기 – 권리란 무엇인가요? – 우리의 권리에는 어떠한 것들이 있나요? 3. 권리가 충돌하는 상황 알아보기 – 나의 권리와 타인의 권리가 충돌하는 상황을 알아봅시다. – 권리가 충돌하는 여러 가지 상황 중 한 가지를 골라 모둠 내에서 찬성, 반대 입장으로 나누어 토론을 해 봅시다.	25분	
	4. 갈등 해결 만화 그리기 5. 권리 충돌, 갈등 상황 해결하기 – 앞서 알아본 서로의 권리가 충돌하여 갈등이 발생할 경우, 서로의 권리를 존중하며 슬기롭게 해결하는 방법을 생각하여 만화로 표현해 봅시다. 6. 서로 의견 나누기 – 만화 내용을 발표하고 서로의 만화를 보고 더 좋은 해결방법이 있는지 이야기해 봅시다.	25분	워크북 ☞ 4-①
마무리	• 오늘 활동을 통해 느낀 점과 새로 알게 된 점에 대해 이야기 나누기	15분	

☞ 워크북 4-① 갈등 해결 만화 그리기

■ 서로의 권리가 충돌하여 갈등이 발생할 경우, 서로의 권리를 존중하며 슬기롭게 해결하는 방법을 생각하여 만화로 표현해 봅시다.

■ 내가 생각하는 가장 좋은 해결방법은?

____

____

____

____

[5회기: 더불어 살아가며 공존하기]

목표	• 더불어 사는 행복한 나라의 모습을 친구들에게 설명한다.

활동과정	진행내용	소요시간	준비물
도입	• 세계에서 가장 행복한 나라 알아보기 – 행복한 나라에는 어떤 나라들이 있나요? – 그 나라 국민들은 어떤 점이 행복하다고 생각할까요?	15분	
전개	**1. 더불어 행복한 나라 법전 만들기** **2. 더불어 행복한 나라 생각해 보기** – 더불어 행복한 나라는 어떤 나라일까요? – 나라를 건국한다고 생각해 봅시다. 나라를 대표하는 것에는 무엇이 있을까요? 그 나라의 법전에는 무엇이 들어가면 좋을까요?	15분	모둠별 4절 도화지 매직세트
	3. 더불어 행복한 나라 법전 만들기 – 모두가 행복하게 살 수 있는 나라, 세계에서 가장 행복한 나라를 만들어 보세요. – 모둠원과 상의하여 나라의 상징이 될 만한 것을 새롭게 만들어 보세요.	20분	
	4. 최고의 '더불어 행복한' 나라 뽑기 **5. 모둠별 법전 소개 및 전시하기** – 모둠별 완성된 법전을 전시해 보고 간단하게 나라에 대한 소개를 해 봅시다. (활동 장소 벽에 게시한다.) **6. 최고의 '더불어 행복한' 나라 뽑기** – 나라의 소개가 충실히 되고, 가장 행복한 나라의 법전 옆에 스티커를 붙여 보세요. – 더불어 행복한 나라는 어떤 나라일까요? 왜 그렇게 생각하나요?	15분	스티커 스티커판
마무리	• 오늘 활동을 통해 느낀 점과 새로 알게 된 점에 대해 이야기 나누기	15분	

C·H·A·P·T·E·R 6

장병의 진로발달을 위한 프로그램

군 진로상담은 장병 개인의 진로문제에 효과적으로 대처할 수 있는 능력을 배양하고, 장병들의 복무적응과 부대목표를 달성하는 데 기여한다. 군 진로상담은 그 과정에서 군 생활 만족감을 느끼고, 생산적인 군 생활을 영위하는 동기가 되기도 한다. 이렇게 군 진로상담의 긍정적인 효과가 지대함에도 불구하고 군은 부적응 장병의 상담에만 집중한 나머지, 아직까지 진로집단상담은 시도조차 못 하고 있는 실정이다.

군 장병의 대부분은 자신의 미래 직업에 대해 진지하게 생각해 보지 못한 채 입대하는 경우가 많다. 따라서 군 장병의 진로에 관련된 진로집단프로그램을 개발하여 진로선택에 도움을 주는 것이 그 어느 때 보다 절실히 요구되는 실정이다. 본 프로그램은 원진(2014)의 진로프로그램을 군 상황에 적합하게 일부 내용을 수정 · 보완하여 재구성하였다.

프로그램의 회기별 내용

구분	주제	세부내용
1회기	나를 이해하고 소개하기	• 자기소개 및 별칭을 짓고 자기를 이해한다. • 자기의 목표를 설정하고 조별 그룹으로 나눈다(진로 결정 집단과 미결정 집단). • 조별로 목표를 정하고 그림으로 표현한다. • 그룹별로 발표한다.
2회기	나의 인생 곡선 그리기	• 진로인생곡선을 그려 본다. • 자신의 가장 행복했던 시간과 좌절했던 시간에 대해 이야기한다.
3회기	자존감 찾기	• 조원 간 칭찬릴레이를 통해 자존감을 회복한다. • 다른 사림이 바라보는 나의 보습을 들어 봄으로써 스스로 생각하는 나와 어떻게 다른지 알아보고, 나 자신에 대해서 좀 더 생각해 본다.
4회기	직업세계 이해하기	• 직업카드를 이용해 직업세계를 이해한다. • 미래의 명함을 만들어 자신의 미래 모습을 생각해 본다.
5회기	나의 미래 모습 그리기	• 직업인으로서 나의 미래 모습을 그려 본다. • 직업인이 되기 위한 세부계획을 세운다. • 프로그램을 정리하고 이야기 나눈다.

[1회기: 나를 이해하고 소개하기]

목표	• 나의 특성과 성향을 알고 타인에게 소개한다.		
활동과정	진행내용	소요시간	준비물
도입	• 인사 및 강사 소개하기 • 함께 지킬 약속 정하기 – 집단에 대한 기대 나누기 – 프로그램을 진행하는 동안 지켜야 할 규정 알려 주기	10분	
전개	1. 활동시간에 사용할 별칭 짓기 – 내가 원하는 직업을 별칭으로 하거나 자기가 원하는 사람, 되고 싶은 사람 또는 자기가 존경하는 인물들을 활용하여 나의 별칭을 짓는다. 2. 나의 별칭을 통해 자신을 표현할 수 있는 그림을 그려 본다.	25분	워크북 ☞ 1–①
	3. A4용지로 이름표를 작성하여 앞에 놓는다. 4. 자신의 별칭과 함께 자기소개를 한다.	15분	A4용지 (이름표 만드는 용도)
	5. 진로결정이 된 집단과 그렇지 않은 집단을 나누고, 그 안에서 소그룹을 만든다. 6. 조별로 목표를 정하고 그림으로 표현한다. 7. 조별 발표를 한다.	20분	워크북 ☞ 1–②
마무리	• 오늘 활동을 통해 느낀 점과 새로 알게 된 점에 대해 이야기 나누기	10분	

☞ 워크북 I-① 자신의 별칭을 짓고 그림으로 나타내기

– 내가 존경하는 인물이나 되고 싶은 사람 또는 원하는 직업 등을 토대로 별칭을 만들어 봅시다.

- 나의 별칭은?

- 별칭을 토대로 자신을 표현할 그림을 그려 보기

☞ 워크북 1-② 목표를 표현하기

- 조별로 이루고자 하는 목표를 그림으로 표현해 봅시다.
- 조원들과 함께 그려도 됩니다.

[2회기: 나의 인생곡선 그리기]

목표	• 실패의 경험을 탐색하고 이해하며 이유를 알아본다.		
활동과정	**진행내용**	**소요시간**	**준비물**
도입	• 서로 인사 나누기 • 지난주에 만든 자신의 이름표를 앞에 놓고 자신의 별칭을 넣어 짧게 자기소개하기	10분	
전개	1. 자신이 살아 온 시간을 되돌아보며 진로인생곡선을 그려 본다.	20분	워크북 ☞ 2-① 색연필
	2. 자신의 가장 행복했던 시간과 좌절했던 시간에 대해 이야기한다. – 자신의 인생에서 자신이 가장 행복했던 순간이나 가슴 떨렸던 시간을 생각해 보고 조원들과 이야기 나눈다.	20분	
	– 자신의 꿈이 좌절되었던 순간과 그 원인에 대해 조원들과 이야기하고 서로 피드백을 나눈다.	20분	
마무리	• 오늘 활동을 통해 느낀 점과 새로 알게 된 점에 대해 이야기 나누기	10분	

☞ 워크북 2-① 인생곡선 그리기

■ **그리는 방법**

- 가장 왼쪽 가운데 지점을 출생 지점으로 한다.
- 가로의 한 칸을 5년 내지는 10년으로 하고, 세부적으로 나누고 싶을 때는 자유롭게 자신의 인생나이를 설정한다.

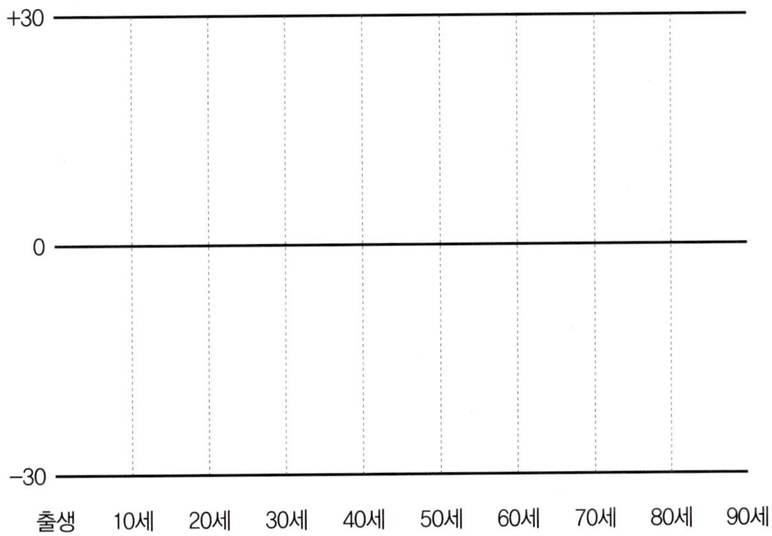

[3회기: 자존감 찾기]

목표	• 조원 간 칭찬릴레이를 통해 자존감을 회복한다. • 다른 사람이 바라보는 나의 모습을 들어봄으로써 스스로 생각하는 나와 어떻게 다른지 알아보고 나 자신에 대해 좀 더 생각해 본다.

활동과정	진행내용	소요시간	준비물
도입	• 조원들과 인사하기(자신의 별칭을 활용하기)	5분	
전개	**1. 칭찬릴레이 보드를 활용하여 조원들 간 서로를 칭찬해 본다.** – 각 조원은 순서를 정하여 돌아가며 한 명의 조원에게 칭찬을 한다. 한 사람의 칭찬이 다 끝나면 자기 자신에게 칭찬을 두 가지 하고 자리에 앉는다. – 조원이 모두 칭찬받을 때까지 진행한다. – 칭찬이 다 끝나면 작성된 활동지에 조원들에게 감사의 말을 남긴다.	35분	워크북 ☞ 3-①
	2. 조원들 간 '나는 어떤 사람으로 보입니까? 라는 질문으로 인터뷰를 진행한다. – 인터뷰 내용과 알게 된 점을 서로 돌아가면서 발표한다. **3. '노벨 이야기' 를 들려주면서 내가 나를 보는 눈과 다른 사람이 나를 보는 눈이 서로 다를 수 있음을 이야기한다.** – 장병들에게 '나는 다른 사람에게 어떤 사람으로 보이기를 바라는가?'를 질문하고 몇몇의 이야기를 들어 본다.	30분	워크북 ☞ 3-② 워크북 ☞ 3-③
마무리	• 오늘 활동을 통해 느낀 점과 새로 알게 된 점에 대해 이야기 나누기	10분	

☞ 워크북 3-① 칭찬릴레이 보드

이름	칭찬 1	칭찬 2	칭찬 3	칭찬 4	칭찬 5	칭찬 6	칭찬 7

☞ 워크북 3-② 다른 사람의 눈으로 본 나의 모습

■ 다른 사람의 눈으로 바라본 나의 모습은 어떠할까요? 동기, 선임, 후임에게 나의 모습을 물어보고 그 내용을 아래 빈 칸에 써 보세요.

동기들이 보는 나			
선임들이 보는 나			
후임들이 보는 나			
알게 된 점			

☞ 워크북 3-③ 노벨 이야기

노벨 이야기: 세상이 보는 나와 내가 보는 나

■ 다음의 글을 읽고 생각해 봅시다.

1884년 4월 어느 날, 신문을 보고 있던 알프레드 노벨은 신문에 실린 기사를 보고 깜짝 놀랐다.

"죽음의 상인 알프레드 노벨 사망"

자신의 죽음을 알리는 신문의 내용도 놀라운 것이었지만, 그 앞에 쓰여 있는 말이 더 당혹하게 만들었다.

'죽음의 상인? 죽음의 상인이라니!'

실제로 죽은 사람은 알프레드 노벨의 형인 루트비히 노벨이었다. 신문사에서 잘못 알고 알프레드 노벨이 죽었다는 기사를 내보낸 것이었다.

노벨은 다이너마이트를 만들어 큰돈을 벌었다. 다이너마이트의 파괴력이 대단해서 건설 현장에 유용하게 쓰이고 있었기 때문이다. 그래서 노벨 자신은 자신이 발명한 다이너마이트에 대해 자부심이 있었다.

'내가 만든 다이너마이트는 건설현장에서 공사기간을 단축하는 데 커다란 역할을 하고 있지. 또 저 다이너마이트의 위력이 무서워서라도 전쟁은 일어나지 않을 거야.'

그러나 이러한 것은 노벨 자신만의 생각이었다. 다이너마이트는 이미 여러 전쟁에서 많은 사람의 목숨을 빼앗고, 건물을 파괴하는 데 이용되었던 것이다.

'나는 내가 만든 다이너마이트가 세계평화에 기여한다고 믿어 왔다. 그러나 다른 사람들은 그렇게 생각하지 않았다. 내 입장에서 나를 바라보았기 때문에 이런 실수를 한 것이다. 내가 벌어들인 돈으로 세계평화를 위하여 할 수 있는 일이 무엇이 있을까?'

그렇게 해서 만들어진 것이 노벨상이었다.

- 내가 나를 보는 눈과 세상이 나를 보는 눈은 이처럼 다를 수가 있다. 노벨에게는 신문에 실린 잘못된 기사가 오히려 다행이었다. 자신을 세상 사람들의 눈으로 바라볼 수 있는 기회를 가질 수 있었기 때문이다.

■ 다른 사람의 눈으로 나를 바라보면 나는 어떻게 보일까요?

[4회기: 직업세계 이해하기]

목표	• 직업카드를 이용해 직업세계를 이해한다. • 미래의 명함을 만들어 자신의 미래 모습을 생각해 본다.

활동과정	진행내용	소요시간	준비물
도입	• 조원별 인사와 오늘의 활동에 대해 설명하기	10분	
전개	**1. 직업카드를 활용하여 자신이 선호하는 직업, 그렇지 않은 직업, 좋지도 싫지도 않은 직업으로 분류하여 워크북에 적어 본다.** – 워크북을 보고 좋아하지 않은 직업과 좋아하는 직업을 각각 5개씩 선정하고 그 이유에 대해 생각해 본 후, 조별로 발표하는 시간을 갖는다.	30분	직업카드 ☞ 워크북 4-①
	2. 직업명함 만들기 – 워크북에 따라 자신의 미래직업 명함을 만들고, 직업을 선택하게 된 이유와 직업의 특성에 대해 생각해 본다. – 워크북 작성 후 명함을 바탕으로 직업의 선택 동기와 하는 일에 대해 조원들과 이야기 나눈다.	30분	☞ 워크북 4-②
마무리	• 회기를 마친 후의 느낌을 이야기하기	10분	

☞ 워크 북 4-① 직업분류하기

좋아하는 직업	좋지도 싫지도 않은 직업	싫어하는 직업

■ 좋아하는 직업 5가지의 이유를 적어 보기

① ____________________

② ____________________

③ ____________________

④ ____________________

⑤ ____________________

■ 싫어하는 직업 5가지의 이유를 적어 보기

① ____________________

② ____________________

③ ____________________

④ ____________________

⑤ ____________________

☞ 워크 북 4-② 직업명함 만들기

[직업 명함]

■ 직업을 선택한 이유와 내 직업의 소개

① ____________________

② ____________________

③ ____________________

④ ____________________

⑤ ____________________

소개: ____________________

____

____

____

____

[5회기: 나의 미래 모습 그리기]

목표	• 직업인으로서의 나의 미래 모습을 그려 본다. • 직업인이 되기 위한 세부계획을 세운다. • 프로그램을 정리하고 이야기를 나눈다.

활동과정	진행내용	소요시간	준비물
도입	• 지난 시간에 했던 직업명함을 바탕으로 자신의 미래직업에 대해 조원들과 이야기 나누기	10분	
전 개	**1. 직업인으로서의 나의 미래 모습을 활동지를 통해 생각해 본다.** – 워크북을 바탕으로 자신의 미래를 구체적으로 그려 본다. – 나의 미래에 직업을 성취하기 위한 계획을 세운다. – 워크북을 통해 자신의 미래에 대해 생각해 본다.	30분	☞ 워크북 5–①
	2. 프로그램 정리 및 평가하기 – 조원끼리 서로 마주 볼 수 있도록 자리를 배치한다. – 각자 이번 프로그램을 참여하면서 느낀 점을 이야기하고, 좋았던 점이나 아쉬웠던 점에 대해 이야기 나눈다.	20분	
마무리	• 소감을 나누고 마지막 회기 마무리하기	20분	

☞ 워크 북 5-① 직업인으로서의 나의 미래 모습

시기	하고 싶은 일	보수	지위	취미생활
제대 후				
5년 후				
10년 후				
20년 후				

■ 실천계획

제대 후	목표	
	행동	
5년 후	목표	
	행동	
10년 후	목표	
	행동	
20년 후	목표	
	행동	

찾아보기

ㄱ

ㅅ

ㅇ

ㅈ

ㅊ

ㅋ

ㅌ

ㅍ

ㅎ

참고문헌

강진령(2003). 한국 상담의 비교문화적 고찰을 통한 상담의 활성화 방안 연구. 한국상담학회, 현실역동상담학술세미나 자료집.

강진령(2006). 집단 상담의 실제. 서울: 학지사.

권일남·임재호(2014). 군 상담심리학의 이론과 실제. 파주: 교육과학사.

교육인적자원부(2006, 2007). 다문화가정 자녀 교육지원 대책.

구성본(2010). 가정환경이 군 생활 적응에 미치는 영향에 관한 연구. 석사학위논문. 원광대학교 대학원.

국방부(2004). 지휘성공사례집.

국방부(2008). 사고예방을 위한 군 스트레스 진단 매뉴얼.

국방부(2010). 다문화 시대의 선진강군.

국방부(2012). 군 사회복지.

국방부(2013). 병영문화혁신.

김계현(1990). 카운슬링의 실제. 서울: 성원사.

김계현(1992). 단회상담의 원리와 기술. 학생연구, 27, 45-60. 서울대학교 학생생활연구소.

김계현(2001). 상담심리학연구. 학지사.

김민순(2015). 군 장병의 적응기능 향상을 위한 멘탈 휘트니스 긍정심리프로그램의 개발과 효과. 석사학위논문. 고려대학교 대학원.

김봉환·이제경·유현실·황매향·공윤정·손진희·손은령(2011). 진로상담이론. 서울: 학지사.

김영란(2006). 한국사회에서 이주여성의 삶과 사회문화적 적응관련 정책. 아시아여성연구, 45(1), 143-189.

김용주·신응섭·고재원·이혁준(2008). 병사용 스트레스 진단 및 처방 프로그램 매뉴얼.

김의열(2009). 신세대 장병의 적응실태 및 군 사회복지실천에 관한 연구. 한국군사회복지학, 2(2), 67-108.

김중백(2013). 현대사회와 가족. 서울: 경희대학교출판문화원.

김충기·황인호·장성화·김순자·윤향숙(2011). 진로상담과 진로교육. 서울: 동문사.

김태현·이정원·임익순(2013). 장병을 위한 군 상담 프로그램. 파주: 교문사.

김환·이장호(2006). 상담면접의 기초. 서울: 학지사.

김헌수·장선철(2006). 집단상담의 이론과 실제. 서울: 태영출판사.

노안영(2010). 상담심리학의 이론과 실제. 서울: 학지사.

민성길(1998). 화병의 증상. 신경정신학회, 37(6).

박성희(1994). 공감, 공감적 이해. 서울: 원미사.

박신영(2018). 애착이론에 근거한 대학생의 대인관계향상 프로그램이 애착수준, 대인관계,

대학생활적응에 미치는 효과. 박사학위논문. 경남대학교 대학원.
박영희(2011). 한국 다문화 가정에 대한 기독교 상담 접근 방안. 석사학위논문. 한영신학대학교 상담복지대학원.
보건복지부(2008). 다문화가족 상담가이드북.
서현석(2014). 아버지의 양육태도가 후기청소년 자녀의 자아존중감, 대인관계 능력과 회복탄력성에 미치는 영향. 박사학위논문. 서울벤처대학원대학교.
심윤기(2014). 군 병사용 자살위험성 척도개발 및 타당화. 한국심리학회지: 상담 및 심리치료, 26(4), 929-952.
심윤기(2016). 군 상담학의 이해와 적용. 서울: 창지사.
심윤기·정구철·정성진·전영숙·주희헌(2017). 군 집단상담의 기초. 서울: 창지사.
심윤기(2018). 외상 후 스트레스 장애와 심리치료. 서울: 창지사.
심윤기·정구철·정성진·김복희·김재희·김현숙(2020). 군 위기상담의 실제. 서울: 창지사.
신천지(2018). 자기분화 프로그램이 타인 의존성향 대학생의 우울, 불안 및 자기분화에 미치는 효과. 석사학위논문. 경성대학교 대학원.
원진(2014). 대학생의 자기이해증진을 위한 진로상담프로그램 개발 및 효과연구. 박사학위논문. 관동대학교 대학원.
육군교육사령부(2008). 군 복무적응을 위한 현장대처 매뉴얼 연구.
육군본부(2004). 상담기법(고등군사교육과정).
육군본부(2007). 육군가치관 및 장교단 정신.
육군본부(2008). '07년 발생사고 분석 및 '08년 사고예방 활동 방향.
육군본부(2009). 군 상담.
육군본부(2010). 다문화 군대 대비 추진계획.
육군본부(2013). 임무형지휘.
이규림(2011). 유아교사의 다문화감수성, 다문화교육 이해 및 태도의 관계: 다문화 교수 효능감의 매개효과. 박사학위논문, 전남대학교 대학원.
이용주(2017). 긍정심리자원 증진 프로그램이 청소년의 학교적응에 미치는 영향: 부정정서와 학습동기를 중심으로. 박사학위논문. 영남대학교 대학원.
이용주·장정주·정봉교(2015). 긍정성 증진 훈련이 회복탄력성, 자아존중감 및 감사에 미치는 영향. 정서·행동장애연구, 32(2), 361-381.
이장호(1982). 상담심리학 입문. 서울: 박영사.
이장호(2000). 상담면접의 기초. 중앙적성출판사.
이형득·김성회·설기문·김창대·김정희(2010). 집단상담. 중앙적성출판사.

이혜경(2005). 혼인이주와 혼인이주가정의 문제와 대응. 한국인구학, 28(1), 81.
정경조(2014). 군 병사를 위한 진로상담 체제 모형. 박사학위논문. 단국대학교 대학원.
조승옥(1995). 군대윤리. 서울: 경희종합출판사.
조영갑(1993). 한국 민군관계론. 서울: 한원.
조은형(2012). 초등 일반학생을 위한 다문화교육 프로그램 개발과 효과연구. 석사학위논문. 경기대학교.
조현춘·조현재·문지혜·이근배·홍영근 공역(2013). 심리상담과 치료의 이론과 실제. 서울: 시그마프레스.
지용근·김옥희·양종국·김희수(2009). 진로상담의 이해. 서울: 동문사.
최선애(2010), 다문화 군대를 대비한 민과 군의 준비방향에 관한 제언. 한국군사회복지학, 3(1).
최준식(2000). 한국인에게 문화가 있는가. 서울: 사계절.
한국고용정보원(2011). 2012 한국직업사전. 서울: 신생 용사촌 인쇄정보.
한국교육정보지원센터(2007). 진로 상담매뉴얼. 서울대학교 교육연구소.
한국국방연구원(2013). 신인성검사의 이해와 활용.
한국군상담학회(2009). 군 집단상담 이론과 실제. 서울: 장사경.
한재희(2004). 한국 문화와 목회상담. 한국목회상담학회지, 5.
해군본부(2009). 초급간부 지도지침서.

Bowen, M. (1982). *Family therapy in clinical practice*. New York: Jonson Aronson.
Brems, C. (2001). *Basic skills in psychotherapy and counseling*. Belmont, CA: Wadsworth.
Chandler, Cynthia K. (2006). 동물보조 치료와 상담. 김양순 역. 서울: 학지사.
Corey, & Corey, G. (1992). *Groups: Process and Practice*(4th ed.). Monterey, California: Brooks/Cole Publishing Company.
Corey, G. (2012). *Theory and Practice of Grouop Counseling*(International Edition 8th Edition). (김명권 등 공역). 서울: 학지사.
Dinkmyer, D. C., & Muro, J. J, (1979). *Group counseling: Theory & practice*(2nd ed.) IL: F. E. Peacock.
Egan. (1976). Interpersonal living. Monterey, CA: Brooks/Cole Publishing Company.
Hofstede, G. (1995). *Cultures and Organizations-Software of the mind*. 세계의 문화와 조직. 차재호, 나은영 공역, 서울: 학지사.
Holland, J. L. (1992). *Making vocational choices-A theory of vocational personalities and*

work environments(2nd ed). Odessa, FL: Psychological Assessment Resources, Inc.

Ivey, A. e., Ivey, M.B., & Simek-Morgan, L. (1993). *Counseling and psychotherapy: Amulticultural perspective.* Boston, MA Allyn Bacon.

Mehrabian, A. (1972). *Nonverbal communication.* Chicago: Aldine Publishing Co.

Midgette, T. E. & Meggert, S. S. (1991). Multicultural counseling instruction: Achallenge for facultiesin the 21st century, *Journal of counseling an ddevelopment, 70*(1).

Mitchell, L. K., & Krumboltz, J. D. (1996). Krumboltz's learning theory of career choice and counceling. In D. Brown, L. Brooks(Eds.), *Career choice and development*(3rd ed.). SF: Jossey-Bass.

Pedersen, (1994). *A handbook for developing multicultural awareness.* Alexandria, VA: American Association for Counseling and Development.

Parsons, F. (1909). *Choosing a vocation.* Boston: Houghton Mifflin.

Roe, A. (1956). *The psychology of occupation.* NY: Wiley.

Sue, (1995). Toward a theory of multicultural counseling and 78 therapy. In J. A. Banks & C. A, Macgee banks (Eds). *Handbook of research on multi cultural education,* 647-659.

Sue, D. W., & Torino, G. C. (2005). Racial-cultural competence: Awareness, knowledge and skills. In R. T. Carter(Ed), *Handbook of racial-cultural psychology and counseling.* Hoboken, NJ: Wiley.

Super, D. E. (1957). *The psychology of career.* New York: Harper & Row.

Tiedeman, D. V. & O'Hara, R. P. (1963). *Career development: choice and adjustment.* New York: College Entrance Examination Board.

Vogel, D., & Wester, S. (2003). To seek help or not to seek help: The risks of self-disclosure. *Journal of Counseling Psychology, 50,* 351-361.

저자소개

❖ **심 윤 기**

상지대학교 교육학 박사(상담심리학 전공)
현) 육군협회지상군연구소 전문연구원
현) 삼육대학교 상담심리학과 군상담전문 교수

❖ **정 구 철**

중앙대학교 교육학 박사(심리측정 · 평가 전공)
현) 대한금연학회 이사
현) 삼육대학교 상담심리학과 교수

❖ **정 성 진**

가톨릭대학교 심리학 박사(상담심리학 전공)
현) 전국 대학상담학과 협의회 이사
현) 삼육대학교 상담심리학과 교수

❖ **박 효 진**

삼육대학교 상담심리학 박사과정
군 전문상담사(1급), 반려동물행동상담사(1급), 동물매개활동관리사
현) 서울문화예술대학교 반려동물학과 외래교수

❖ **손 정 미**

한양대학교 영어교육학 박사 졸업 / 삼육대학교 상담심리학 박사과정 수료
심리상담사(1급), EAP전문상담사(1급), 아동청소년상담복지사(1급),
현) 정화예술대학교 교양학부 강의전담 조교수

❖ **차 보 연**

한국외국어대학교 국제관계학 박사 졸업 / 삼육대학교 상담심리학 박사과정
군 전문상담사(1급), 진로상담사(1급), EAP전문상담사(1급)
전) 한국외국어대학교 강사 / IOM 이민정책연구원 객원연구위원

병영문화와 군 특수상담

초 판 1쇄 인쇄 2021년 8월 2일
초 판 1쇄 발행 2021년 8월 9일

지 은 이 | 심윤기 · 정구철 · 정성진 · 박효진 · 손정미 · 차보연
펴 낸 이 | 김기섭
편 집 인 | 이혜란
펴 낸 곳 | 창지사 www.changjisa.com
08589 서울시 금천구 가산디지털 1로 83 파트너스타워 1차 9층
전화 (02)719-2211~3
팩스 (02)701-9386
등　 록 | 1977년 4월 28일 · 제1-421호

ISBN 978-89-426-1459-2 (93390)

값 19,000원